安徽省高等学校省级规划教材
高职高专"十三五"规划教材

酒店前厅服务与管理

主　编　牛自成　李晓杨　吴　桐
副主编　伍　燕　刘学凯　崔　郁
　　　　王金娥　章建秋　马桂玲

扫码查看电子书

南京大学出版社

图书在版编目(CIP)数据

酒店前厅服务与管理 / 牛自成,李晓杨,吴桐主编.
— 南京:南京大学出版社,2019.1
ISBN 978-7-305-21127-0

Ⅰ.①酒… Ⅱ.①牛… ②李… ③吴… Ⅲ.①饭店—商业服务 ②饭店—商业管理 Ⅳ.①F719.2

中国版本图书馆CIP数据核字(2018)第245417号

出版发行	南京大学出版社
社　　址	南京市汉口路22号　　邮　编　210093
出 版 人	金鑫荣
书　　名	酒店前厅服务与管理
主　　编	牛自成　李晓杨　吴　桐
责任编辑	张亚男　武　坦　　编辑热线　025-83592315
照　　排	南京理工大学资产经营有限公司
印　　刷	宜兴市盛世文化印刷有限公司
开　　本	787×1092　1/16　印张 15.25　字数 371千
版　　次	2019年1月第1版　2019年1月第1次印刷
ISBN	978-7-305-21127-0
定　　价	39.00元

网　　址:http://www.njupco.com
官方微博:http://weibo.com/njupco
官方微信号:njuyuexue
销售咨询热线:(025)83594756

* 版权所有,侵权必究
* 凡购买南大版图书,如有印装质量问题,请与所购
　图书销售部门联系调换

前　言

当前中国旅游市场发展迅猛，出入境、国内旅游市场全面兴旺，旅游市场形势大好。市场规模迅速扩大的同时，旅游者在旅游过程中享受的吃、住、行、游、购、娱"六大要素"的综合配套服务力度也在不断加强，而旅游酒店就占据了吃、住、购、娱"四大要素"，这恰恰说明酒店业在旅游发展中的基础作用。它不仅为旅游者提供了实现旅游必不可少的条件，而且在旅游行业中扮演着举足轻重的角色。

从统计数据看，中国的旅游业将有一个很大的发展空间。但是，这并不意味着所有的旅游企业都能从中受益。在旅游市场空间不断扩大的同时，中国境内的国内外酒店将为争夺客源而展开激烈的竞争。面对消费市场中团体和散客的比重大幅度变化，散客旅游者比重日益增加的现况，旅游酒店要想在市场竞争中获得主动，必须设计出更具人性化、个性化的酒店产品。

前厅部是酒店服务的窗口，部门员工服务流程操作是否合理、人性化，直接影响客人对酒店产品的最终评价。前厅服务与管理这门课程是对旅游酒店经营实践的科学总结。它不仅是一门科学，更是一门艺术。它告诉人们如何在科学的经营哲学指导下，对抵店客人提供人性化的服务，让客人高兴而来，满意而归。

本书坚持"以就业为导向，能力培养为目标"的教学理念，于 2018 年获得安徽省高等学校省级规划教材（皖教高〔2018〕43 号文件，编号 2390）立项。教材根据高职旅游专业人才的培养目标和要求，以调动学生学习积极性为核心，体现"立足专业实际、以学生为本"的价值观，选取和确定编写的内容、结构和要求，以培养酒店行业需要的高级应用型人才。每个项目均结合案例介绍了酒店前厅服务与管理的方法，课后增加了一些思考练习，尽快让学生消化、掌握所学知识。本书具有以下特色：

1. 体现高等职业教育是培养应用型人才为主旨的特征。

将培养应用型人才，努力提高学生运用理论知识分析问题，解决学习、工作中遇到的问题的能力作为主线，贯穿到新编教材中，符合高职教育和旅游专业教育的特点。

2. 实践性、操作性较强

在本书的编写过程中，我们尽量体现高职、高专的特点，在书中讨论了酒店前厅服务的一般流程问题、前厅内部与外部的沟通和前厅人力资源开发与管理，结合案例介绍了酒店前厅服务与管理的方法。

3. 力求通俗、易懂、精练、实用

酒店前厅服务与管理是一门旅游类、酒店类专业的专业课核心课程，也是一门实践性、操作性比较强的课程。在书中讨论了酒店操作流程的常见问题与处理方法，结合案例介绍了前厅服务、客房销售与酒店部门沟通等相关内容。所以本书不仅可以作为大专院校旅游类、酒店类人员培训的教材,还可以供旅游企业特别是酒店从业人员和旅游爱好者阅读和参考。

本书由牛自成、李晓杨、吴桐担任主编,由伍燕、刘学凯、王金娥、崔郁、章建秋、马桂玲担任副主编。各章分工为:牛自成编写项目一、附录一、附录二,马桂玲编写项目二,刘学凯编写项目三,李晓杨编写项目四、项目五,伍燕编写项目六,王金娥、杨阳编写项目七,孔伟、王军编写项目八,崔郁、章建秋编写项目九。全书由牛自成、吴桐负责大纲设计、统稿、审稿和定稿。由于编者水平有限,缺点与疏漏在所难免,恳求读者提出批评与建议(请发往 16844068@qq.com),以便在修订教材时加以改正和补充。

编 者
2018 年 12 月

目　录

项目一　前厅部认知 ··· 1
　【学习目标】 ··· 1
　任务一　熟悉前厅部的地位与发展趋势 ·································· 1
　任务二　了解前厅部的主要任务 ·· 4
　任务三　理解前厅部的组织机构及主要岗位职责 ····················· 5
　任务四　熟悉前厅的设计、布局与环境 ··································· 7
　任务五　掌握前厅部管理沟通技巧 ·· 17
　【本章小结】 ··· 19
　【专业知识训练】 ·· 20
　【职业技能训练】 ·· 21

项目二　客房预订业务管理 ·· 22
　【学习目标】 ··· 22
　任务一　熟悉客房预订的意义 ·· 22
　任务二　了解客房预订的渠道、方式和种类 ··························· 24
　任务三　掌握客房预订的受理 ·· 30
　【本章小结】 ··· 35
　【专业知识训练】 ·· 36
　【职业技能训练】 ·· 37

项目三　前厅服务 ··· 40
　【学习目标】 ··· 40
　任务一　礼宾服务 ·· 40
　任务二　"金钥匙"服务 ·· 48
　任务三　问讯服务 ·· 50
　任务四　收银服务 ·· 56
　任务五　电话总机服务 ·· 63

任务六　商务中心服务 ·· 66
　　任务七　商务楼层服务 ·· 70
　【本章小结】·· 72
　【专业知识训练】·· 73
　【职业技能训练】·· 74

项目四　前厅接待 ·· 76
　【学习目标】·· 76
　　任务一　前厅接待准备 ·· 76
　　任务二　控制房态 ·· 88
　　任务三　前厅入住登记 ·· 93
　　任务四　客房推销技巧 ·· 97
　【本章小结】·· 100
　【专业知识训练】·· 100
　【职业技能训练】·· 101

项目五　前厅销售管理 ·· 103
　【学习目标】·· 103
　　任务一　前厅销售产品分析 ·· 103
　　任务二　前厅销售策略 ·· 106
　　任务三　总台销售技巧 ·· 116
　【本章小结】·· 122
　【专业知识训练】·· 122
　【职业技能训练】·· 124

项目六　前厅信息管理 ·· 126
　【学习目标】·· 126
　　任务一　前厅报表制作与文档管理 ·· 126
　　任务二　前厅客史档案管理 ·· 134
　　任务三　前厅经营统计数据分析 ·· 139
　【本章小结】·· 146
　【专业知识训练】·· 146
　【职业技能训练】·· 148

项目七　信息沟通与宾客关系管理 ··· 149

　【学习目标】 ·· 149
　　任务一　前厅部部际沟通 ·· 149
　　任务二　建立良好的宾客关系 ·· 156
　　任务三　宾客投诉处理 ·· 164
　【本章小结】 ·· 168
　【专业知识训练】 ·· 168
　【职业技能训练】 ·· 170

项目八　前厅服务质量管理 ··· 172

　【学习目标】 ·· 172
　　任务一　前厅部服务质量内容 ·· 172
　　任务二　前厅服务质量管理 ·· 176
　【本章小结】 ·· 187
　【专业知识训练】 ·· 187
　【职业技能训练】 ·· 188

项目九　前厅人力资源管理 ··· 190

　【学习目标】 ·· 190
　　任务一　前厅主要管理人员素质要求 ··· 190
　　任务二　前厅一线工作人员基本素质要求 ···································· 192
　　任务三　前厅管理人员的管理方法和技巧 ···································· 199
　　任务四　前厅员工招聘、培训与激励 ··· 207
　　任务五　前厅员工的工作评估 ·· 215
　【本章小结】 ·· 217
　【专业知识训练】 ·· 218
　【职业技能训练】 ·· 218

附录一　前厅部主要岗位的岗位职责 ··· 220

附录二　前厅部常用术语介绍 ··· 231

参考文献 ··· 236

项目一　前厅部认知

> **学习目标**
>
> - 熟悉前厅部设计和环境布局；
> - 熟悉前厅部的服务流程；
> - 了解前厅部的定义及其发展历史；
> - 理解前厅部的组织结构及岗位职责；
> - 理解前厅部内部与外部沟通。

任务一　熟悉前厅部的地位与发展趋势

一、前厅部的定义

前厅，又称大厅、大堂，是指进入酒店大门后到酒店客房、走廊、餐厅等营业区之前的供宾客自由活动的大块公共区域。前厅部（Front Office）是指设在酒店前厅，销售酒店服务，组织接待工作，调度业务，为宾客提供订房、登记、分房、行李、电话、留言、邮件、委托代办、商务、退房等各项服务，以及为酒店各部门提供信息的综合性服务部门。前厅部也可称为大堂部或客务部。

前厅部是酒店为销售酒店客房，接待住店客人，办理各种服务手续，联络和协调酒店各部门对客服务，为客人提供前厅服务而设立的综合性部门。前厅部的工作具有接触面广、政策性强、业务复杂、关系全局等特点，是酒店经营管理中必不可少的重要环节。

二、前厅部的地位和作用

（一）前厅部是酒店业务活动的中心

任何一家好的酒店都把自己当成客人的"家外之家"来运作，竭尽所能为客人提供方便、快捷、舒适、温馨的服务，因而酒店为满足客人的需要设立了多个服务部门和管理机构。这些岗位和部门的正常运转，都是以前厅部的运转为中心的。

客房是酒店最主要的产品，前厅部通过客房销售来带动酒店其他各部门的经营活动。为此，前厅部积极开展客房预订业务，为抵店的客人办理入住、登记手续和安排客房，积极宣传和介绍酒店的相关服务项目。同时，前厅部还及时将客源、客情、客人需求及投诉等信息传递给各有关部门，联络和协调全酒店的对客服务工作，以确保服务工作的质量和效率。

前厅部自始至终都是对客服务的中心，是客人与酒店联络的纽带。从客人抵达酒店前的预订，到入住和离店后的工作，都离不开前厅部。前厅部的作用，如图1-1所示。

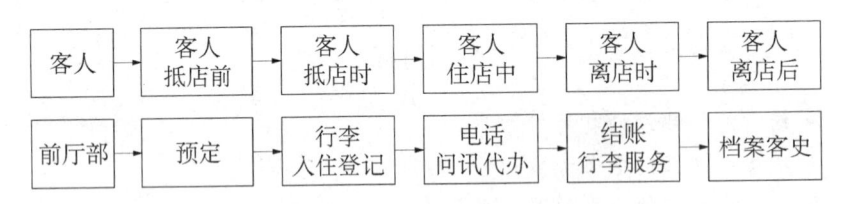

图1-1 前厅部与酒店业务关系图

（二）前厅部是酒店管理机构的代表

由于前厅部是酒店对客服务的中心，在客人心目中它就是酒店管理机构的代表。客人入住登记在前厅，离店结账在前厅，遇到困难需要帮助找前厅，感到不满意而投诉也找前厅。

前厅部的工作人员的言行举止将会给客人留下深刻的第一印象，因此前厅工作人员要以彬彬有礼的态度待客，以娴熟的技巧为客人提供服务，妥善处理客人投诉，认真有效地帮助客人解决疑难问题，让客人感到放心满意。因此，前厅部的工作直接反映了酒店的工作效率、服务质量和管理水平，直接影响酒店的整体形象。

（三）前厅部是酒店管理机构的参谋和助手

前厅部是酒店业务活动的中心，是对客服务的中心，当然也就是酒店的信息中心，能够及时获得市场的变化信息和消费者的需求信息。前厅部将收集到的信息加以整理和加工，制定相应的数据表格，定期向酒店管理者提供酒店经营管理状况的数据和报告。前厅部可以利用自己直接接触和了解客人需求的优势，定期向酒店管理者和机构提供咨询意见，作为制订和调整酒店计划和经营策略的参考依据。

由此可见，前厅部的运行和管理水平能反映出整个酒店的工作效率、服务质量和管理水平，并直接影响酒店经营效果，其地位和作用是十分重要的。

三、前厅部的发展趋势

（一）前厅部的发展历史

在我国，现代酒店的前厅部的发展经历了4个阶段。

1. 单工种单功能——附属于客房部的阶段

20世纪70年代末以前,我国的各类酒店都是等客上门,往往在客房部下设一个总台组,负责接待宾客并兼前厅收款业务,此时的总台员工人数少,往往是单一工种——总服务台服务员,通常也不是24小时对客服务。

2. 少工种少功能——独立于客房部的阶段

20世纪80年代初,随着酒店业的发展,前厅的预定和问讯功能日益突出与独立,逐步产生了独立的前厅部。接待(含收款)与预定逐步分离成两个工种,原属客房部的电话总机组因其对客服务的内容明显有别于客房部而独立出来,成为属于前厅部的工种,此时,前厅部承担了公关及营销功能。

3. 多工种多功能——营销、公关部及前厅收款员从前厅部中分离出来的阶段

20世纪80年代中期以后,市场竞争日益激烈,酒店的营销、公关功能日趋重要,于是营销、公关部逐步从前厅部中分离出来,成为两个独立的部门,前厅收款员归属于财务部。各部门的功能更明确,分工更细,同时,也逐步产生了独立的大堂副理、驻外代表、门卫、行李员、商务中心文员、商务楼层接待员、订房员、接待员、问讯员等班组或工种。前厅部的分工非常细,工种的独立性很强。此时的酒店效益较好,配备的员工也较多,前厅部对员工的选择余地较大,机构空前庞大,成为一个以服务为主的部门。

4. 少工种多功能阶段

20世纪90年代中期开始,许多隶属于不同部门及行业的旅游涉外酒店[新的《旅游酒店星级的划分与评定》(GB/T 14308—2003)标准用"旅游酒店"取代了"旅游涉外酒店"的名称]投入运行,形成了许多不同的前厅部组织机构。这一时期旅游涉外酒店供过于求,造成酒店经济效益下降。从方便宾客及降低成本出发,前厅部普遍开始工种的合并,如问讯员与接待员合并、文员与商务中心文员合并、接待员与订房员合并、接待员与前厅收款员合并、订房员并入营销部、夜班总机话务员与夜班接待员合并,有些小酒店还把酒店商场营业员、大堂吧服务员、大厅清洁员及前厅收款员并入前厅部管辖,以便于统一管理,这一系列的合并对前厅部员工的素质及前厅部的管理提出了更高的要求。现在,前厅部更强调员工的一专多能,组织机构的设置通常不再固定于某一种模式,而是根据宾客的要求和酒店的实际情况灵活设置,前厅部可以使用一些实习生和兼职人员。

酒店与酒店之间前厅部的组织机构区别越来越明显,有利于酒店提供特色服务、超长服务及个性化服务。

(二)前厅部的发展趋势

(1)服务程序简化。前厅部的各项程序都将尽量简化。

(2)更强调在规范、标准、程序化服务基础上的超常、灵活、个性化服务。前厅培训的重点将从程序培训转向观念、意识、素质和能力的培训。

(3)专业培训更细、更有针对性。

(4)管理较活,要求较高,追求零缺点服务。对前厅的管理既重结果管理,又重过程管理,管理方式较以前更为灵活。

(5) 前厅部员工人数少而精。前厅部用工数量会,对员工的素质要求则会提高。

任务二　了解前厅部的主要任务

一、销售客房及酒店其他产品

前厅部接待员在总服务台这一岗位上,担任着向客人介绍、推销客房的职责,酒店的交通位置越方便,通常散客在住店宾客中所占的比例也就越高;前厅部销售的客房数量通常会少于酒店市场营销部,但达成的价格会远高于市场营销部对团体的售房价格。前厅部的员工还可以在为宾客提供问讯服务的同时,向宾客推销酒店的餐饮、康乐等部门的产品,带动其他业务部门的销售。

二、提供各类综合服务

前厅是对客服务的集中点,担负着为宾客服务的各项工作,如门厅迎送服务、问询服务、投诉处理、为客人提供行李搬运、出租车服务、邮电服务等。

三、协调各部门对客服务过程

宾客从到店、入住再到离店是一个较复杂的过程,各个环节都存在着变化的可能。酒店对客服务的各部门、工种,构成了一个复杂的对客服务整体系统,前厅部在这一系统中起着协调作用,它联系各部门形成合力,保证对客服务的准确、高效,为宾客提供优质的服务,为酒店树立良好形象。

四、管理客账

前厅部还是酒店业务运行过程中的财务处理中心,主要是要做好宾客账单的管理工作。一般来说,前厅须为住店客户分别建立账户,根据各营业部门转来的客账资料,及时记录宾客在住店期间的各项用款,且进行每日核计、累加、保证账目的准确,以求在宾客离店前为其顺畅办理结账事宜。

五、处理相关信息资料

前厅是宾客的活动的中心,因而也是各种信息的集散地,包括外部市场和内部管理等各类信息,大到旅游业发展状况、世界经济信息,小至开房率及客人的住店、离店、预定情况等,前厅部不仅要手记这类信息,而且要对其加工、整理,传送到相应的经营、管理部门。

任务三　理解前厅部的组织机构及主要岗位职责

一、前厅部机构设置的原则

前厅组织机构各部分间关系的模式直接决定着组织中正式的指挥系统和交通网络，它不但影响着信息沟通与利用的效率，而且会影响前厅员工心理和能力的发挥，从而影响前厅的效率乃至酒店的经营。因此，恰当的前厅组织结构设置，对于有效地实现组织目标，是至关重要的。前厅员工在星级酒店里通常占酒店员工总数的25％以上，这些员工的素质比其他部门要求高。如何有效地组织这些员工，完成前厅的业务运转，必须遵循以下组织原则。

（一）从实际出发

前厅部组织机构设置应根据酒店的性质、规模大小、地理位置、经营特点及管理方式而定，合理配备人员。规模小的酒店或以内部接待为主的酒店就可以将前厅部归入客务部，而不必单独设立前厅部。

（二）机构精简

前厅的组织机构设置，必须遵循精简原则。前厅机构精简，不仅在于劳动力的节省，而且更重要的是工作效率的提高和人际关系的融洽。否则，人浮于事，势必影响前厅业务运转效率，特别是前厅的管理人员更为精简。前厅的定员一定要以前厅工作分工为基础，以工作定员工，而不要因人而找工作，将可有可无的人安排在前厅。明确各层次和各岗位人员的职责不重复，垂直领导，明确指挥体系及信息渠道的高效畅达，但机构精简不能出现工作职能空缺现象和管理的"真空地带"。

（三）分工明确

前厅部各机构及岗位人员的职责和任务应明确，指挥体系应高效、健全，信息传达的渠道应畅通，应避免出现各种职能岗位空缺、重叠或相互"扯皮"的现象。

（四）便于协作配合

前厅部机构设置不仅要便于前厅部内部各岗位、各环节间的协作，而且要有利于前厅部与其他部门间的协调配合。

（五）管理幅度和管理层次

为了保证酒店的运行，现代化酒店通常采取"四级管理"、"垂直领导"的管理体制。前厅的管理幅度通常是六个分部，管理层次通常是三层，但这一标准会随着酒店规模和档次变化有所不同。总之，为了保证前厅业务运转效率，管理幅度和层次是必须考虑的内容。

在以上组织原则的指导下,前厅的组织机构随着酒店的规模不同而有较大的差别。

客房数在20间以下的酒店,通常被称为小型酒店,其组织机构的设置一般比较简单,但是要突出前厅、餐饮、客房和工程维修以及财务部的作用。在大型酒店里,前厅的管理层次和管理幅度都大于中小型酒店,但是前厅在酒店总体管理中的地位却更加突出。

二、前厅部的组织机构图

酒店规模大小的不同,前厅部组织机构可以有很大的区别,具体体现为以下几点。

(一)大型酒店管理层次多,小型酒店管理层小

大型酒店可能有前厅部经理—主管—领班—服务员四个层次,而小型酒店可能只有经理—领班—服务员三个层次。当然,随着管理手段的信息化和现代化,前厅组织机构有扁平化发展趋势,管理层次减少,管理幅度加大,以提高沟通和管理效率,降低管理费用。

(二)大型酒店组织机构多,而小型酒店少

如大型酒店设有出租车队、商务中心、外币兑换处、礼宾服务处等,而小型酒店往往没有这些专门机构。

(三)大型酒店前厅部职能划分较细,比较专一,而小型酒店往往一岗多能

由于前厅部与客房部的密切关系,大多数酒店将前厅部于客房部合二为一,称为"客务部"或"房务部"(Room Division),也有酒店考虑到前厅部的销售功能将前厅部归到酒店的公关销售部。图1-2、图1-3、图1-4是大、中、小型酒店的组织结构参照图。

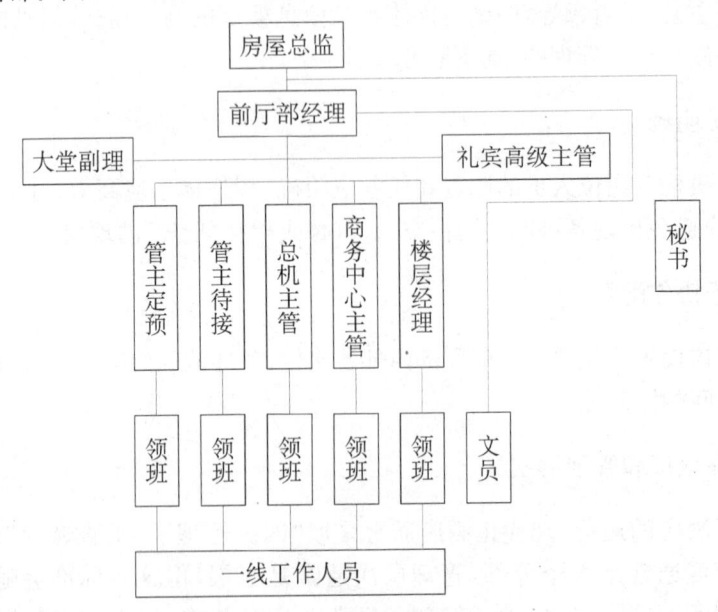

图1-2 大型酒店前厅组织结构图

```
                    ┌──────────┐
                    │ 房屋总经理 │
                    └────┬─────┘
                    ┌────┴─────┐
                    │ 前厅部经理 │
                    └────┬─────┘
                         │      ┌────────────┐
                         ├──────│ 大堂值班经理 │
                         │      └────────────┘
        ┌────────┬───────┼────────┬──────────┐
    ┌───┴──┐ ┌──┴───┐ ┌──┴───┐ ┌─┴──────────┐
    │预定领班│ │总台领班│ │总机领班│ │礼宾服务领班 │
    └───┬──┘ └──┬───┘ └──┬───┘ └──┬─────┬──┘
    ┌───┴─┐ ┌──┴──┬──┴──┐ ┌┴───┐ ┌┴──┐ ┌┴───┐
    │预订员│ │收银员│接待员│ │话务员│ │迎宾│ │行李员│
    └─────┘ └─────┴─────┘ └────┘ └───┘ └────┘
```

图 1 - 3　中型酒店前厅组织结构图

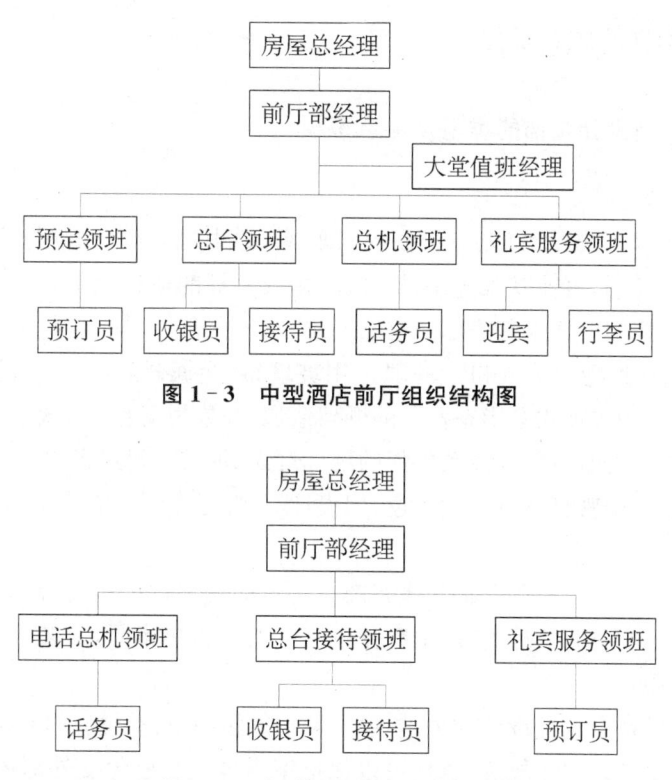

```
                    ┌──────────┐
                    │ 房屋总经理 │
                    └────┬─────┘
                    ┌────┴─────┐
                    │ 前厅部经理 │
                    └────┬─────┘
        ┌────────────────┼────────────────┐
  ┌─────┴──────┐ ┌───────┴──────┐ ┌───────┴──────┐
  │ 电话总机领班 │ │ 总台接待领班  │ │ 礼宾服务领班  │
  └─────┬──────┘ └───┬──────┬───┘ └───────┬──────┘
    ┌───┴──┐     ┌───┴──┐ ┌┴────┐      ┌──┴───┐
    │话务员│     │收银员│ │接待员│      │预订员│
    └──────┘     └──────┘ └─────┘      └──────┘
```

图 1 - 4　小型酒店前厅组织结构图

三、前厅部主要岗位的职责

前厅部主要设商务中心文员、前厅部文员、前厅接待员(含订房员、问讯员)、总台领班、总机话务员、总机房领班、行李领班、行李员、大堂副理等岗位,其职责参见附录一。

四、前厅部各工种(班组)的主要任务

前厅部通常包括预定、问讯、电话总机、接待、行李、迎宾、商务中心、前厅收款、行政楼层接待、大堂副理等班组,各班组的主要任务参见附录一。

任务四　熟悉前厅的设计、布局与环境

前厅部各部门的工作场地,大多是在酒店的大堂区域内进行和完成的,酒店大堂设计是否科学合理,对前厅部各个岗位职能的达成有着直接的影响。前厅的设计与布局是酒店建筑设计的重要内容,它不仅涉及建筑学、美术设计,更重要的是关系到酒店前厅功能的发挥。

一、酒店大堂的风格类型

(一) 酒店入口设计装饰的类型及注意事项

1. 入口设计类型

(1) 花园式。面积较大,通常有流畅的回车线环绕其间,有由绿树与花草组成的各种颇具创意的图案、标志,再辅以雕塑、园林灯柱、精致栏杆的适当点缀,并于门旁的花草盆景相呼应,整个酒店门前洋溢着浓郁的自然气息。

(2) 支架式,亦称棚架式入口。一般采用玻璃钢、金属材料与透明塑料等构成斜坡式、半球式、蓬帐式和尖顶式等形态各异的棚架造型,并采用富有立体感、光亮度强与特殊质地的新材料和新工艺,再配上流动感强的现代灯光,足以引起宾客的浓厚兴趣。这类酒店入口处造型新颖、美观且富有现代特色,但设计时,应考虑到与酒店主体建筑相协调,棚架须安全可靠。

(3) 门面式。其特点是将门面设计装饰与广告促销进行有效组合,以吸引更多的客人。例如,有些酒店利用玻璃门与落地窗张贴巨大的广告艺术画,安装立面霓虹灯,以展示酒店的特色风貌。

酒店入口门的造型也是设计的关键,通常使用旋转门、自动感应门和推拉门等。一般采用旋转门和双层感应门比较好,这样可以保持室内恒温和避免受外部风沙等灾害性天气的影响。

2. 注意事项

尽管酒店入口门设计装饰类型有所不同,但在总体设计时,均应关注下列几个问题:

(1) 酒店入口处的行车路线安排应考虑右行车线。我国实行的是右线行驶,且汽车的方向盘在左侧,为使车右侧靠近酒店大门入口以便前厅迎宾员为客人提供拉门服务,酒店的入口处、地下车库的坡道出入门位置以及前门广场的行车路线安排,均应考虑右行车线。

(2) 酒店入口处的车流和人流线路应互不干扰。酒店门前的交通路线应清晰,尤其是内部车流不应对城市道路造成太大干扰,否则,极易导致客人出入时行走不便,行车线路不畅。例如,一家酒店的入口处正中设计成大台阶,客人须拾级而上,而该酒店的门前的坡道过于狭窄,经常造成店门前车辆堵塞。如果能将酒店人流、车流较集中的多功能厅、宴会厅与餐厅等入口单独设置,则是非常有利的,如北京的香格里拉酒店、南京的金丝利喜来登酒店等。

(3) 酒店入口处应宽阔,确保人流、车流顺畅通行。酒店门前的停车道宽度,至少应能平行停放两辆车,最好为三辆车的宽度,以便在出入店高峰时迅速接待乘车客人。切忌因追求气派而设计成高台阶、大坡道。

(4) 酒店门前应考虑设置足够数量的停车位。通常,酒店解决停车问题往往是从地下找出路,但为方便客人,也应考虑设计地面停车位。100间客房的酒店一般应设置车位25~45个,其中,有大约1/4~1/3应设置在地面上,以解决酒店门前的停车问题。

(二)酒店大堂设计装饰的类型

1. 古典式

这是一种具有浓厚传统色彩的设计装饰类型,大堂内古董般的吊灯、精美的古典绘画以及造型独特的楼梯栏杆,会让客人感受到大堂空间的古朴典雅。随着各种新材料(如亚光漆,彩色金属板和压纹定型板等)的应用,酒店大堂古典式装饰有了新的生机。

2. 庭院式

其设计装饰引入山水景点与花木盆景,犹如"庭中公园"。例如,在大堂内利用假山、叠石让水自高处泻下,其落差和水声使大堂变得有声有色;或者在大堂的一角,种植大量的热带植物,设置小巧的凉亭与瀑布,使大堂空间更富有自然山水的意境。在设计装饰庭院式大堂时,应注意确保整体空间的协调,花木搭配与季节、植物习性等自然规律相符,假山体量、溪涧宽窄应与空间大小相称等。

3. 重技式

其设计显露出严谨的结构,粗实的支柱。例如,美丽的希尔顿酒店的大堂,设置了用几十根金属管组成的高大雕塑,并以金黄色喷涂其表面,使整个大堂空间充满了生机和活力,营造出迎接八方来客的浓郁氛围。

4. 现代式

这类大堂设计装饰追求整洁、敞亮、线条流畅。例如,大堂顶面球面型和地面圆形图案互相呼应,再配以曲面形墙壁与淡雅的色彩,大堂顶面设计犹如繁星闪烁的灯光,让客人如身临太空,情趣无穷;若再辅以玻璃、不锈钢和磨光花岗岩等反光性强的材料装饰的通道,则大堂更显得玲珑剔透,充满现代感。

二、酒店大堂设计依据

(一)酒店的形象定位

酒店大堂设计越来越注重突出酒店的整体形象,而酒店的形象定位本身已随着市场的竞争出现了巨大的变化。从20世纪70年代开始,以塑造和传播酒店形象为宗旨的CI(Corporate Identity)定位盛行于酒店业;20世纪90年代后,以宾客满意为宗旨的CS(Customer Satisfaction)定位更是受到酒店业的格外关注。但仅靠塑造酒店形象以及仅让客人满意还远远不能确保酒店在竞争中永远立于不败之地。酒店必须培养一批忠诚的客人,并以此为酒店的基本消费群,来保持酒店基本营业销售额,进而通过建立起的忠诚客户群去影响、带动更多的潜在客人来光顾酒店。于是最新的CL(Customer Loyalty)——以建立宾客中成为战略的定位便应运而生,并日益受到酒店业的青睐。例如,香港半岛酒店的开放式大堂服务设计,使酒店的大堂从酒店开业起就成为许多航空公司和旅行社的服务基地,也曾作为机场出港登记处。现在,其大堂已成为商人洽谈生意,新闻界收集信息,社会名流聚会、闲坐、聊天消磨时光的好场所。酒店大堂就如一块磁铁,将天涯海角的宾客源源不断地吸引过来,酒店一年的总营业收入中几乎有25%是来自于经常惠顾的忠实客人。由此可见,大堂设计的独特品位与其特有的经营理念、精美的饮食、细致高雅的服务等是其赢得大批海内外忠诚客人的秘诀所在。

(二) 酒店的投资规模

酒店的投资规模一般用所拥有的客房的总间数来衡量。按照惯例，1 000间以上往往被视为特大型酒店。在确定酒店大堂设计方案时，应考虑大堂的面积和空间。大堂的建筑面积与酒店客房间数有一定的比例关系，约为0.4～0.8平方米/间，即每间客房应占有0.4～0.8平方米的大堂面积。酒店每个标准客房的平均建筑面积应由其所属星级而定，并视其形象定位、经营特色、规模标准等因素加以调整。

(三) 酒店的建筑结构

酒店的建筑结构是酒店大堂设计时的主要依据，它不仅关系到大堂空间的舒适度、各功能设施的布局、内外景观的再现等，还关系到酒店大堂的能源消耗、消防安全以及人流路线的顺畅和大堂特色氛围的营造等。酒店的建筑结构一般有塔式、板式与内天井式三种。其中，内天井式结构的酒店大楼里，大堂均为无顶开放。尽管其消耗能量过大，日常开支增加，但它提供在室外才能体验到的仰视、俯视观景条件，亦给酒店带来了特有的气魄。其基本设计模式是大楼内装有观光电梯，当电梯向上运行时，客人便可以观看到大堂内的一切。随着环境科学和行为科学的发展，酒店大堂设计在解决使用功能的同时，还应注重突出精神功能，以满足客人的精神需求。

(四) 酒店的经营特色

酒店大堂设计也应该以酒店的经营特色为依据，设计效果应能充分现实和烘托酒店的特色。唯有特色，才是酒店的核心竞争优势。千万不可盲目仿效其他酒店，"似曾相见"的设计效果应加以避免。

酒店大堂设计，应遵循酒店的经营理念。在"以客人为中心"的经营理念下，酒店大堂设计要注重给客人带来美的享受，创造出宽敞、华丽、轻松的气氛。而在"力求在酒店的每寸土地上都要挖金"的经营理念下，酒店开始注意充分利用大堂宽敞空间，开展餐饮经营活动，并取得了良好的经济效益。

三、大堂设计原则

(一) 效益性

功能是大堂设计中最基本也是最"原始"的层次。大堂设计的目的，就是为了便于各项对客服务的开展，同时又让客人得到心理上的满足，继而获得精神上的愉悦。大堂，无论其实用功能还是精神功能，只要有一方面失之偏颇，就会降低其功效。尤其设计时若忽视愉悦客人的精神因素，就极易导致空乏、平庸、缺乏特色和个人魅力。前厅的设置还应该注意各工作环节的衔接，确保前台接待员工作效率的提高和节省客人的时间与体力，绝大多数酒店的前台都是以"客房控制架"为中心进行设计的，这种方法最有利于提高前厅接待工作效率，而"时间与动作研究"是设计前厅必须要进行的工作。

大堂设计时,通常应考虑的功能性内容包括:① 大堂空间关系的布局;② 大堂环境的比例尺度;③ 大堂内所设服务场所(如总台、行李房、大堂吧等)的家具及陈设布置、设备安排;④ 大堂采光;⑤ 大堂照明;⑥ 大堂绿化;⑦ 大堂通风;⑧ 大堂色彩;⑨ 大堂安全;⑩ 大堂材质效果(注重环保材料);⑪大堂整体氛围。

除上述相关内容外,大堂空间的防尘、防震、吸音、隔音以及温湿度的控制等,均应在设计时加以关注。因此,大堂设计时,应将满足其各种功能的要求放在首位。

(二) 经济性

前厅一般设在酒店的大堂,而大堂是酒店的寸金之地。酒店可以充分利用这一客流最大的地方,设置营利设施。因此,前厅的设置要尽量少占用大堂空间。世界上著名的希尔顿酒店联号都以最经济地利用大堂空间、精心地设计前厅而闻名于世。酒店大堂的就其功能来说,既可作为酒店前厅部各主要机构(如礼宾、行李、接待、闻讯、前台、收银、商务中心等)的工作场所,又能当成过厅、餐饮、会议及中庭等来使用。大堂设计时,因充分利用空间。其常见的手法就是设置夹层,以夹层分隔大堂空间,提高空间利用率,夹层一般可分为单排列、双排列、U形和环形等形式。若夹层的宽度超过了其结构的允许限度,则需要设置柱子,并按一定顺序排列。设置不同的夹层,不仅能合理利用大堂的原有空间,而且不同程度地丰富了大堂空间的变化,使其主次分明、层次清晰。同时,横向的夹层和竖向的立柱或盘旋而上的楼梯能改变原有空间的呆板和沉闷,让大堂空间充满强烈的韵律感和节奏感,既富有变化,体现多种使用功能,又无损大堂空间的完整与统一。不但如此,大堂楼梯口和电梯口部的小空间,亦要充分利用。设计时,应对这些"无用"的空间倍加关注。较为成功的手法是,既将其作为休息场所,形成大堂的动、静对比,又设计成装饰性景点点缀以花木、水体,给人以自然美的感受。由波特曼设计的新加坡泛太平洋大酒店,其中庭就是充分利用建筑提供的空间,在装饰、陈设上精心设计,层层穿插,错落有致的红纱灯笼串似从天而降,加上暗红色编物盘旋而上的抽象造型,构成了一度绚丽壮观的立体画面,令人叹为观止。

(三) 整体性

酒店大堂空间被分隔的各个空间,应满足各自不同的使用功能。但设计时,若只求多样而不求统一,或只注重细节和局部装饰而不注重整体要求,势必会破坏大堂空间的整体效果而显得松散、零乱。所以,大堂设计应遵循"多样而有机统一"的要求,注重整体感的形成。

酒店大堂空间及其围合物、家具、陈设、照明、绿化和水体等,通常都包含了尺寸、造型、色彩和肌理等因素。如何组织这些因素,除应满足功能和审美需要外,还应使其达到视觉上的平衡,上述要素投射出来的视觉感之间的均衡状态,即为设计时所要实现的整体感。诚然,整体感的形成离不开客人的感知,涉及视觉片段的叠合和记忆储存的问题,但对客人来说这是一个动态的综合过程。这一过程说明,大堂空间反复出现某一形状或色彩的母题,它就可以产生比较统一、完整的视觉印象。因为客人从抵店、住店到离店,只要来到大堂,母题即被不断重复,记忆不断加深,印象也就越来越完整,大堂的整体感随之越来越强烈。例如,贝聿铭设计的香山酒店,就是运用母题来设计突出主题,并且使整个建筑给客人极为完整的印象。在香山酒店的建筑空间中,从外到内,从大到小,从一个空间到另一个空间,处处都可以看出设计者对母题(即45度方形与灰线白底的色彩基调)有意识的反复强调,这一母题和完整的视觉感受令客人难以忘却。

(四)风格与特色

大堂,作为客人和酒店活动的主要场所,无论功能要求,还是空间关系,比起其他场所,设计时都要细致、复杂得多。因为设计的要素不说包罗万象,也是五花八门。若设计欠妥,则会失去本意,结果不是罗列堆砌、仿效别人,就是七拼八凑,成为格调低下的"大杂烩",或是自以为别出心裁,实则是俗不可耐。如何在大堂设计中做到统一而非单调,丰富而非散乱,应遵循的另一个原则就是——力求形成自己的风格与特色。

设计时,除理性分析外,还应借助形象思维。比如,抓住酒店建筑结构及大堂空间特点等因素,来确定酒店大堂的设计主题,并以现代化技术将其表现出来。如果我们过分注重使用功能上的不同,则往往会概念先行;而如果过分注重空间的视觉效果便常常会忽略大堂本身的主角——人。因此,设计中应多点"人间烟火",少点喧宾夺主。尽管大堂"效果"似乎因此而有点弱化,但它更接近生活本身。若明确了大堂设计所要形成的风格和特色,那么,凡是与总体风格和特色要求不符合的要素,再诱人的造型,再绚丽的色彩,再豪华的材质,再精妙的手法,也应该割舍。否则,见"好"就搬,将大堂"美化"成一个个标准面孔,缺少个性,风格与特色荡然无存,最终设计将进入到"趋同"的怪圈中。

四、前厅布局

前厅亦称前台,是位于前厅大堂内的酒店总服务台的简称,是为客人提供入住登记、问讯、兑换外币、结账等前厅综合服务的场所。前厅的设计是否合理,将直接影响到总台对客服务的质量。为了方便客人,总台一般均位于酒店一楼大堂,且各项总台业务应相对集中(如预定、接待、问讯和总台收银等)。根据大堂设计布局,总台最好能正对大堂入口处,这样,不仅能使总台人员观察到整个前厅、出入口、电梯等活动场所的情况,而且也能使总台人员清楚地观察到正门外客人车辆的到达情况,从而做好接待准备工作。同时,也有利于及时发现各种可疑情况,消除隐患,确保安全。

总台设计通常应考虑以下三个因素。

(一)总台的外观

总台的形状可根据大堂的建筑结构有所区别,采用曲直相结合的办法。有的为直线形,有的为半圆形,有的设计成"L"形或"S"形。总台的高度应以方便客人住宿登记和总台人员的接待服务工作为原则,其理想高度为110~125厘米。柜台内侧设有工作台,供总台人员使用,其台面高度为85厘米,宽度为30厘米。工作台面最好设计成倾斜式,有一定的坡度,以方便员工使用,且不影响其服务仪态(站姿等)。

（二）总台的大小

总台的大小是由酒店接待人数、总台服务项目和计算机的应用水平等因素决定的。酒店的规模越大，接待人数和服务项目越多，则总台设计的面积越大；反之，则越小。但从酒店发展的趋势来看，随着科技的进步和计算机在酒店的普及，总台将日益小型化。

（三）总台的布局

总台的布局应紧凑合理，并以岗位职能划分区域，既要方便客人，又要便于前厅对客服务，提高服务效率。此外，一些酒店为了寻求服务差异与特色，针对酒店商务客源的特点，一改常规的总台站式服务，在富丽的大堂分开放置多张办公桌，配以舒适的靠椅，桌上放置清新艳丽的鲜花，并配置高效运作的笔记本计算机，由训练有素的员工向抵店的客人提供面对面的坐式入住登记服务。这种具有高雅文化品位的服务过程，创造出酒店前厅个性化服务的特色，给客人留下了美好的印象，同时也充分显示出酒店的竞争优势。

五、前厅的环境及主要设备

（一）前厅环境布置要求

1. 光线

前厅内要有适宜的光线，使宾客能在良好的光线下活动、员工在适宜的光照下工作。前厅内最好通入一定数量的自然光线，同时配备层次、类型各不相同的灯光，以保证良好的光照效果。过于明亮的光线，会使人的眼睛过分紧张，产生头晕目眩等不舒适的感觉，影响前厅员工的工作效率；过于昏暗的光线，不易使员工和宾客彼此看清对方的脸部，也不利于准确地填写入住登记表。宾客从大门外进入大厅，是从光线明亮处来到光线昏暗处，如果这个转折过程过快，宾客会很不适应。所以，在设计光照时灯光的强弱应逐步变化。可采用不同种类、不同亮度、不同层次、不同照明方式的灯光，配合自然光线达到使每位宾客的眼睛都能逐步适应光线明暗变化的效果。总服务台上方的光线不能太暗或太亮，不能直接照在宾客和服务员的脸上，使他们睁不开眼睛；也不能把阴影留在服务员脸上，造成服务员工作不便或微笑时脸变形。

2. 色彩

前厅环境的好坏，还受到前厅内色彩搭配的影响。前厅内宾客主要活动区域的地面、墙面、吊灯等，应以暖色调为主，以烘托出豪华热烈的气氛；而前厅的服务环境及宾客休息的沙发附近，色彩应使用冷色，使人产生一种宁静、平和的心境。总之，前厅内的色彩搭配应符合服务员工作和宾客休息对环境的要求，营造出前厅特有的安静、轻松的气氛。

3. 温度、湿度及通风

前厅要有适当的温度、湿度。酒店通过单个空调机或中央空调，一般可以把大厅温度维持在使人体最舒适的状态，通常高星级酒店大厅内的温度冬季应保持在20℃～24℃；如果再配以适当的湿度（通常高星级酒店大厅内相对湿度应保持在40%～60%），整个环境就比较宜人了。前厅内人员集中密度大，耗氧量大，如通风不畅，会使人感到气闷、压抑。因此，应使用性能良好的通风设备及适当的空气清新剂等，以改善大厅内的空气质量，使之适合人体的要求。高星级酒店大厅内风速通常应保持在 $0.1\sim0.3$ m/s；大厅内新风量一般不低于 160 m^3/人小时；大厅内空气中的废气和污染物的控制标准为：CO 小于 5 mg/m^3，可吸入颗粒物小于 0.1 mg/m^3，细菌总数不超过 $3\,000$ 个$/m^2$，等等。

4. 声音

前厅通常离酒店大门外的闹市区或停车场较近，人员活动频繁，车辆噪声不断，加之大厅内的说话声、电话铃声等，声源杂、音量大，噪声可能超过人体感觉舒适的限度，使人烦躁不安，易于激动、争吵、出错，降低工作效率。因而在装修前厅时，应考虑使用隔音板等材料，以降低噪声。酒店员工工作交谈时，声音要尽量轻些，有时可以使用一些体态语言，代替说话进行沟通（如用手势招呼远处的同事）。要尽量提高工作效率，使宾客在高峰时间不至于长久滞留于大厅，破坏大厅安静的气氛。对来店参观、开会、购物、用餐的宾客，必要时也应劝他们说话低声些。酒店应尽可能播放轻松、动听的背景音乐，以减少噪声对人体的危害，背景音乐的音量应在 6 分贝左右，高星级酒店大厅内噪声通常应不超过 45 分贝。

（二）主要设备

1. 总服务台设备及用品介绍

（1）电脑显示器（Computer Terminal）。前厅总部服务台内应设电脑，通常 100 间客房以内的酒店至少应设两台显示器；100~500 间客房的酒店以每增加 100 间客房加设 1 台显示器为宜。前厅部应尽量用显示屏为 15 英寸以上的电脑，内存要大些、运算速度应快些，这样可以使前厅部员工眼睛不太疲劳并提高工作效率。

（2）打印机（Printing Machine）。前厅部应备有两台以上的打印机的出纸速度要快些，分辨率要适当，要选用不宜夹纸及便于维修保养的品牌。前厅部员工在平时使用打印机时，要尽量把打印机调到省墨状态，打印时要尽量把纸的两面都利用起来，以减少消耗，降低成本，为创造绿色酒店出一份力。

（3）扫描仪。前厅部应配备专用扫描仪，用于扫描身份证。现在越来越多地区的酒店按公安部门的要求用扫描仪扫描身份证。这样可以使入住登记工作更快捷、更准确，通常还可以减少一联入住登记表。

（4）钥匙及信件架（Key and Mails Rack）。传统的钥匙及信件架是一个设置于总服务台下部或侧面的多格的木架，木架的每一格代表一个相应的房间格子的大小及深浅应以完全放下带有酒店标志的钥匙牌和钥匙及一个航空信件不折叠可以放入为宜。部分酒店将钥匙及信件架分开设置，另有少数酒店将钥匙及信件架设置于总服务台后面靠墙的位置。

（5）客房钥匙（Room Key）。随着酒店业的迅速发展，客房用锁已趋于采用一些安全可靠的新型门锁，以解决传统机械弹子门锁的钥匙易仿制、安全性差的难题。新型客房锁钥系统的种类主要有 IC 卡锁、电脑磁卡锁、电子光卡锁磁片机械锁（又称磁片锁）等。传统机械弹子门锁将逐步被淘汰。

① IC 卡锁、电脑磁卡锁。高档电脑 IC 卡锁（简称 IC 卡锁）与电脑磁卡锁（简称为磁

卡锁)是利用磁卡锁开启的由电脑控制的门锁,所内有磁卡阅读器和微电脑。宾客入住时,可以专为其设定密码和信息。宾客开门时,只需将磁卡插入锁中的读卡器的缝隙后拿出,锁中的微电脑即可判断其是否为合法磁卡,并决定是否开。该锁通常设置10亿个以上密码不会重复,万一钥匙丢失可重新设置密码,使丢失的钥匙失效,因而,保密性很强,且此种磁卡将有关信息和六位数的消费密码输入后,在酒店中可充当信用卡使用。有的磁卡锁和IC卡门锁内的微电脑能存储最近开门记录3 000条,并可随时提取这些开门记录。IC卡锁和磁卡锁功能基本相近,只是作为钥匙的"卡"略有不同。IC卡是一种智能卡,有一个或多个集成电路芯片组成,有思维和运算功能,可封装成各种不同形状方便携带,也可反复使用,还便于加密、防磁,具有寿命长、功能强的特点,故价格高一些。磁卡成本低,可以一次性使用,也可以回收,反复使用。

② 电子光卡锁。这种锁是利用带有暗孔的塑料卡片作为钥匙,控制门锁的电磁机构。光卡的暗孔在一般情况下是看不到的,而光卡锁的光学系统是通过塑料卡片钥匙检取红外线密码而达到开锁目的的。这种锁保密性相对较差,密码破译也较容易,安全性也不如磁卡锁,而外形与其相似,价格比机械锁高,实际上已被磁卡锁取代。

③ 磁片机械锁。简称磁片锁,也有人称之为"磁卡锁"。它实际上是一种机械锁,其钥匙是由一个带有磁性的磁片代替了传统钥匙,由磁片中安装的按一定顺序排列的小磁铁吸动锁中的销栓,达到开锁的目的。它结构简单、直观,安全性不高。磁片钥匙不能随便更改和重新设置,且不可以仿制。一旦钥匙丢失,门锁便须更换。所以,它和IC卡锁、磁卡锁完全不同,使用中应加强管理与控制,以保证客房的安全。高星级酒店的锁钥系统应采用IC卡锁或磁卡锁。

IC卡锁与磁卡锁的钥匙可根据其不同的用途设置,以分级进行管理,不同人员使用的卡受到不同的制约。通常有以下几种:

房号设置卡,用来设置门锁的房号。

时间设置卡,用来设置门锁的当前时间,包括年、月、日、时、分。

客房管理员卡,可开启管理区域内的全部门锁,由客房管理人员使用。

住客卡,供宾客使用,在使用期限内可进入某一个特定的客房,通常在宾客登记入住时,由前厅接待员或收款员位宾客制作;有的酒店还将消费账号及其他有关信息写入此卡内,当宾客在酒店内消费时,只需用磁卡在擦卡机上一擦,读取消费账号,收款员输入消费数额即可;一般使用新住客卡,即房号相同、使用期限不一样的卡,开门后,原来使用过的,仍在有效期内住客卡就会失效;房号相同,使用期限也相同的多个住房卡可同时使用。

退房卡,在门锁中使用退房卡后,原来在这个客房使用的、仍在有效期内的住房卡就会失效。

会议室设置卡,用来把某客房设置为会议室,该卡开锁后,门锁不会锁上,与会者可以随意进入该会议室;当开门卡(客房管理员卡、楼层服务员卡、住房卡)开过门后,门锁即会锁上。

时段卡,时段卡可供清洁员、修理工以及其他部门需进房服务的工作人员使用;在有效期内的规定时段内可以用此卡进房,超时即失效。

复位卡,当管理员卡和服务员卡亮红灯不能开门时,使用复位卡;然后可重新一有效卡,即可正常使用。

还有其他卡,如公共区域设置卡等等。

IC 卡与磁卡锁的钥匙的制作与使用应注意:住房卡通常在宾客入住后才制卡,每位磁卡钥匙制作员工都有独立的密码进入制作系统;根据不同的管理层次逐级规定制作人员的权限,如宾客的住房卡由前台接待员或收款员制作,而楼层服务员卡则由客房主管制作;磁卡钥匙的制作者及密码应由高层管理人员专人负责管理和控制,随时查对钥匙的情况;开门时,应持有效钥匙,磁条朝下,按卡片箭头的方向轻轻插入门锁的插入口内;插到底后平稳拔出,拔卡速度不能太快或太慢,中间不能停顿;磁卡拔出后,指示灯亮绿灯,在十秒内将执手下压,即可开门入房;若超过十秒没开门,门锁又会自动锁上;指示灯亮红灯说明此卡不能开房;使用重新设置的磁卡开门后,原磁卡自动失效,不能开门;住房卡在登记的时间内可开启相应的客房,如住客卡丢失或住客提前退房,可以不收回他的住客卡,用退房卡即可使原住客卡失效,也可用新的住客卡开锁成功后,使原住客卡失效;宾客结账时,将磁卡钥匙交前厅收款员,收款员应及时交给接待员。接待员在交接班时应清点未制作磁卡数量;当电脑或制作钥匙的发行机出现故障时,可使用备用钥匙(Spare Key),一般备三套以上,由管理人员(如客房部经理或前厅部经理)使用,并保存在专用保险箱。

(6) 保险箱(Safe Deposit Box)。高星级酒店前厅应设贵重物品保险箱供保管宾客的贵重物品。贵重物品保险箱应放置于安全、隐蔽的专用房间内,贵重物品保险箱分格编号应清楚,完好率和保险系数要达到 100%。贵重物品保险箱的数量通常应为客房数的 15%~20%;客源中散客比例高的酒店可以适当增加这一比例。客源中团体比例高的酒店可以适当减少这一比例。目前,越来越多的高星级酒店在每间客房内设置了可供宾客自己设置密码并存取的贵重物品小保险箱,以方便宾客,增加安全性,减少纠纷。可以预见,将来酒店贵重物品保险箱的数量有减少的趋势。前厅收款处贵重物品保险箱的使用应是免费的,并且应该 24 小时对客服务。

(7) 信用卡刷卡机。总服务台应该准备信用卡刷卡机及 POS 机,分别用于手工刷信用卡和电脑刷信用卡,刷卡时,已作废的宾客签过名的签购单应当着宾客的面撕毁。

(8) 账单架(Folio Rack)。总服务台还应准备账单架,分别用于存放团体和散客的账单。

(9) 收款机。总服务台的前厅收款处还应准备收款机,以加快收款速度。

(10) 人民币验钞机。前厅收款处还应准备验钞机以识别人民币的真伪。

(11) 外币验钞机。前厅收款处还应准备尽可能多币种的外币验钞机以识别不同币种外币的真伪。

(12) 复印机。总服务台还应准备复印机以复印各种资料文件,可以与商务中心合用。

(13) 打时器(Time Stamping Machine)。总服务台还应准备打时器,用来对收到的各种信件、文件资料打上时间,以控制收发信件、文件及资料的速度。

(14) 刷钥匙器。总服务台还应放置一个刷钥匙器,以便及时地对宾客及相关的员工刷钥匙,供他们使用。

(15) 计算器。总服务台还应准备多个计算器,以便需要时及时地为宾客计算消费金额,统计相关数据,制作报表,这样可以及时准确地收回客账及完成报表。

(16) 档案小车。用于存放订房档案夹,并且可以推动,以方便取用。

(17) 公用桌椅。前厅部办公室等坐着工作的岗位应准备一些办公桌椅以便工作,最好有一些可滑行的带轮办公用椅。

2. 行李组设备

(1) 行李车。行李车有大小两种,分别用于装载团体行李和散客行李,行李车可以设计成两轮的,也可以设计成四轮的。

(2) 行李寄存架。此架放置于行李房中。行李寄存架有两种,一种是固定格子的;另一种可以分为一个个可任意调整大小的格子,每个格子通常只放一批宾客的行李。同一批宾客的各件行李应用绳子串起来放入行李房中的一个格子。

(3) 伞架。无论酒店是开设免费提供雨伞的服务还是出租雨伞的服务,酒店都应该在大门口设置带锁的雨伞架,供宾客自己存取雨伞。

(4) 轮椅。供老、弱、病、残等行动不便的宾客进出酒店使用。有些酒店还在行李房中存放担架,以供抢救危重病人之用。

此外,酒店还应准备婴儿车架及包装行李用的绳子、纸张、剪刀、胶带纸等等,以便于宾客使用。

3. 总机房设备

总机房设备主要有程控电话交换机、电话自动计费器、呼唤机总台及自动叫醒控制系统等。

4. 常用办公文具

(1) 铅笔及削铅笔刀。用于制作前厅部各种报表的草表。

(2) 双层及多层文件架以及各种文件夹。用于存放各种不同的文件及报表。

(3) 小图章架。用于存放各种前厅部专用图章,这些图章应由专人保管。

(4) 多用途订书机及拔钉器。用于装订前厅部各种资料及拆开装订好的资料。

(5) 纸张穿孔器。用于把资料穿孔后放入文件夹存档。

(6) 涂改液。用于掩盖写错的内容,并在涂改液干燥后重新写上正确的内容。

(7) 荧光笔。不同颜色的荧光笔由不同的部门或班组专用,表示不同的意义,可以把重要内容用荧光笔画出而不盖住原内容以提醒人注意。

(8) 其他。主要有胶水、湿海绵、废纸篓、碎纸器等等,用于粘贴、点票、存放废纸及处理作废的前厅部机密文件、资料。圆珠笔和透明胶带纸用于做报表和请宾客填写入住登记表。

任务五　掌握前厅部管理沟通技巧

酒店是一个对客服务的综合体,每一个部门和环节的工作稍有疏忽都可能导致客人对整个酒店的服务感到不满,而在各种各样的服务质量问题中,产生的原因绝大部分是由于酒店内部工作的不协调。前厅部作为酒店的"神经中枢",其部门内外沟通就显得格外重要。

一、前厅部的内部沟通

前厅部内部沟通协调是指前厅部所指的客房预定、入住接待、问讯、大厅服务、前厅收银、电话总机、商务中心等各环节的相互沟通协调,并按照已制定的服务操作程序及服务质量标准,共同为宾客提供到位的服务,以免因工作脱节而造成宾客无人接应或无人服务的现象发生。同时,有效的内部沟通协调也有助于前厅部更好地发挥销售客房的作用。前厅部极大环节的沟通协调过程,如图1-5所示。

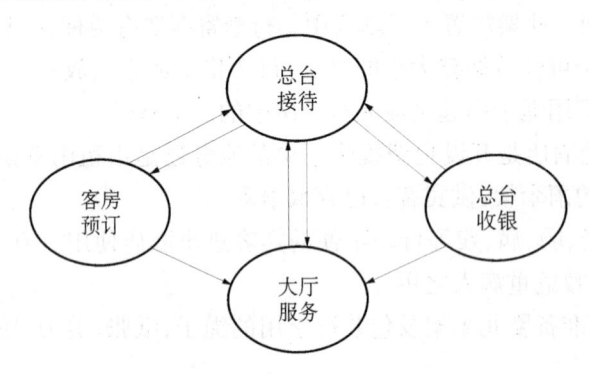

图1-5 前厅部极大环节沟通协调过程

二、接待处与客房预定处的沟通协调

接待处应每天将实际抵店、实际离店、提前离店、延期离店等用房数及历史取消客房数、预定未到的宾客用房和换房数书面通知客房预订处,预定员应根据上述信息及时更新预定汇总表,确保预订信息的准确性。而客房预订处也应每天将以延期预订、实际取消及反映次日抵店宾客用房的资料书面通知接待处,以最大限度地满足宾客的接待要求。

三、接待处与收银处的沟通协调

接待员应及时将为入住宾客所建的账单交给前厅收银处,以便收银员开设账户、累计客账。若住客房或房价发生变化,也应及时通知。同时,两个岗位的夜间审计人员应就白天的客房营业情况进行细致、认真的核对,直到双方认为其客房数额准确无误为止。宾客结账后,前厅收银处也应立即将宾客已结账的消息通知接待处,以便接待员更改其客房转台,通知客房中心整理、清扫,以便再次销售。

四、大厅服务处与接待处的沟通

大厅接待处如遇到直接来店的客人,应热情接待,引领到总台接待处,使总台接待处能尽快地为客人安排房间。接待处在为客人安排好房间后,大厅服务处人员应引领客人至房间。总台接待处有关客人住店的相关信息应告知大厅服务处,以便大厅服务处能及时提供相应的服务。总台接待处对于客人的相应要求及时转交给大厅服务处。

【情景模拟】

一位VIP客人的遭遇

一日,酒店即将到店的客人中,有两位是日本某跨国公司的高级行政人员。该公司深圳方面的负责人员专程赴酒店为这两位客人预定了行政楼层的客房,并要求酒店安排VIP接待,该公司其他客人的房间则安排在普通楼层。客人到店之前,相关部门均做好了准备工作。管家部按客人预定要求,提前清洁行政楼层之客房;前台及行政楼层接待处准备好客人的钥匙及房卡;大堂副理部则通知相关部门为VIP客人准备鲜花和水果,并安排专人进行接待。然而,就在一切准备就绪,等待VIP客人到店之际,其中一位VIP客人出现在酒店,并声称已入住在普通楼层的客房。

经过一番查证,发现客人确已下榻酒店普通楼层的客房。但这并非客人的要求,而是由于接待员的工作失误造成的。由此VIP客人与其他客人一行三人抵达酒店时,前台接待员A只核实了第一位客人的姓名与预订单上客人姓名相符,未进一步在电脑系统中查询另外两位客人的预订,而这三位客人自称来自同一公司,又是一起抵达酒店,A主观判断是预订单上标示的客人名字出现了偏差,安排三位客人入住。其实这张预订单上的三位该公司本应入住普通楼层客人的预订,A在只核实到其中一位客人入住普通楼层的情况下,不经进一步核实就将本应入住行政楼层客房的客人与其他客人一同安排在普通楼层。

在查清造成上述错误的原因后,当值大堂副理马上与客人联系,但当致电客人房间时,客人均已外出。于是酒店一方面在行政楼层为客人保留了房间,另外在VIP客人房间内留下一封致歉信,就此事向客人道歉。在接到VIP客人回到酒店的通知后,大堂副理亲自向他道歉,并询问是否愿意转回行政楼层。客人在接受酒店道歉之后,表示对下榻之客房比较满意,无须再转回其他房间。第二天当VIP客人离开酒店时,当值大堂副理又专程向客人道歉。客人表示并不介意此次不愉快的经历,并对酒店对于他的重视很满意。

五、预订处与大厅服务处的沟通

预订处应及时将有关客人的入住的信息通知大厅服务处,如团队客人、重要客人等,以便大厅服务处安排好相应的人手准备。

本章小结

前厅部是酒店组织经营活动的中心,也是酒店运行的信息中心和神经中枢,对工作区域进行科学的设计与布局,设置合理的组织结构和服务岗位,明确各岗位的工作职责,加强各岗位之间的联系和沟通,以保证前厅以及整个酒店服务工作的精神和效率。

【专业知识训练】

一、选择题

1. 前厅部最主要的一项工作是（　　）。
   A. 销售客房和接待宾客　　　　　　B. 处理宾客投诉
   C. 门卫迎接　　　　　　　　　　　D. 信息收集整理

2. 大型酒店前厅部经理的直接上级应该是（　　）。
   A. 总经理　　　B. 董事长　　　C. 房屋总监　　　D. 营销总监

3. 星级酒店大堂的面积比较合理的标准（　　）。
   A. 每间客房 $0.4 \sim 0.8 \text{ m}^2$　　　　B. 200 m^2 以上
   C. 不超过 200 m^2　　　　　　　　D. 越大越好

4. 前厅部组织机构设置的原则是（　　）。
   A. 从实际出发　　　　　　　　　　B. 机构精简
   C. 机构完善　　　　　　　　　　　D. 分工明确

二、判断题

1. 前厅部是酒店的神经中枢，它的运行正常与否，对整个酒店的运行起着决定性的作用。（　　）
2. 总台设计应考虑外观、大小和布局三个因素。（　　）
3. 培训员工的职能不属于前厅部经理。（　　）

三、简答题

1. 前厅部在酒店中的地位和作用表现在哪些方面？
2. 如何做好前厅部经理？

四、案例分析

燕青是国际大酒店的前厅部经理，她刚开完一个管理会议。今天的讨论主要集中在市场营销部存在的问题上。尽管这段时间前厅部的经营没出什么问题，她还是决定仔细地审视一下前厅部的工作，以防出现漏洞。在成本控制方面还是没有漏洞？员工在履行职责时的服务态度如何？她本人与其他部门的经理合作得好吗？这些只是她决定要检查的几个大的方面的内容。

她把过去三个月的经营情况与自己所做的预测进行比较，结果发现有75%的预测是正确的。她发现大部分时间，前厅部的劳动力成本被控制在了预算范围之内。但也有三次超过了预算额，当时是有几位临时工没有来上班，使她不得不请正式工加班而付给她们较高的加班费。

她感到有一个地方需要改进。最近，客人经常投诉她手下的两名员工。一个是阿娜，总机话务员，她在接电话时，对客人很不耐烦，三言两语应付了事。阿娜已经在酒店工作了15年，最近一段时间，她待人缺乏礼貌，一改过去和蔼可亲的样子，在过去她的热情礼貌和和蔼可亲曾为她多次赢得"杰出员工奖"。另一个是行李员马涛，这个月以来，他多次上班迟到。有一次竟然无故没来上班。问他的时候，他说以后再也不迟到了。

燕青还记得上个月与市场营销部之间发生的一件不愉快的事，这件事到现在为止还没有了结。当时,燕青告诉市场营销总监李得利,说一月份某个周末的客房已订满了,而实际上当天只有25%的开房率。这一小小的错误使他失去了很大一笔佣金。最近,市场营销部还就有关情况向前台接待员做了了解。

尽管燕青认为她的管理工作做得相当不错,但她也愿意接受改进前厅部管理工作的任何建设性建议。她与房务总监何雷先生进行了交谈,何先生希望他的部下能与酒店一起成长。他愿意以任何方式提供帮助。

问题:
1. 燕青在管理工作中存在哪些问题?
2. 你认为何雷先生会向她提哪些建议?

【职业技能训练】

一、实训目的

了解酒店的工作化境和基本服务功能,建立对酒店的初步认识。

二、实训内容

1. 走访一两家三星级以上的酒店,观察分析其前厅、大堂、总服务台的设计装饰。
2. 采访某酒店的前厅部经理,请他(她)谈谈自己的主要工作和前厅部的工作。

三、实训时间

课下时间。

四、实训考核

以上两项要求学生完成500字左右的报告。

项目二　客房预订业务管理

> **学习目标**
>
> ➢ 了解客房预订业务的意义；
> ➢ 了解国际通行的几种酒店收费方式；
> ➢ 熟悉预计业务，学会受理预订；
> ➢ 掌握酒店预订的方式、种类和预订的渠道；
> ➢ 掌握超额预订及其处理的方法。

任务一　熟悉客房预订的意义

客房预订（Reservation）就是客人在未到酒店之前，预先提出具体的用房要求。为了有效地计划自己的行程，节约宝贵的时间，免遭酒店客满的风险，越来越多的宾客提前向酒店预订客房。宾客之所以不怕麻烦，愿意花费时间提前预订酒店的客房，是因为他们希望在抵店时，自己所期望的客房已由酒店准备好。酒店之所以受理并确认宾客的订房要求，是为了有效地控制宾客的抵、离店活动，做好宾客抵达前的准备工作，以便既在最大程度上满足了宾客住宿需求，又使酒店客房获得最理想的出租率。

一、客房预订工作的基本内容

（一）根据宾客需求，提供使之满意的客房

宾客对于客房的需求，由于旅游的目的不同而存在差异。例如，观光客人、商务客人和蜜月旅行的夫妇，他们对于客房的需求就存在很大的差异。预订员应根据宾客的旅行目的，提供相应的客房。

（二）及时地处理宾客的订房需求

宾客提出的订房需求，如果可以满足的话，酒店应尽快予以答复。当酒店无法满足宾客的订房需求时，应询问宾客是否愿意进预订等候名单（Waiting List）或向宾客推荐其他酒店。

(三) 记录、存储宾客的预订资料

宾客的预订资料是酒店最早掌握的宾客资料。预订员应尽快把相关信息进行处理，为接下来展开的各项对客服务程序和客史档案的管理工作提供及时、准确的信息。

(四) 完成宾客抵达酒店的各项准备工作

预订员应将宾客预订的信息及时传递给有关部门和岗位，以便各部门做好接待宾客的准备。尤其是 VIP 宾客和团队/会议的预订，应根据宾客的身份和需求，确定接待规格。

二、客房预订的意义

2018 年 4 月 16 日，国家旅游局相关负责人在 2018 中国国内旅游交易会新闻发布会上透露，2017 年 12 月至 2018 年 2 月，全国纳入监测的各大城市四、五星级酒店客房出租率为 50% 左右，其中采用预订方式入住的客人占酒店宾客总数的 60% 左右。对于客人而言，客房预订可以保证客人的住宿需求，特别是在旅游旺季。

对于酒店而言，预订具有重要意义：

(1) 预订可以帮助酒店更好地提供对客服务。有了预订工作，就能在对客人服务上掌握主动权，提供更针对性的服务，增加客人对酒店服务的满意度。

【情景模拟】

酒店客满

正值旅游旺季，由于某旅游团临时增加用房数量，南京某四星级酒店的客房出租率已经达到 100%。晚上，两位来自北京的客人到达酒店前台，接待员小张微笑向客人问好。客人说："我们预订了一个标准间。"小张查看了预订登记表，对客人说："您的预订记录确实在这儿，但实在抱歉，酒店今天已经满房，请两位谅解。"客人有些生气，接待员接着解释："我们已经与本市的五星级酒店金陵酒店联系过了，他们还有几间空房，我已经为两位订了房。虽然那里的设施设备比我们酒店好，房价也比我们高，但你们只需按预订的价格付款，超出的房价由我们支付。如果你们不介意的话，我这就派车送两位过去暂住一个晚上。等明天我再派车接你们回来，一定为你们安排满意的房间。"客人听到付四星级酒店的房费可以住知名的五星级酒店，何乐而不为？于是欣然同意。

上述情景说明，酒店接受客人的预订，就应该为客人保留房间。如果确实有特殊情况导致预订客人到店后无房，酒店必须找出妥善办法，安排好客人的住宿，以使客人满意。

(2) 良好的客房预订能够为酒店争取客源，提高客房出租率。预订工作也是酒店进行推销的重要手段，通过有效的、高质量的预订工作，可以争取更多的客源，增加酒店的总收益。

(3) 掌握酒店客源市场的资料及特点。通过预订工作，可以使酒店更好地掌握酒店未来一段时间的客源市场情况，从而为酒店做好总体工作安排提供一个基本依据，有利于酒店提高管理工作的质量和效果。

任务二　了解客房预订的渠道、方式和种类

一、预订渠道

了解客人的预订渠道对于酒店促销、提高开房率，具有重要的意义。

客人的订房渠道经常有以下几种：

（1）散客自订房。可以通过电话、互联网、传真等方式进行。

（2）旅行社订房。旅行社是酒店最大的中间商，随着经济、社会的发展，旅游活动越来越普遍，已成为一种特殊的生活方式，游客的订房基本上都通过旅行社进行，旅行社对于酒店的销售来说至关重要。表2-1为旅行社订房表。

表2-1　旅行社订房表

团队名称	BJKH20100910		联系人：			传真：		
以下订房16免1，司陪半价。									
日期	订房人数		房间类型			房费(元/间)		早餐	
	游客人数	司陪人数	标准间	单间	三人间	客人房	司陪房	含早餐	不含餐
	+								
	+								
	+								
	+								
房费总计：								
用房要求：								
旅行社计调：					导游：			
备注：1．以上是我社订房（餐）计划，请签字盖章后回传我社。 2．房费根据协议按房间、人数或口头商定结算。								
委托人：×× TEL：××××××× FAX：×××××××								

（3）公司订房。

（4）各种国内外会议组织订房。

（5）分时度假（Timeshare）组织订房。

（6）国际订房网络组织订房。

国际订房网络组织是酒店，特别是国际性大酒店非常重要的预订和销售渠道。现在假日酒店集团管理的一些酒店，没有销售部，只有预订部，主要依赖的就是强大的预订网络。有时，酒店70%的顾客均来自网络预订。

（7）其他组织订房。

随着互联网技术的发展和普及，一些有实力的企业（如酒店管理软件公司、网络公司等）以合同方式将酒店客房大批量买断，再通过互联网等销售渠道出售给各类顾客，以赚取利差。

二、预订的方式

客房预订的方式多种多样,各有不同的特点。客人采用何种方式进行预订,受预订的紧急程度和客人设备条件的制约。

(一) 电话预订

电话预订(Telephone)较为普遍,它的特点是速度快、方便,而且便于客人和酒店之间的沟通,以便客人能够根据酒店客房的实际情况,及时调整其预订要求,订到满意的客房。但由于语言障碍、电话的清晰程度以及受话人的听力水平的影响,电话订房容易出错,因此,预订员必须将客人的预订要求认真记录,并在记录完毕之后,向对方复述一遍,以得到客人的确认。

在接受电话预订时,要注意不能让对方久等。因此,预订员必须熟悉本月、本季可提供客房情况,如因某种原因,不能马上答复客人,则请客人留下电话号码和姓名,待查清预订情况后,再通知客人是否能够接受预订。

(二) 传真订房

传真订房(FAX)是一种较为先进的订房方式,其特点是方便、快捷、准确、正规,它可以将客人的预订资料完整地保存下来,减少出现订房纠纷的概率。

(三) 国际互联网预订

通过国际互联网预订(Internet)进行预订,也是目前较为普遍的订房方式。随着计算机的普遍应用,越来越多的散客开始采用这种方便、快捷、先进而又廉价的方式进行预订,如图 2-1 所示。

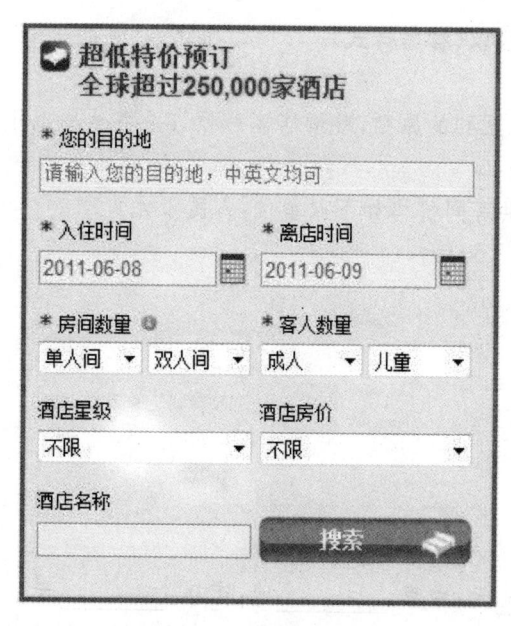

图 2-1 互联网预订系统

附：国内著名的酒店预订网站
携程旅游网 http://www.ctrip.com/
同程旅游网 http://www.17u.cn/
迈点酒店网 http://www.meadin.com/
中国酒店网 http://www.chinahotel.com
艺龙旅行网 http://www.elong.com/

（四）信函订房

信函订房(Mail)是一种古老而正式的订房方式,其特点是较为正式,但速度慢,在社会飞速发展、快节奏的今天已慢慢被淘汰,较少使用。

（五）口头订房

口头订房(Verbal)即客人或其代理人直接来到酒店,当面预订客房。它能使酒店有机会更详尽地了解客人的需求,并当面回答客人提出的任何问题。同时,也能够使预订员有机会运用销售技巧,必要时,还可以通过展示客房来帮助客人选择。

对于客人的当面口头预订,订房员应注意下列事项：
(1) 书写清楚。客人的姓名要大写,不能拼错,必要时可请客人自己拼写。
(2) 在旺季,对于不能确定抵达钟点的客人,可以明确告诉客人,预订保留到18:00。
(3) 如果客人不能确定逗留的确切天数,也要设法让其说出最多和最少天数。

（六）合同订房

合同订房(Contract)即酒店与旅行社或商务公司之间通过签订订房合同,达到长期出租客房的目的。

附：客房预订服务协议（参考样式）

甲方：_____　　乙方：_____

甲乙双方按照互惠互利的原则,就酒店客房预订业务达成以下协议：

一、价格体系

1. 乙方向甲方提供房间价格如下：(单位：人民币元)

房间类型
宾馆价格
甲方团队价
甲方散客价
是否含早
门市价
甲方协议价
备注：

(1) 加床：_____元；中早：_____元；西早：_____元；
(2) 为使甲方销售价格能始终等于或低于乙方现行门市优惠价格,乙方进行门市价格下调或推出优惠价格时,应及时提前通知甲方,同时签约价格根据下降比例做相应下调。

(3) 当乙方客户入住酒店时,乙方按甲方传真所指定的价格直接向客人收取所有房费。

(4) 以上价格均含酒店服务费。

二、预订形式

1. 甲方在客人抵店前,甲方将客房预订通知单传真通知给乙方,乙方尽快按订单上的传真号码书面确认回传。遇销售部、预订部休息期间,甲方可直接向乙方总台预订客房。甲方同时发送传真至乙方指定的传真号码,待正常工作日,核实并签名回传确认备档。

2. 预订取消:乙方_____点为正常保留时间,_____点以后甲方取消预订客房,以传真或电话通知乙方。

3. 甲方客人退房时间为中午12:00,若客人要求延迟退房,乙方可视当天房态情况尽量满足甲方客人的要求。

4. 当甲方客人直接向乙方要求续住时,乙方应以甲方原先的传真预订价格予以续住,并及时通知甲方。

5. 如因乙方原因造成甲方客人不能顺利入住,乙方应负责免费给客人升级或在客人同意的情况下,将甲方安排至同星级以上且价格相同的酒店,佣金应照常返还。

三、订房核对

双方订房核对采用如下方式进行:甲方于第二天上午将前一天的预订单汇总表以及已住店客人情况表发往乙方销售部,由乙方专人在预订单汇总表上填写客人入住房号、在已住店客人情况表上填写客人正确离店的日期并于当天下午回单甲方。

四、财务结算

1. 凡经甲方销售的客房差价归甲方所得。

2. 甲方在每月的5日前向乙方提供上月经订房核对后的客人入住详细资料。经双方核对后,差价部分由乙方在每月的15日前汇入甲方指定账户,甲方向乙方开具发票。

3. 当双方的间夜数有出入时,以乙方收银记录为准,如有跨月订房,记入下月。

4. 为鼓励甲方大力推销乙方客房,另制定奖励措施如下:甲方季度订房超过_____间,乙方季度奖励_____元/间。

五、其他

1. 本合同壹式两份,双方各执壹份。

2. 本协议执行有效期至:_____年_____月_____日。协议双方不得单方面中止协议。

3. 甲乙双方不得将本协议的条款向第三方公布。

4. 本协议所有事宜以及操作程序,双方均有专人负责。

5. 本合同未尽事宜可经双方协商解决,如双方对本合同的执行有争议而且无法协商解决,可向_____仲裁委员会申请仲裁。

甲方(盖章):_____　　　　　　乙方(盖章):_____

负责人(签字):_____　　　　　负责人(签字):_____

_____年_____月_____日　　_____年_____月_____日

三、预订的种类

酒店通常有四种类型的预订。

(一) 临时预订

临时预订(Advance Reservation)是客人在即将抵达酒店前很短的时间内或在到达的当天联系订房。在这种情况下,酒店一般没有足够的时间(或没有必要)给客人寄去确认函,同时也无法要求客人预付订金,所以,只能口头确认。

当天的临时性订房通常由总台接待处受理,这是因为接待处比其他部门更了解酒店当天客房的出租情况。

临时性预订的客人如在当天的"取消订房时限"(通常是晚上6点)还未到达酒店,该预订即被取消。

(二) 确认类预订

确认类预订(Confirmed Reservation)通常是指以书面形式确认过的预订。对于持有确认函来店登记住宿的客人,可以给予较高的信用。因为这些客人的地址已被验证,向他们收取欠款的风险比较小。

对于确认类预订,酒店依然可以事先声明为客人保留客房至某一具体时间,过了规定时间,客人如未抵店,也未与酒店联系,则酒店有权将客房出租给其他客人。如果客人在当日下午6:00尚未抵店,酒店自动取消预订,客人也无须承担义务。

(三) 保证类预订

保证类预订(Guaranteed Reservation)指客人保证前来住宿,否则将承担经济责任,因而酒店在任何情况下都应保证落实的预订。

保证类预订又分三种类型。

1. 预付款担保

即客人通过缴纳预付款而获得酒店的订房保证。假如客人预订住房时间在一天以上,并且预付了一天以上的房租,但届时未取消预订又不来人入住,那么,酒店只应收取一天的房租,把余款退还给客人,同时,取消后几天的订房。如果客人在临近住店日期时订房,酒店没有足够的时间收取订金,则可以要求客人使用信用卡做担保,预订客房。

2. 信用卡担保

在一些发达国家的酒店,客人可用信用卡做担保预订酒店客房。这样,如果客人届时既未取消预订,也不来登记入住,酒店就可以通过发卡公司收取客人一夜的房租,以弥补酒店的损失。比如,按照"美国运通公司"(American Express)的"订房担保计划"(American Express Assured Reservation Plan),运通卡的持有人(Card Member)若要订房,则打电话到酒店提出订房要求,并告诉酒店自己的姓名和信用卡号码,说明是美国运通卡担保订房即可,酒店据此为客人保留客房至第二天的入住时间,如客人届时未到(也未通知取消预订),则酒店可依据客人签寄的信用卡号码、姓名以及酒店的"担保订房××

未到入住(No Show)"记录向美国运通公司收取一夜房费。

3. 合同担保

这种方法虽不如预付款和信用卡那样被广泛使用,但也不失为一种行之有效的订房担保方式。它是酒店与经常使用酒店设施的商业公司签订合同,当公司的客户要求住宿时,公司就与酒店联系,于是酒店就为其安排客房,即使客人未入住,公司也保证支付房租,同时,房间也被保留一个晚上。

对于保证类预订,酒店无论如何要保证只要客人一到就为其提供房间或代找一间条件相仿的房间。在后一种情况下,酒店要代付第一夜的房费以及其他附带费用,如出租车费和挂到家里或办公室的电话费等,这就是所谓的"第一夜免费制度"。

(四)等待类预订

客房出租完后仍接受一定数量的等待类订房(Waiting Reservation),如有人取消预订或有人提前离店,酒店马上通知其入住。等待类预订对于酒店提高出租率也有着重要意义。

四、国际酒店通行的几种收费方式

在国际酒店业,通常按照对客人的房费报价中是否包含餐费和包含哪几餐的费用而划分为不同的收费方式。

(一)欧洲式

欧洲式(European Plan,EP)只包括房费,而不包含任何餐费的收费方式,为世界上大多数酒店的采用。

(二)美国式

美国式(American Plan,AP)不但包括房费,而且还包括一日三餐的费用,因此,又被称为"全费用计价方式",多为远离城市的度假性酒店或团队客人所采用。

(三)修正美式

修正美式(Modified American Plan,MAP)包括房费和早餐,除此而外,还包括一顿午餐或晚餐(二者任选一个)的费用。这种收费方式较适合于普通旅游客人。

(四)欧洲大陆式

欧洲大陆式(Continental Plan,CP)包括房费及欧陆式早餐(Continental Breakfast)。欧陆式早餐的主要内容包括冷冻果汁(Orange Juice,Grape Juice,Pineapple Juice)、烤面包(Served with Butter & Jam)、咖啡或茶。

(五)百慕大式

百慕大式(Bermuda Plan,BP)包括房费及美式早餐(American Breakfast)。美式早

餐除了包含有欧陆式早餐的内容以外,通常还包括鸡蛋(Fried，Scrambled up，Poached，Boiled)和火腿(Ham)或香肠(Sausage)或咸肉(Bacon)等肉类。

任务三　掌握客房预订的受理

一、接受预订

订房员接受客人预计时,首先要查阅预订控制簿或电脑,如有空房,则立即填写"预订单"。该表通常印有客人姓名、抵离店日期及时间、房间类型、价格、结算方式以及餐食标准、种类等项内容,如表2-2所示。

表2-2　预定单

房号＿＿＿＿＿　　　房态＿＿＿＿＿　　　订房日期＿＿＿＿＿
住客姓名＿＿＿＿＿　　订房人姓名/联系电话＿＿＿＿＿
公司名称＿＿＿＿＿　　房间种类/数量/价格＿＿＿＿＿
来店日期＿＿＿＿＿　　预计抵店时间＿＿＿＿＿
离店日期＿＿＿＿＿　　预计离店时间＿＿＿＿＿
□折扣申请理由＿＿＿＿＿
折扣率＿＿＿＿＿%　　批准人签名＿＿＿＿＿
□接机　航班号＿＿＿＿　车型＿＿＿＿　价格＿＿＿＿　接机牌＿＿＿＿
□升级入住申请理由＿＿＿＿＿
从＿＿＿＿房型升级至＿＿＿＿房型　批准人签名＿＿＿＿＿
□免费赠品　果篮(□V1□V2□V3)　　花篮(□V1□V2□V3)
特别要求＿＿＿＿＿
订房员＿＿＿＿＿　　　有否客史＿＿＿＿＿　　　录入员＿＿＿＿＿
提前登记人＿＿＿＿＿　　锁房员＿＿＿＿＿　　　检查人＿＿＿＿＿
原件:接待处/前台收银　副本:接待处/预订部/车务部

二、确认预订

预订员在接到客人的预订要求后,要立即将客人的预订要求与酒店未来时期客房的利用情况进行对照,决定是否能够接受客人的预订,如果可以接受,就要对客人的预订加以确认。

确认预订(Confirmation)的方式通常有两种,即口头确认(包括电话确认)和书面确认。如果条件允许,酒店一般应采用书面确认的方式,向客人寄发"确认函",这是因为:

首先,书面确认能使客人了解酒店方面是否已正确理解了其订房要求,可以减少差错和失误。

其次,确认函可以进一步证实客人的个人情况,如姓名、地址等,从而减少给予客人的各种信用风险。

第三,确认函除了复述客人的订房要求以外,还写明了房价、为客人保留客房的时间、预付定金的方法、取消预订的规定及付款方式等,实际上在酒店与客人之间达成了某种书面协议,因而对于客人具有一定的约束力,有助于酒店提前占领客源市场。

总之,书面确认比较正式。对于大型团体、重要客人,特别是一些知名人士、政府官员、国际会议等订房的确认函,要由前厅部经理或酒店总经理签发,以示尊敬和重视,如表2-3所示。

表2-3 预订确认表

致:			由:			
传真:			姓名:			
姓名:			日期:			

姓名	性别	国籍	房类	入住日期	航班号码	退房日期

注:本店设有豪华双人房非吸烟楼层,如需入住请说明。

结算办法	房租	餐饮	客房饮料	洗衣	长途电话	康乐	其他
现付							
挂账							
其他							
订房人							
特殊要求:							

公司及持卡人编号	电话	传真	挂账签章
酒店回复意见	以上委托:已确认( )房满未能确认( )		
备注	1. 订房保留在当天　　时　　分。 2. 如有更改请即通知酒店订房部。		

三、拒绝预订

如果酒店无法接受客人的预订,就对预订加以婉拒(Turning Down)。婉拒预订时不能因为未能符合客人的最初要求而终止服务,而应该主动提出一系列可供客人选择的建议。比如建议客人更改房间类型、重新选择来店日期或变更客房预订数等。此外,还可征得客人的同意,将客人的姓名、电话号码等登记在"候补客人名单"(On-waiting List)上,一旦有了空房,立即通知客人。

总之,用建议代替简单的拒绝是很重要的,它不但可以促进酒店客房的销售,而且可以在顾客中树立酒店良好的形象。

婉拒预订时,要向客人签发致歉信,如表2-4所示。

表2-4 婉拒致歉信

致 歉 信
＿＿＿＿＿女士/先生: 　　由于本店＿＿＿年＿＿＿月＿＿日的客房已经订满,我们确实无法接受您的订房要求,对此我们深表歉意。感谢你对本店的关照,希望以后有机会为您服务。 　　　　　　　　　　　　　　　　　　　　　　　　××酒店预订处 　　　　　　　　　　　　　　　　　　　　　　　＿＿＿年＿＿＿月＿＿＿日

四、核对预订

有些客人提前很长时间就预订了房间,在入住前的这段时间内,有的客人可能会因种种原因而取消预订或更改预订。为了提高预订的准确性和酒店的开房率,并做好接待准备,在客人到店前(尤其是在旅游旺季),预订人员要通过书信或电话等方式与客人进行多次核对(Reconfirming,再确认),问清客人是否能够如期抵店;住宿人数、时间和要求等是否有变化。

核对工作通常要进行三次,第一次是在客人预订抵店前一个月进行,具体操作是由预订部文员每天核对下月同一天到店的客人或订房人;第二次核对是在客人抵店前一周进行;第三次则是在客人抵店前一天进行。在核对预订时,如果发现客人要取消或更改订房,则要及时修改预订记录,并迅速做好取消或更改预订后闲置客房的补充预订。如果变更或取消预订是在客人预计抵店前一天进行的,补充预订已来不及,则要迅速将更改情况通知前台接待处,以便及时出租给其他未预订而来店的"散客"(Walk-in Guest)。

以上是针对散客预订而言,对于大型团体客人而言,核对工作还要更加细致,次数更多,以免因团队临时取消或更改订房后,造成大量客房闲置,使酒店蒙受重大经济损失。

五、预订的取消

由于各种缘故,客人可能在预订抵店之前取消订房(Cancellation)。接受订房的取消时,不能在电话里表露出不愉快,而应使客人明白,他今后随时都可光临本酒店,并受到欢迎。正确处理订房的取消,对于酒店巩固自己的客源市场具有重要意义。在国外,取消订房的客人中有90%以后还会来预订。

客人取消预订单时,预订员要做好预订资料的处理工作:在预订单上盖上"Canceled"的印章,并在其备注栏内注明取消日期、原因、取消人等,然后,将其存档。此外,还应在电脑或预订控制簿上将其注销。

如果在客人取消订单以前,预订部门(或总台)已将该客人(或团体)的预订情况通知各有关接待单位(如客房部、餐饮部等),那么在客人取消预订后就要将这一新的信息通知以上单位。

如客人在原定住店日期当天未到,则由总台接待员办理有关事项(但仅限住一天的),这时,接待员应即时与旅行社或其他预订单位或个人取得联系,问清是"Canceled",还是"No Show"。如属前者,同样要通知有关部门;如属后者,则要根据实际情况,必要时为客人保留房间(如住一天以上,当转预订员处理)。

为了防止因客人临时取消预订而给酒店造成损失或使酒店工作陷入被动,酒店可根据实际情况,比如在旺季时,要求客人预先支付一定数额的定金,尤其是团队客人,可以预收相当于一天房费的定金,并在客人抵达前一个月通知对方付款,收款后将有关资料送交前台收银处,待客人结账时扣除。

六、预订的变更

预订的变更(Amendment)是指客人在抵达之前临时改变预计的日期、人数、要求、期限、姓名和交通工具等。

在接到客人要求改变预订的申请后,预订员首先应查看电脑或有关预订控制记录,看看是否能够满足客人的变更要求。如果能够满足,则予以确认,同时,填写"预订更改表",修正有关预订控制记录。如在此之前已将客人预订情况通知各有关部门,则应将变更信息重新传送上述部门。假如不能满足客人的变更要求,则要求预订员将酒店空房类型与有关房的日期告知客人,并与之协商解决。

七、超额预订

(一) 超额预订及其处理

超额预订(Overbooking)是指酒店在一定时期内,有意识地使用其所接受的客房预订数超过其客房接待能力的一种预订现象,其目的是充分利用酒店客房,提高开房率。

由于各种原因,客人可能会临时取消预订,或出现"No Show"现象,或提前离店,或临时改变预订要求,从而可能造成酒店部分客房的闲置,迫使酒店进行超额预订,以减少损失。

超额预订应该有个"度"的限制,以免出现因"过渡超额"而不能使客人入住,或"超额不足"而使部分客房闲置。通常,酒店接受超额预订的比例应控制在10%～20%之间,具体而言,各酒店应根据各自的实际情况,合理掌握超额预订的"度"。

对于超额预订,从实践上虽然是可以理解的,但从法律意义上讲,则是违法的。因为酒店接受了客人的预订,就意味着在酒店和客人之间确立了关于客房出租的某种合同关系,而酒店进行超额预订,势必会因此而在某个时间,使某个或某些客人不能按"合同"约定的条件(预订要求)入住,这就相当于酒店单方面撕毁合同,因此,客人有权利进行起诉。对此,酒店经营者应当有个清醒的认识,对于因超额预订而不能入住的客人,应该妥善处理。

如果因超额预订而不能使客人入住,按照国际惯例,酒店方面应该做到:

(1) 诚恳地向客人道歉,请求管人谅解。

(2) 立即与另一家相同等级的酒店联系,请求援助。同时,派车将客人免费送往这家酒店。如果找不到相同等级的酒店,可安排客人住在另一家级别稍高一点的酒店,高出的房费由本酒店支付。

(3) 如属连住,则店内一有空房,在客人愿意的情况下,再把客人接回来,并对其表示欢迎(可由大堂副理出面迎接,或在客房内摆放花束等)。

(4) 对提供了援助的酒店表示感谢。

如客人属于保证类预订,则除了采取以上措施以外,还应视具体情况,为客人提供以下帮助:

(1) 支付其在其他酒店住宿期间的第一夜房费,或客人搬回酒店后可享受一天免费房的待遇。

(2) 免费为客人提供一次长途电话费或传真费,以便客人能够将临时改变地址的情况通知有关方面。

(3) 次日排房时,首先考虑此类客人的用房安排。大堂副理应在大堂迎候客人,并陪同客人办理入住手续。

【情景模拟】

超额订房

杭州某酒店,地处西子湖畔,环境优雅,设施高档。在旅游旺季的5月,该酒店的让出租率已经连续达到100%,客房供不应求。为了满足宾客需求,酒店只能超额接受预订,并尽最大努力妥善安排客人。一天,经大堂副理及前台的配合,已将大部分客人安排妥当。当时2305客人为预离房,直至18点时才来前台办理延住手续,而此时,2305房间的预抵客人已经到达(大堂副理已在下午多次打电话联系2305房间预离客人,但未找到)。大堂副理试图向刚刚到达的客人解释酒店超额预订,并保证将他安排在其他酒店,一旦有房间,再将其接回,但客人态度坚决,称这是你们酒店的问题,与我无关,我哪也不去。鉴于客人态度十分坚决,而且多次表示哪怕房间小一点也没关系,他就是不想到其他酒店,在值班经理的允许下,大堂副理将客人安置到了值班经理用房,客人对此表示满意。

(二) 超额预订数的确定

超额预订数要受预订取消率、预订而未到客人之比率提前退房率以及延期住店率等因素的影响。

假设,X=超额预订房数;A=酒店客房部数;C=续住房数;r_1=预订取消率;r_2=预订而未到率;D=预期离店房数;f_1=提前退房率;f_2=延期住店率,则

$$X(A-C+X) \times r_1 + (A-C+X) \times r_2 + C \times f_1 - D \times F_2$$

$$X = \frac{C \times f_2 + (A-C)(r_1+r_2)}{1-(r_1+r_2)}$$

设超额预订率为R,则

$$R = \frac{X}{A-C} \times 100\% = \frac{C \times f_2 - D \times f_2 + (A-C)(r_1+r_2)}{(A-C)[1-(r_1+r_2)]} \times 100\%$$

例如：某酒店有标准客房600间，未来10月2日结住房数为200间，预期离率店房数为100间，该酒店预订取消率通常为8%，预订而未到率为5%，提前退房率为4%，延期住店率为6%。试问，就10月2日而言，该酒店：

(1) 应该接受多少超额订房？
(2) 超额预订率多少为最佳？
(3) 总共应该接受多少订房？

解：(1) 该酒店应该接受的超额订房数为

$$X = \frac{C \cdot f_1 - D \cdot f_2 + (A-C)(r_1+r_2)}{1-(r_1+r_2)}$$

$$= \frac{200 \times 4\% - 100 \times 6\% + (600-200)(8\%+5\%)}{1-(8\%+5\%)}$$

$$= 62(间)$$

(2) 超额预订率为

$$R = \frac{X}{A-C} \times 100\% = \frac{62}{600-200} \times 100\% = 15.5\%$$

(3) 该酒店共应该接受的客房预订数为

$$A - C + X = 600 - 200 + 62 = 462(间)$$

答：就10月2日而言，该酒店应该接受62间超额订房；超额预订率最佳为15.5%；总共应该接受的订房数为462间。

八、预订员注意事项

在受理客人预订时，预订员必须注意以下事项：

(1) 接听电话时，必须使有礼貌用语，口齿清晰，应酬得体。
(2) 接到预订函电后，应立即处理，不能让客人久等。
(3) 填写预订单时，必须认真、仔细、逐栏、逐项填写清楚。否则，稍有差错，将会给接待工作带来困难，影响服务质量和酒店的经济效益。
(4) 遇有大团或特别订房时，订房确认书要经前厅部经理或总经理签署后发出。这时如确实无法满足其预订要求，要另发函电，表示歉意，并同样经前厅部经理或总经理签署后发出。

本章小结

客房预订是前厅对客服务的一个重要环节，预订员受理订房的准确率及效率将直接影响预订宾客的满意程度；同时，预订员对未来一段时间内订房的准确控制和预测，亦将直接影响酒店的营业收入和对客服务质量。

【专业知识训练】

一、选择题

1. （　　）是旅行社经常采用的订房方式。
   A. 口头订房　　　B. 电话订房　　　C. 互联网订房　　　D. 合同订房
2. 酒店核对预订工作通常要进行三次,第二次核对是在（　　）进行。
   A. 客人抵店前一个月　　　　　　B. 客人抵店前一个星期
   C. 客人抵店前五天　　　　　　　D. 客人抵店前一天
3. 国际酒店通行的几种收费方式中,对客人的房费报价包括房费及美式早餐的是（　　）报价方式。
   A. 美国式　　　B. 欧洲大陆式　　　C. 修正美式　　　D. 百慕大式
4. 保证类预订的三种类型是（　　）。
   A. 预付款担保　　　B. 他人担保　　　C. 信用卡担保　　　D. 合同担保
5. 通常,酒店接受超额预订的比例应控制在（　　）。
   A. 1%~5%　　　B. 5%~10%　　　C. 10%~20%　　　D. 20%~30%

二、判断题

1. 通过预订,可以使酒店更好地掌握未来一段时间的客源市场情况,从而为酒店做好总体工作安排提供了一定的依据。
2. 核对工作是针对散客预订而言的,对于大型团体客人,不需要做核对工作。
3. 因超额预订而不能使客人入住时,如果客人是保证类预订,应支付其在其他酒店住宿期间的第一夜房费,或客人搬回酒店后可享受一天免费房的待遇。

三、简答题

1. 客房预订对于酒店和宾客来说,有什么意义?
2. 因超额预订而不能使客人入住时,酒店应如何做?

四、案例分析

客房重复预订之后

销售公关部接到一日本团队住宿的预订,在确定了客房类型和安排在10楼同一楼层后,销售公关部开具了"来客委托书",交给了总台石小姐。由于石小姐工作疏忽,错输了电脑,而且与此同时,又接到一位台湾石姓客人的来电预订。因为双方都姓石,石先生又是酒店的常客与石小姐相识,石小姐便把10楼1015客房许诺订给了这位台湾客人。

当发现客房被重复预订之后,总台的石小姐受到了严厉的处分。不仅因为工作出现了差错,而且违反了客人预订只提供客房类型、楼层,不得提供具体的房号的店规。这样一来,酒店处于潜在的被动地位。如何回避可能出现的矛盾呢? 酒店总经理找来了销售公关部和客房部的两位经理,商量了几种应变方案。

台湾石先生如期来到酒店,当得知因为有日本客人来才使自己不能如愿时,表现出了极大的不满。换间客房是坚决不同意的,无论总台怎么解释和赔礼,这位台湾客人仍指责酒店背信弃义,崇洋媚外,"东洋人有什么了不起,我先预订,我先住店,这间客房非我莫属。"

销售公关部经理向石先生再三致歉，并道出了事情经过的原委和对总台失职的石小姐的处罚，还转告了酒店总经理的态度，一定要使石先生这样的酒店常客最终满意。

这位台湾石先生每次到这座城市，都下榻这家酒店，而且特别偏爱住10楼。据他说，他的石姓与10楼谐音相同，有一种住在自己的家的心理满足；更因为他对10楼的客房的陈设、布置、色调、家具都有特别的亲切感，会唤起他对逝去的岁月中一段美好而温馨往事的回忆。因此对10楼他情有独钟。

销售公关部经理想，石先生既然没有提出换一家酒店住宿，表明对我们酒店仍抱有好感，"住10楼比较困难，因为要涉及另一批客人，会产生新的矛盾，请石先生谅解。"

"看在酒店和石小姐的面子上，同意换楼层。但房型和陈设、布置各方面要与1015客房一样。"石先生做出了让步。

"14楼有一间客房与1015客房完全一样。"销售公关部经理说，"事先已为先生准备好了。"

"14楼，我一向不住14楼的。西方人忌13楼，我不忌，但我忌讳的就是14，什么叫14，不等于是'石死'吗？让我死，多么不吉利。"石先生脸上多云转阴。

"那么先生住8楼该不会有所禁忌了吧？"销售公关部经理问道。

"您刚才不是说只有14楼有同样的客房吗？"石先生疑惑地问。

"8楼有相同的客房，但其中的布置、家具可能不尽如石先生之意。您来之前我们已经了解石先生酷爱保龄球，现在我陪先生玩上一会儿，在这段时间里，酒店会以最快的速度将您所满意家具换到8楼客房。"销售公关经理说。

"不胜感激，我同意。"石先生惊喜。

销售公关部经理拿出对讲机，通知有关部门："请传达总经理指令，以最快速度将1402客房的可移动设施全部搬入806客房。"

酒店的这一举措，弥补了工作中失误，赢得了石先生的心。为了挽回酒店的信誉，同时也为了使"上帝"真正满意，酒店做出了超值的服务。此事被传为佳话，声名远播。

问题：

1. 请评价上述案例中酒店对重复预订的处理方法。
2. 如果你是该酒店的负责人，你会怎么做？
3. 客房重复预订与超额预订有什么区别？你认为超额预订的制度怎么样？

【职业技能训练】

一、实训目的

使学生在实践中掌握客房预订的基本流程。

二、实训内容

1. 一般散客电话订房的受理程序。
2. 旅游团队电话订房的受理程序。
3. 更改预订的程序。
4. 取消预订的程序。

三、实训时间

2学时。

【背景材料】

一般散客电话订房的受理情景的模拟对话如下：

预订员：您好，国际大酒店预订部。

客　人：您好，我想订两个房间。

预订员：请问您何时抵店，预住几天，同行几人？

客　人：6月4日，预住3天，同行2人。

预订员：我们酒店有豪华套房，每间每晚400美元；普通套房每间每晚350美元；标准间每晚200美元。您想预订哪种客房？

客　人：我要一个普通套房就可以。

预订员：好的。您以什么方式付款？

客　人：信用卡。

预订员：好的。您是给你自己订的房间吗？

客　人：是的。

预订员：请问该如何称呼您？

客　人：李浩。

预订员：电话号码？

客　人：022-88648586。

预订员：李先生，您于6月4日乘何种交通工具，几时抵达？

客　人：飞机，C25次，大概下午2:00抵达。

预定员：好的。您还有其他要求吗？需要接机吗？

客　人：没有了，不用。

预定员：李先生，您将于6月4日下午2:00左右乘坐C25次航班抵达本地。预订了一个普通套间，预住3天，同行2人。房费每间每晚是350美元。您的电话是022-88648586，是这样吗？

客　人：是的。

预定员：如果您于6月4日下午6:00前不能抵店，或有什么其他变化，请及时通知我们，好吗？

客　人：好的。

预订员：谢谢，再见。

客　人：再见。

四、实训方法

将学生分为两组，讨论在预订过程中的销售技巧（5分钟）。每组派一名学生分别扮演宾客和预订员，演示电话预订的全过程。完成后，由两组学生分别进行评比，教师予以总结。然后，互换角色，再试一次，直到熟练。

五、评分标准

考核要点		分 值	扣 分	得 分
个人仪容、仪表、仪态		20		
预订的受理	倾听	10		
	记录	10		
	沟通	10		
	推销技巧	10		
	应对措施	20		
	记录存档	10		
	协作意识	10		
总　计		100		

项目三　前厅服务

> **学习目标**
>
> ➢ 了解前厅部礼宾服务的主要内容、前厅问讯服务的要求与内容；
> ➢ 掌握结账服务、电话总机服务、商务中心服务的程序；
> ➢ 理解金钥匙服务的服务内涵。

前厅部作为对客服务的集中点，除了开展预订和接待业务，销售客房商品，协调各部门对客服务外，本身也担负着大量的直接为客人提供日常服务的工作，主要包括：礼宾服务、金钥匙服务、问讯服务、结账服务、电话总机服务、商务中心服务、商务楼层服务。由于前厅部的特殊地位，使得这些日常服务工作的质量、效率显得非常重要。这直接体现了酒店是否给客人提供了优质服务，从而决定了酒店是否取得了良好的经济效益和社会效益。

任务一　礼宾服务

为了体现酒店的档次和服务水准，许多高档酒店都设立礼宾部，下设迎宾员、行李员、机场代表、委托代办等岗位，为宾客提供周到的、个性化的礼宾服务。礼宾部的全体员工是最先迎接客人和最后送走客人，并向客人宣传酒店、推销酒店产品的服务群体，他们的服务对客人的第一印象和最后印象的形成起着重要的作用。

一、宾客迎送服务

宾客迎送服务，主要由酒店代表（Hotel Representative）、门卫（迎宾员）、门童及行李员提供。酒店宾客迎送服务分为店外和店内两种。

（一）酒店代表服务

店外迎送服务主要由酒店代表提供。酒店在其所在城市的机场、车站、码头设点，派出代表，接送抵离店的客人，争取未预订客人入住本酒店。这是酒店设立的一种服务规范，既是配套服务，也是酒店根据自己的市场定位所做的一项促销工作。为了做好服务工作，酒店为客人提供接车服务（Picking up Service），一方面于旺季在酒店与机场(车站)之间开设穿梭巴士(Shuttle Bus),另一方面根据客人的要求指定专门的车辆服务。

酒店代表每天应掌握预抵店客人名单(Expected Arrival List,EA);应向订房部索取"宾客接车通知单",了解客人的姓名、航班(车次)、到达时间、车辆要求及接待规格等情况;然后安排车辆、准备酒店标志牌,做好各项准备工作;及时了解航班变更、取消或延迟的最新消息,并通知酒店前厅接待处。

在飞机、火车抵达时,要准备标明宾客姓名的酒店提示牌,以引起客人注意。接到客人后,应代表酒店向客人表示欢迎,同时提供行李服务,安排客人上车。客人上车离开机场(车站)后,马上电话通知酒店接待处,以便做好准备工作。如果客人属贵宾,则应通知酒店大堂副经理,并告知其客人离开机场(车站)的时间,请他安排有关部门做好迎接工作。

如果客人漏接,则应及时与酒店接待处联系,查核客人是否已经到达酒店,并向有关部门反映情况,采取弥补措施。

在机场(车站)设点的酒店,一般都有固定的办公地点,都有酒店的明显标志,如店名、店徽及星级等。酒店代表除迎接有预订的客人外,还应积极向未预订客人推销本酒店,主动介绍本酒店的设备设施情况,争取客人入住。有些酒店还利用穿梭巴士免费送客人到酒店。

酒店代表除迎接客人和推销酒店产品外还向本酒店已离店客人提供送行服务,为客人办理登机手续,提供行李服务等。

【情景模拟】

一个星期天,北京某宾馆服务台问讯处,一位英国来华的乔治先生,在问讯台前踌躇,似有为难之事,问讯员小胡见状,便主动询问是否需要帮助。

乔治先生说:"我想去游览八达岭长城,乘旅行社的专车去他们配有讲英语的导游,对我游览有很大的帮助。"

小胡问:"乔治先生,你昨天预订旅行车票了吗?"

乔治答:"没有,因为昨天不想去,今天我又冒出想去的念头。"

小胡知道,宾馆规定,去长城游览的客人必须提前一天登记,这样旅行社的车第二天才会到宾馆来接客人,而昨天没有一个客人登记,这样旅行社的车肯定不会来了,小胡想了想对乔治先生说:"请您稍等,我打电话给旅行社联系,若还没发车,请旅行社开车到宾馆来接您。"

小胡马上打电话给旅行社,旅行社告之:去八达岭的车刚开走,请直接与导游联系,并告诉之导游手机号,于是,小胡又马上给导游联系,导游同意并说马上将车开到宾馆接乔治先生。小胡放下电话,对乔治先生说:"乔治先生,再过10分钟,旅行车就来接你,请您稍等。"乔治先生很是感动地连声说:"谢谢!"

(二)门厅迎送宾客服务

门厅迎送服务,是对宾客进入酒店正门时所进行的一项面对面的服务。门厅迎接员

(Doorman),亦称迎宾员或门童,是代表酒店在大门口迎送宾客的专门人员,是酒店形象的具体表现。门厅迎接员要承担迎送客人、调车、协助保安员、行李员等人员工作的任务,通常应站在大门的两侧或台阶下、车道边,站立时应挺胸、手自然下垂或下握,两脚与肩同宽。其迎送宾客服务程序如下所示。

1. 迎客服务

(1) 将宾客所乘车辆引领到适当的地方停车,以免酒店门前交通阻塞。

(2) 趋前开启车门,用左手拉开车门呈70°角左右,右手挡在车门上沿,为宾客护顶,防止宾客碰伤头部,并协助宾客下车。原则上应优先为女宾、老年人、外宾开车门。若遇有行动不便的宾客,则应扶助他们下车,并提醒其注意台阶;若遇有信仰佛教或信仰伊斯兰教的宾客,则无须为其护顶;若遇有雨天,应为宾客提供撑雨伞服务,礼貌地暗示宾客擦净鞋底后进入大堂,并将宾客随手携带的湿雨伞锁在伞架上,以方便宾客。

(3) 面带微笑,使用恰当的敬语欢迎前来的每一位宾客。

(4) 协助行李员卸行李,注意检查有无遗漏物品。

(5) 招呼行李员引领宾客进入酒店大堂。

2. 送行服务

(1) 召唤宾客的用车至便于宾客上车而又不妨碍装行李的位置。

(2) 协助行李员将行李装上汽车的后舱,请宾客确认无误后关上后舱盖。

(3) 请宾客上车,为宾客护顶,等宾客坐稳后再关车门,切忌夹住宾客的衣、裙等。

(4) 站在汽车斜前方0.8~1 m的位置,亲切地说"再见,一路顺风"等礼貌用语,挥手向宾客告别,目送宾客。

3. 门厅贵宾(VIP)迎送服务

门厅贵宾迎送是酒店给下榻的重要宾客的一种礼遇。门厅迎接员应根据客房预订处发出的接待通知,做好充分准备:

(1) 根据需要,负责升降某国国旗、中国国旗、店旗或彩旗等。

(2) 负责维持大门口秩序,协助做好安全保卫工作。

(3) 正确引导、疏通车辆,确保大门前交通畅通。

(4) 讲究服务规格,并准确使用贵宾姓名或头衔向其问候致意。

二、行李服务

行李服务是前厅服务的一项重要内容,由行李员负责提供。内容主要包括宾客行李搬运和行李寄存保管服务。

(一) 行李服务要求

为了能做好行李服务工作,要求行李组领班及行李员必须具备下列条件:

(1) 掌握酒店服务与管理的基础知识。

(2) 了解店内、店外诸多服务信息。

(3) 具备良好的职业道德,诚实,责任心极强。

(4) 性格活泼开朗,思维敏捷。

(5) 熟知礼宾部、行李员的工作程序及操作规则、标准。
(6) 熟悉酒店内各条路径及有关部门的位置。
(7) 能吃苦耐劳,做到眼勤、嘴勤、手勤、腿勤。
(8) 善于与人交往,和蔼可亲。
(9) 掌握酒店内餐饮、客房、娱乐等服务内容、服务时间、服务场所及其他相关信息。
(10) 掌握酒店所在地名胜古迹、旅游景点及购物场所的信息。

(二) 散客的行李服务程序与标准

1. 散客入住行李服务

(1) 散客抵店时,行李员帮助客人卸行李,并请客人清点过目,准确无误后,帮助客人提拿,但对于易碎物品、贵重物品,可不必主动提拿,如客人要求帮助,行李员则应特别小心,轻拿、轻放,防止丢失和破损。

(2) 行李员手提行李走在客人的左前方,引领客人到接待处办理入住登记手续,如为大宗行李,则需用行李车。

(3) 客人到达接待处后,行李员站在客人身后,距客人 2~3 步远,行李放于面前,随时听候接待员及客人的召唤。

(4) 从接待员手中接过客人的房卡和钥匙卡,引领客人进入客房。

(5) 主动为客人叫电梯,并注意相关礼节:让客人先进电梯,行李员进电梯后,按好电梯楼层,站在电梯控制牌处,面朝客人,并主动与客人沟通;电梯到达后,让客人先出电梯,行李员随后提行李跟出。

(6) 到达客房门口,行李员放下行李,按酒店既定程序敲门、开门,以免接待处卖重客房给客人造成不便。

(7) 打开房门后,开灯,退出客房,手势示意请客人先进。

(8) 将行李放在客房行李架上,然后介绍房间设备、设施,介绍时手势不能过多,时间不能太长,以免给客人造成索取小费的误解。

(9) 行李员离开客房前,应礼貌地向客人道别,并祝客人住店愉快。

(10) 返回礼宾部填写"散客行李(入店/出店)登记表",如表 3-1 所示。

表 3-1 散客行李(入店/出店)登记表

日期(Date):

房号 (ROOM NO.)	上楼时间 (UP TIME)	件数 (PIECES)	迎接行李员 (PORTER)	出行李时间 (DEPARTURE TIME)	离店行李员 (PORTER)	车牌号码 (TAXI NO.)	备注 (REMARKS)

2. 散客离店行李服务

(1) 当礼宾部接到客人离店搬运行李的通知时,要问清客人房号、姓名、行李件数及搬运行李的时间,并决定是否要带上行李车,然后指派行李员按房号收取行李。

(2) 与住客核对行李件数,检查行李是否有破损情况,如有易碎物品,则贴上易碎物品标志。

(3) 弄清客人是否直接离店,如客人需要行李寄存,则填写行李寄存单,并将其中一联交给客人作为取物凭证,向客人道别,将行李送回行李房寄存保管。待客人来取行李时,核对并收回行李寄存单(有关行李寄存服务的内容后面将有详细介绍)。

(4) 如客人直接离店,装上行李后,应礼貌地请客人离开客房,主动为客人叫电梯,提供电梯服务,带客人到前厅收款处办理退房结账手续。

(5) 客人离店时协助其将行李装车,向客人道别。

(6) 填写"散客行李(入店/出店)登记表"。

(三) 团队的行李服务程序与标准

1. 团体入住行李服务

旅行社一般备有行李车,由专职的行李押送员运送团队行李。酒店行李员只负责店内行李的运送与收取。

(1) 团体行李到达时,行李员推出行李车,与行李押运员交接行李,清点行李件数,检查行李有无破损,然后双方按各项规定程序履行签收手续。此时如发现行李有破损或短缺,应由行李押运单位负责,请行李押运人员签字证明,并通知陪同及领队。如行李随团到达,则还应请领队确认签字。

(2) 填写"团体行李登记表",如表3-2所示。

表3-2 团体行李登记表

团体名称		人 数		入店日期		离店日期	
	时间	总件数	酒店行李员		领队	行李员	车号
入店							
出店							
房号	入店件数			离店件数			备注
	行李箱	行李包	其他	行李箱	行李包	其他	
合 计							

(3) 如客人已抵店,则将行李放到指定的地点、标上团号、然后将行李罩上行李罩存放。注意不同团体的行李之间应留有空隙。

(4) 在每件行李上挂上酒店的行李标签,待客人办理入住登记后根据接待处提供的团体分房表,认真核对客人姓名,并在每张行李标签上写上客人房号。填写房号要准确、迅速,然后在团体行李登记表的每一房号后面标明入店的行李件数,以方便客人离店时核对。如某件行李上没有客人姓名,则应把行李放在一边,并在行李标签上注明团号及入店时间,然后将其放到行李房储存备查,并尽快与陪同或导游联系确定物主的姓名、房号,尽快送给客人。

(5) 将写上房号的团体行李装上行李车。装车时应注意:

① 硬件在下、软件在上,大件在下、小件在上,并特别注意有"请勿倒置"字样的行李。

② 同一团体的行李应放于同一趟车上,放不下时分装两车,同一团体的行李分车摆放时,应按楼层分车,应尽量将同一楼层或相近楼层的行李放在同一趟车上。如果同一层楼有两车行李,应根据房号装车;同一位客人有两件以上的行李,则应把这些行李放在同一车上,应避免分开装车,以免客人误认而丢失行李。

③ 遵循"同团同车、同层同车、同侧同车"的原则。

(6) 行李送到楼层后,按房号分送。

(7) 送完行李后,将每间客房的行李件数准确登记在团队入店行李登记表上,并按团体入住单上的时间存档。

2. 团体离店行李服务

(1) 根据团体客人入住登记表上的运出行李时间做好收行李的工作安排,并于客人离店前一天与领队、导游或团体接待处联系,确认团体离店时间及收行李时间。

(2) 在规定的时间内依照团号、团名及房间号码到楼层收取客人放在门口的行李。行李员收行李时,从走廊的尽头开始,可避免漏收和走回头路。

(3) 收行李时应核对每间房的入店行李件数和出店行李件数,如不符,则应详细核对,并追查原因,如客人在房间,则应与客人核对行李件数;如客人不在房间,又未将行李放在房间则要及时报告领班,请领班出面解决。

(4) 将团体行李汇总到前厅大堂,再次核对并严加看管,以防丢失。

(5) 核对实数与记录相符,请领队或陪同一起过目,并签字确认。

(6) 与旅行社的行李押运员一同检查、清点行李,做好行李移交手续。

(7) 行李搬运上车。

(8) 填写"团体行李登记表"并存档。

(四) 换房行李服务

换房行李服务的流程如下:

(1) 接到接待处的换房通知后,到接待处领取"换房通知单",弄清客人的姓名、房号及换房后的房号。

(2) 到客人原房间楼层,将"换房通知单"中的一联交给服务员,通知其查房。

(3) 按进房程序经住客允许后再进入客房,请客人清点要搬的行李及其他物品,将行李装车。

(4) 引领客人到新的房间,为其开门,将行李放好,必要时向客人介绍房内设备设施。

(5) 收回客人原来的房卡及钥匙,交给客人新的房卡及钥匙。

(6) 向客人道别,退出客房。

(7) 将原房卡及钥匙交回接待处。

(8) 做好换房工作记录,并填写"换房行李登记表",如表3-3所示。

表3-3 换房行李登记表

日期	时间	由(房号)	到(房号)	行李件数	行李员签名	楼层服务员签名	备注

(五) 行李寄存服务

由于各种原因,客人希望将一些行李暂时存放在礼宾部。礼宾部为方便住客存取行李,保证行李安全,应有专门的行李房并建立相应的制度,同时规定必要的手续。

1. 对寄存行李的要求

(1) 行李房不寄存现金、金银首饰、珠宝、玉器,以及护照等身份证件。上述物品应礼貌地请客人自行保管,或放到前厅收款处的保险箱内免费保管。已办理退房手续的客人如想使用保险箱,须经大堂副理批准。

(2) 酒店及行李房不得寄存易燃、易爆、易腐烂或有腐蚀性的物品。

(3) 不得存放易变质食品、易蛀仪器及易碎物品。如客人坚持要寄存,则应向客人说明酒店不承担赔偿责任,并做好记录,同时在易碎物品上挂上"小心轻放"的标牌。

(4) 如发现枪支、弹药、毒品等危险物品,要及时报告保安部和大堂副理,并保护现场,防止发生意外。

(5) 不接受宠物寄存。一般酒店不接受带宠物的客人入住。

(6) 提示客人行李上锁。对未上锁的小件行李须在客人面前用封条将行李封好。

2. 行李寄存及领取的类别

(1) 住客自己寄存,自己领取。

(2) 住客自己寄存,让他人领取。

(3) 非住客寄存,但让住客领取。

3. 建立行李房管理制度

(1) 行李房是为客人寄存行李的重地,严禁非行李房人员进入。

(2) 行李房钥匙由专人看管。

(3) 做好"人在门开,人离门锁"。

(4) 行李房内严禁吸烟、睡觉、堆放杂物。

(5) 行李房要保持清洁。

(6) 寄存行李要摆放整齐。

(7) 寄存行李上必须系有"行李寄存单",如表3-4所示。

表 3－4　行李寄存单

行李寄存单（酒店联）	
姓名（NAME）	
房号（ROOM NO.）	
行李件数（LUGGAGE）	
日期（DATE）	时间（TIME）
客人签名（GUEST'S SIGNATURE）	
行李员签名（BELLBOY'S SIGNATURE）	
行李寄存单（顾客联）	
姓名（NAME）	
房号（ROOM NO.）	
行李件数（LUGGAGE）	
日期（DATE）	时间（TIME）
客人签名（GUEST'S SIGNATURE）	
行李员签名（BELLBOY'S SIGNATURE）	

4．行李寄存程序

（1）宾客前来寄存行李时，行李员应热情接待，礼貌服务。

（2）弄清客人行李是否属于酒店不予寄存的范围。

（3）问清行李件数、寄存时间、宾客姓名及房号。

（4）填写"行李寄存单"，并请客人签名，上联附挂在行李上，下联交给客人留存，告知客人下联是领取行李的凭证。

（5）将半天、一天、短期存放的行李放置于方便搬运的地方；如一位客人有多种行李，要用绳系在一起，以免错拿。

（6）经办人须及时在"行李寄存记录本"上进行登记，并注明行李存放的件数、位置及存取日期等情况。如属非住客寄存、住客领取的寄存行李，应通知住客前来领取。"行李寄存记录本"项目设置，如表 3－5 所示。

表 3－5　行李寄存记录本项目设置

日期	时间	房号	件数	存单号码	行李员	领回日期	时间	行李员	备注

5．行李领取服务

（1）当客人来领取行李时，须收回"行李寄存单"的下联，请客人当场在寄存单的下联上签名，并询问行李的颜色、大小、形状、件数、存放的时间等，以便查找。

（2）将"行李寄存"的上下联进行核对，看二者的签名是否相符，如相符则将行李交给客人，然后在"行李寄存记录本"上做好记录。

（3）如住客寄存、他人领取，须请住客把代领人的姓名、单位或住址写清楚，并请住客通知代领人带"行李寄存单"的下联及证件来提取行李。行李员须在"行李寄存记录本"的备注栏内做好记录。

当代领人来领取行李时,请其出示存放凭据,报出原寄存人的姓名、行李件数。行李员收下"行李寄存单"的下联并与上联核对编号,然后再查看"行李寄存记录本"记录,核对无误后,将行李交给代领人。请代领人写收条并签名(或复印其证件)。将收条和"行李寄存单"的上下联订在一起存档,最后在记录本上做好记录。

(4)如果客人遗失了"行李寄存单",须请客人出示有效身份证件,核查签名,请客人报出寄存行李的件数、形状特征、原房号等。确定是该客人的行李后,须请客人写一张领取寄存行李的说明并签名(或复印其证件)。将客人所填写的证明、证件复印件、"行李寄存单"上联订在一起存档。

(5)来访客人留存物品,让住店客人提取的寄存服务,可采取留言的方式通知住客,并参照寄存、领取服务的有关条款进行。

(六)函件、表单的递送

进入酒店的函件以及酒店各部门的表单,通常由行李员分送到相应的部门、个人或住客手中。

进入酒店的函件,经问讯处核查、登记后,由行李员进行分送。常见的函件有:传真、电传、电报及报纸、杂志和信件等。对于平信、报纸等可由行李员或楼层服务员送入客房。而对于包裹、邮件通知单、挂号信、汇款单、特快专递等,则须由客人直接签收。

酒店各部门的表单,亦由行李员进行传递,由有关部门、班组人员签收并注明签收时间。常见的表单有:留言、各种报表、前厅的各种单据等。

行李员在传递函件、表单时,要注意以下事项:

(1)注意服务规范,尽量走员工通道,乘坐员工电梯,按酒店规定程序敲门进房。

(2)填写"行李员函件转送表"(见表3-6),递送物品一般要让对方签收。

表3-6 行李员函件转送表

日期	时间	房号/部门	姓名	内容	号码	经办人	收件人签名	收件时间	备注

任务二 "金钥匙"服务

一、"金钥匙"的概念

国际金钥匙组织(UICO)始创于1929年10月28日,源于法国著名的香榭丽舍大道,由斐迪南·吉列为首的一群法国礼宾司开创的努力追求极致、演绎尽善尽美、倡导个性化服务的全新酒店服务理念,近一个世纪以来,广泛地在全世界范围内传递发展着。"金钥匙"(Concierge)的徽章标志(见图3-1)是两把垂直相交的金钥匙,它意味着尽善尽美的服务,意味着佩戴此徽章的人能满足你在旅游酒店中的各种需求。取名"金钥匙",一方面是因为它开启了酒店的综合服务之门,更重要的是,它能为城市的国际化形象开启尊贵之门。

现在,全世界有"金钥匙"国家和地区 36 个,"金钥匙"成员 5 000 多名。国际"金钥匙"组织中国区已发展到 27 个省、市、自治区,131 个城市的 612 家高星级酒店,共拥有会员 1 018 人。成为世界"金钥匙"组织中的一支重要力量。中国"金钥匙"组织诞生于 1995 年,总部设在广州。从 1995 年开始推广"金钥匙"以来,"金钥匙"活动在我国的开展已有 11 年的历史。

图 3-1 "金钥匙"标志

二、"金钥匙"服务理念的精髓

国际"金钥匙"组织的蓬勃发展是以它先进的"金钥匙"服务理念作引导的。"金钥匙"服务理念的精髓如下。

(一) 先利人、后利己

这是价值观。只有有了全新的服务意识和先人后己的价值观才能做好酒店服务工作特别是"金钥匙"服务工作。

(二) 用心极致,满意加惊喜

这是方法。它要求,所有宾馆酒店的服务人员和工作人员,都要全力以赴、竭尽所能地为住店宾客提供高质量、全方位、个性化的服务,不能有丝毫的懈怠。在竭尽所能为住店宾客提供高质量、全方位服务的同时,尽可能地让客人有超值享受或者说有额外的惊喜。

(三) 在客人的惊喜中找到自己富有的人生

在客人的惊喜和满足中,在客人满意的眼神和赞许声中实现自己的人生价值,这是目标。"金钥匙"服务理念具有共同的价值观、人性化的科学方法和共同的追求目标,"金钥匙"们在为客人带来方便、欢喜和自信的同时,也给自己带来欢喜、自信和方便。"金钥匙"服务理念是"金钥匙"们长期实践和总结的成果,没有这个服务理念,就没有"金钥匙"的成功。

"金钥匙"服务理念给宾馆酒店带来了清新的服务理念和服务价值观,它对原有的服务思想和服务观念产生了强烈的影响和冲击,可以说:"金钥匙"服务理念是星级酒店服务的最高境界,是所有酒店人孜孜追求的最高目标,也是新形势下高星级酒店服务的新形式和新发展。

三、"金钥匙"的服务项目

"金钥匙"就应无所不能,在合法的基础上,客人的任何要求都能满足。这意味着"金钥匙"服务是无疆界和无止境的。"金钥匙"的服务项目包括:

行李及通信服务,如运送行李、电报、传真、电子邮件及人工传递服务;
问询服务,如指路等;
快递服务,如国际托运、国际邮政托运、空运、紧急包裹、国内包裹等;

接送服务,如汽车服务、租车服务、接机服务等;
旅游服务,如个性化旅游线路介绍等;
订房服务,如房价、折扣、取消预订等;
订餐服务,如推荐餐馆等;
订车服务,如汽车及轿车等租赁代理等;
订票服务,如飞机票、火车票、戏票等;
订花服务,如鲜花预定、异地送花等;
其他,如美容、按摩、照看小孩等;

四、"金钥匙"的素质要求

(1) 忠诚。国际金钥匙协会组织对"金钥匙"的最基本要求就是忠诚,包括对宾客忠诚、对酒店忠诚、对社会和法律忠诚。

(2) 具有敬业、乐业精神。"金钥匙"应本着"敬业是本分,奉献是美德"的心态,遵循"宾客至上,服务第一"的宗旨为宾客服务。

(3) 具有热心的品质及丰富的专业知识。热心与人交往,亲切热情,想方设法帮助别人;熟悉酒店业务和旅游业有关方面的知识与信息,可担当起"活地图"的角色。

(4) 能够建立广泛的社会关系与协作网络。"金钥匙"应具备极强的人际交往能力和协作能力,善于广交朋友,上至政府官员,下至平民百姓,以酒店的优势为依托,建立一个广泛的社会关系网,这是完成宾客各种委托代办事项的重要条件。

(5) 身体强健、精力充沛、彬彬有礼、善解人意。

(6) 处理问题机智灵敏,应变能力强。

(7) 通晓多种语言。"金钥匙"服务只设在高档次酒店的礼宾部,而高档次酒店的宾客往往来自世界各地,且对于服务的要求也具有针对性、个性化。因此,通晓多国语言是其工作的必备条件。

(8) 有极强的耐性和韧性。任何事情,哪怕只存一线希望,都应努力去实施,真正做到想宾客所想,急宾客所急,为宾客多想一点,为宾客多做一点,让宾客再满意一点,让服务超越宾客的期望。

任务三 问讯服务

一、问讯服务

问讯服务是客房产品销售的配套服务,是免费的服务。大型酒店一般在总服务台设立专门问讯处(Mail & Information),中小型酒店为了节省人力,则由接待员负责解答问讯。问讯员在掌握大量信息的基础上,尽量满足客人的各种需求。

(一) 问讯处的业务范围

(1) 回答客人的咨询,提供准确的信息。

(2) 做好留言服务。
(3) 处理客人的邮件。
(4) 完成客人委托代办的事情。
客房门锁使用传统机械钥匙的酒店,问讯处还要负责管理客用钥匙。

(二) 问讯处信息资料准备

问讯员要熟悉和掌握的信息:
(1) 本酒店的组织结构、各部门的职责范围和有关负责人的姓名及电话。
(2) 本酒店服务设施及酒店特色。
(3) 本酒店的服务项目、营业时间及收费标准。
(4) 酒店所在地大型医院的地址及急诊电话号码。
(5) 本地各主要旅游观光景点、商场、购物中心名称、特色及其与酒店的距离。
(6) 酒店周边地区的距离及交通状况。
(7) 酒店各部门的电话号码。
(8) 客源地的风土人情、生活习惯及爱好、忌讳等。
(9) 本地主要活动场所,如商业步行街、文体活动场所、交易会展馆等的地址及抵达方法。
(10) 本地著名酒店、餐厅的经营特色、地址及电话。
(11) 世界各主要城市的时差计算方法。
(12) 当地使、领馆的地址及电话号码。
(13) 当天的天气预报。
(14) 当地航班、火车车次的咨询电话等。

(三) 问讯处要备齐的信息资料

(1) 飞机、火车、轮船、汽车等交通工具的时刻表、价目表及里程表。
(2) 地图的准备:本地的政区图、交通图、旅游图及全省、全国地图乃至世界地图。
(3) 电话号码簿:本市、全省乃至全国的电话号码簿及世界各主要城市的电话区号。
(4) 各主要媒体、企业的网址。
(5) 交通部门对购票、退票、行李重量及尺寸规格的规定。
(6) 本酒店及其所属集团的宣传册。
(7) 邮资价目表。
(8) 酒店当日活动安排,如宴会等。
(9) 当地著名大专院校、学术研究机构的名称、地址及电话。
(10) 本地主要娱乐场所的特色及其地址和电话号码等。

二、查询服务

(一) 查询服务要求

(1) 资料准备要齐全。

(2) 回答查询要迅速。

(3) 答复要耐心准确。

(4) 为住客和酒店商业机密保密。

(二) 住客查询

住客经常会向前厅问讯处、总机或楼层服务员询问有关酒店的情况。酒店员工应将客人的每次询问都看作是一次产品推销,是增加酒店收入的机会,每位员工均应详细介绍酒店的情况,而不能将其视为一种麻烦。有时客人也会问及酒店当地的一些情况,酒店员工也应详细解答。

(三) 查询住客情况

问讯处经常会收到打听住客情况的问讯,如客人是否在酒店入住、入住的房号、客人是否在房间、是否有合住及合住客人的姓名、住客外出前是否给访客留言等。问讯员应根据具体情况区别对待。

1. 客人是否入住本店

客人是否入住本店,问讯员应如实回答(住客要求保密的除外)。可通过查阅计算机或入住资料显示架名单及接待处转来的入住单,确定客人是否已入住;查阅预抵客人名单,核实该客人是否即将到店;查阅当天已结账的客人名单,核实该客人是否已退房离店;查阅今后的客房订单,了解该客人今后是否会入住。如客人尚未抵店,则以"该客人暂未入住本店"答复访客;如查明客人已退房,则向对方说明情况。已退房的客人,除有特殊交代者外,一般不应将其去向及地址告诉第三者。

2. 客人入住的房号

为住客的人身财产及安全着想,问讯员不可随便将住客的房号告诉第三者,如要告之,则应取得住客的许可或让住客通过电话与访客预约。

3. 客人是否在房间

问讯员先确认被查询的客人是否为住客,如系住客则应核对房号,然后打电话给住客,如住客在房内,则应问清访客的姓名,征求住客意见,将电话转进客房;如客人已外出,则要征询访客意见,是否需要留言。如住客不在房内,问讯员可通过电话或广播代为寻找,并请客人在大堂等候,亦可请行李员在大堂内举牌摇铃代为寻找。

4. 住客是否有留言给访客

有些住客在外出时,可能会给访客留言或授权。授权单是住客外出时允许特定访客进入其房间的证明书。问讯员应先核查证件,待确认访客身份后,再按规定程序办理。

5. 打听房间的住客情况

问讯员应为住客保密,不可将住客姓名及其单位名称告诉对方,除非是酒店内部员工由于工作需要的咨询。

6. 电话查询住客情况,应注意以下问题

(1) 问清客人的姓名,如果是中文姓名查询,应对容易混淆的字,用组词来分辨确认;如果是英文姓名查询,则应确认客人姓(Surname)与名(First name)的区分,以及易读错的字母,并特别留意港澳地区客人及华侨、外籍华人中既有英文名又有汉语拼音和中文姓氏的情况。

(2) 如查到了客人的房号,并且客人在房内,应先了解访客的姓名,然后征求住客意见,看其是否愿意接电话,如同意,则将电话转接到其房间;如住客不同意接电话,则告诉对方住客暂不在房间。

(3) 如查到了客人的房号,但房间无人接听电话,可建议对方稍候再打电话来,或建议其电话留言,切忌将住客房号告诉对方。

(4) 如查询团体客人情况,要问清团号、国籍、入住日期、从何处来到何处去,其他做法与散客一致。

(四) 查询酒店及其他情况

问讯员应主动介绍酒店的设备及服务项目情况,树立全员营销观念,积极、热情地为客人解答问题、提供帮助。

(五) 住客要求保密的处理

有些客人在住店时,由于某种原因,会提出对其房号进行保密的要求。无论接待员还是问讯员接受此要求都应按下列要求去做:

(1) 此项目要求由问讯处归口处理。如果是接待员接到客人的保密要求,也应交问讯处处理。

(2) 问清客人要求保密的程度。

(3) 在值班本上做好记录,记下客人姓名、房号及保密程度和时限。

(4) 通知总机室做好该客人的保密工作。

(5) 如有人来访要见要求保密的客人,或来电查询该客人时,问讯员及总机均应以该客人没有入住或暂时没有入住为由予以拒绝。

(6) 如客人要求更改保密程度或取消保密时,应即刻通知总机室,并做好记录。

三、留言服务

前厅问讯处受理的留言有两类:访客留言和住客留言。

(一) 访客留言

访客留言是指来访宾客对住店宾客的留言。问讯员在接受该留言时,应请访客填写一式三联的"访客留言单"(见表3-7),将被访者客房的留言灯打开,将填写好的访客留言单第一联放入钥匙邮件架内,第二联送电话总机组,第三联交行李员送往客房。为此,宾客可通过三种途径获知访客留言的内容。当了解到宾客已得到留言内容后,话务员或问讯员应及时关闭留言灯。晚班问讯员应检查钥匙邮件架,如发现孔内仍有留言单,则应立即检查该房间的留言灯是否已经关闭,如留言灯已关闭,则可将该架内的留言单作废;如留言灯仍未关闭,则应通过电话与宾客联系,将访客留言内容通知宾客;如宾客不在酒店,则应继续开启留言灯并保留留言单,等候宾客返回。需要注意的是,留言具有一定的时效性,为确保留言单传递速度,有些酒店规定问讯员要每隔一小时就通过电话通知宾客,这样做的目的是让宾客最迟也可在回酒店一小时之内得知留言内容,以确保万无一失。另外,为了对宾客负责,若不能确认宾客是否住在本酒店或虽然住在本酒店,但已经结账离店,则问讯员不能接受对该宾客的留言(除非宾客事先有委托)。

表 3-7　访客留言单(VISITORS MESSAGE)

女士或先生(MS OR MR)＿＿＿＿＿＿	房号(ROOM NO.)＿＿＿＿＿＿
当您外出时(WHEN YOU WERE OUT)	
来访客人姓名(VISITOR'S NAME)＿＿＿	来访客人电话(VISITOR'S TEL.)＿＿＿
□有电话找您(TEL EPHONED)	□将再来电话(WILL CALL AGAIN)
□请回电话(PLEASE CALL BACK)	
□来访时您不在(COME TO SEE YOU)	□将再来看您(WILL COME AGAIN)
留言(MESSAGE)＿＿＿＿＿＿＿＿＿＿＿＿＿＿＿＿＿＿＿＿＿＿＿＿＿＿＿＿＿＿	
经手人(CLERK)＿＿＿＿　日期(DATE)＿＿＿＿　时间(TIME)＿＿＿＿	

(二)住客留言

住客留言是住店宾客给来访宾客的留言。宾客离开客房或酒店时,希望给来访者留言,问讯员应请宾客填写"住客留言单"(见表 3-8),一式两联,问讯处与电话总机各保存一联。若宾客来访,问讯员或话务员可将留言内容转告来访者。由于住客留言单已注明了留言内容的有效时间,若错过了有效时间,仍未接到留言者新的通知,可将留言单作废。此外,为了确保留言内容的准确性,尤其在受理电话留言时,应注意掌握留言要点,做好记录,并向对方复述一遍,以得到对方确认。

表 3-8　住客留言单(MESSAGE)

日期(DATE)＿＿＿＿＿＿＿＿	
至(TO)＿＿＿＿＿＿＿＿	房号(ROOM NO.)＿＿＿＿＿＿＿＿
由(FROM OF)＿＿＿＿＿＿＿	
我将在(I WILL BE)	□INSIDE THE HOTEL(酒店内)
	在(AT)＿＿＿＿＿＿＿
	□OUTSIDE THE HOTEL(酒店外)
	在(AT)＿＿＿＿＿＿＿
	电话(TEL. NO.)＿＿＿＿＿＿＿
我将于＿＿＿＿回店(I WILL BE BACK AT)＿＿＿＿＿＿＿	
留言(MESSAGE)＿＿＿＿＿＿＿＿＿＿＿＿＿＿＿＿＿＿＿＿	
经手人(CLERK)＿＿＿＿＿	客人签字(GUEST SIGNATURE)＿＿＿＿＿

四、邮件的处理

前厅问讯处所提供的邮件服务包括两类:一类是分检和派送收进的邮包,另一类是代售邮票及为住客寄发邮件。由于问讯处负责分发、保管所有的客房钥匙,所以分捡的邮件、信函可直接转交给宾客,以提高此项服务的效率。在收进的邮件中,由于收件人不同,问讯员应首先对其进行分类,将宾客的邮件、信函留下,其余均派行李员发送给收件人或另做处理。在处理宾客邮件、信函时,问讯员必须耐心、认真,其服务程序如下:

(1) 在收进的宾客邮件、信函上打上时间,并按其性质分成普通类、挂号类和手送类。挂号类必须在专用的登记表上登记,如使用"住客邮件电报传真递送登记表",内容包括日期、时间、房号、姓名、邮件种类、号码、收件人签名、收件时间、经办人等。

(2) 按邮件、信函上收件人姓名在问讯架或计算机中查找其房号,然后将核实的房号注明在邮件或信函正面,并在前厅钥匙格内留下"留言单"(见表3-9),同处理上述留言一样,根据客房钥匙有无来决定是否需打开客房留言信号灯。

表 3-9 留言单(总台)(MESSAGE FOR)

```
先生 MR _____
女士 MS _____          房号(ROOM NO.) _____
您的(电传、电报、邮件)在问询处,请您在方便的时候与我们联系
THERE IS AN INCOMING (TELEX, CABLE, MAIL) FOR YOU AT THE INFORMATION
DESK, PLEASE CONTACT US AT YOUR CONVENIENCE
经手人(CLERK) _____    日期(DATE) _____    时间(TIME) _____
```

(3) 宾客得到信息后前来取件,问讯员应请其在相应的登记表中签字,同时,问讯员也应在表上签名。

(4) 待宾客取走邮件或信函后,问讯员应立即撤掉原先放入钥匙格内的"留言单",以免混淆,影响对客服务质量。

(5) 若在住客中找不到收件人,问讯员须查阅当日抵店宾客名单和未来几天的预订单或预订记录簿,查看宾客是否即将抵店。如果是,则在该邮件、信函正面注明宾客抵店日期,然后妥善存放在专用的信箱内,待宾客入住时转交宾客。

(6) 若仍查找不到收件人,问讯员应核对"离店宾客名单"和"邮件转寄单",如果确认宾客已离店,则应按照客史档案卡上的资料信息或转寄要求将邮件、信函转发给宾客。

(7) 若再查找不到收件人,问讯员应将邮件按收件人姓名字母顺序排列存放在信箱内。此后两星期内,每天每班指定一名问讯员在当日住客名单及预订抵店宾客名单中继续查找,直至找到为止。若两周内仍查找不到,则将该邮件、信函退邮局处理。

(8) 对于挂号类、快递、电报类的邮件,问讯员应尽快转交宾客。按上面程序仔细查找收件人,若找不到,不宜将邮件在酒店保存过久,可考虑在四五天后退回原发出单位。

(9) 对于错投类邮件、信函,问讯员应在邮件上贴好退批条,说明原因,集中由邮递员取走。若属挂号或快递类错投,应尽量在接收时确认该邮件收件人不是本店住客而拒收。若当时不能做出决定,则应向邮递员声明,暂时代收,并请其在投递记录栏内注明,然后按上述规定程序处理。

(10) 对于"死信"的处理,问讯员应退回邮局处理或按规定由相关人员用碎纸机销

毁,任何人不得私拆"死信"。

(11) 对于手送类邮件的处理,问讯员应首先在专门的登记本上做记录,内容包括递信人姓名、地址、送来何物及收件人房号、姓名等,并在宾客来取时请其签字。问讯员原则上不应转交极其贵重的物品或现金,此类物品最好由送物者本人亲自转交当事人。

前厅一般不接受挂号信和包裹的寄发,问讯员在接收到宾客送来准备发出的信函时,应按有关规定办理。

任务四 收银服务

前厅收银服务工作,直接体现酒店服务水平,因此,要求每一名收银员熟练地掌握自己的工作内容及工作程序,做到结账工作忙而不乱,资金收回准确无误,及时与营业部门沟通,掌握第一手资料,其主要的工作内容包括以下内容。

一、前厅账务处理

(一)班前准备工作

(1) 前厅收银员准时到岗签到,由前厅收银员领班监督执行,并编报考勤表。

(2) 清点上一班转来的周转金,各种资料齐全后,在登记簿上签字办理转交手续。

(3) 领用前厅收据,检查顺序号,如有缺号、短页应立即退回;下班时,未使用的收据应办理退回或转交手续。

(4) 阅读主管留言记事本,注意主管提出的问题,在该班工作中加以纠正。

(二)原始单据的使用

1. 预收房金收据

此单据连号三联。当客人入住付费后,开出此单据,第一联留存;第二联交给客人;第三联同原始订房单一起,放在客人账单里(注:在收取散客客人房金时,需多收一天房费作为住房押金。如果需要钥匙押金、长话押金亦用此单,国内长途100元,国际长途1 000元)。

2. 杂项收费单

此单据共两联,用于客人在宾馆内无原始单据的消费凭证,如预收冰箱费等。开出此单据时,需要注明收费名称及收取日期,并请客人签字。第一联留存;第二联放在客人的账单里(注:此单据必须有客人签字)。如果客人入住时结清此项费用,则无须开出此份单据,而需开出发票并写明客人交费的项目、起始日期,将发票的"第三联"与客人账单放在一起。

3. 发票

当客人结清有关费用时,需将发票的第三联撕下,与客人的原始账单放在一起(会议代表自付账目的发票之第三联,则需统一保存在会议账单内)。

4. 备用金

分为两类情况,第一类:收银员收入比备用金多的押金时,下班时与当班次单班结账单放在一起,投入保险柜中;第二类收银员本班次退款大于收银,即已动用备用金时,下班时应将本班次单班结账单与剩余备用金一起转入下一班次,直到可以补够备用金时为止。

5. 结账单

(1) 客人结账时,打印出"汇总账单",请客人签字后与客人账单放在一起保存。

(2) 当班次结束时,由各收银员打印出"收银员账目明细表"与本人本班次结清客人账单归放一起,单独放置在相应的账单夹里,以供当日夜审审核。

6. 信用卡、外币、支票的传递

由接班的收银员核查(金额、号码、有效期)后负责签收,同时传递人和接收人共同签名后认可。要特别注意支票和信用卡的有效期(对于预收长包房客人的信用卡必须一月一结账,不得出现信用卡过期;支票如有签发日期则签发日起 10 天内有效)。

7. 电脑班次更换

本班次结束前,打印出"今日收银员账目明细表""单班账目明细表"和"单班结账单",及时退出个人操作号。

(三) 配合计算机操作时的规定

接待员每日早班在中午 12:00,中班在 18:00,夜班在 23:30 之前核准计算机房态,由当班领班抽查。如经当日夜审查明,确属房态不准造成计算机多加房费,责任归当班接待员。

(1) 接待员每日夜班须核查当日入住客人登记信息(姓名、进离店日期、房价、签证有效期、账务是否超限),特别对于长包房客人的签证加以核查,填写客人信息表,为次日早班催促客人,补登新的信息。

(2) 早班接待员每日十二点半左右打印出当日"应离未离客人表",及时催客人办续住手续。

(3) 收银员每日打印两份单班账单,由每日夜班整理当日四班次单班结账单及总班结账单,并分别放入账夹内。

(4) 结账时以电脑为准。如客人或收银员出现任何疑问时,应请机房人员或当日领班签字后调整计算机。

(5) 必须加强对拖欠账款的催收。当日应离未离宾客由接待员通知客人办理续住手续;首次出现欠款的客人,由早班收银员根据夜班提供的"挂账超限表"填写催款单,通知到客人本人,此事由早班领班负责落实;对于连续三次出现超限的客人,早班领班出具名单,交大堂副理报保卫部进行封门处理。

(四) 发票、兑换水单作废账单的管理

1. 发票管理

(1) 每位收银员领用的发票由本人保管及核销,不得他人代领和代核销。领用发票第一本使用完后,要及时送财务部核销,再领用第二本备用;核销时作废的页号拆开,其作废号码要填入发票封面背后的发票检查记录栏内,以此类推。

(2) 填制发票金额要凭客人联的消费单金额填制(经办人在发票的有关项目中,要签

上姓名的全称),客人消费单要附在发票副联的后面。

(3)核销发票时,如发现发票副联没附上客人联的消费单或发票不连号时,经管人除要附上书面说明,还要承担由此而产生的一切经济损失;

(4)丢失发票要及时以书面形式上报财务部,丢失发票声明作废的登报费用由经管人负责。

2. 兑换水单管理

(1)兑换水单由本人领用和保管,用完45套后,要及时到出纳处再领,由出纳员根据收银员上交报表和水单负责核销。

(2)根据客人要求兑换的外币要辨别真假,按金额填写水单。填写时,一式三联,写明外币金额、币别,按当天汇率折算人民币的金额,日期及经办人,并请客人签名,注明外币编号,写明房号和证件号码;水单不得涂改,兑换时不得不开水单,私自套换外币者做严厉处理;遗失兑换水单的视同套换外币处理。

(3)作废的水单必须一式三联注明作废,并由领班以上证实签名并上交出纳处核销。

3. 作废账单管理

(1)收银员当班结束时,对于经过电脑操作记录的调整单、作废单等都应送审计稽核,作废单必须由领班以上人员签名证实,注明作废原因。

(2)如事后发现有差错,但又查不到保存的账单,其经济责任应由收银当事人承担,同时还要追究原因。

(五)现金、信用卡、支票的收受程序

1. 现金

(1)收现金时,应注意辨别真假、币面是否完整无损;外币应确认币别,按当天汇率折算,缺角和被涂画明显的外币拒收(马币、新加坡币不能有裂痕,日元、美金不能有缺角);除人民币外,其他币别硬币不接受;

(2)除兑换台币须致电到中行计划科查询汇率外,其他只接受汇率表范围内的外币。

2. 信用卡

(1)收授信用卡时,应先检查卡的有效期和是否在接受使用范围内的信用卡,查核该卡是否已被列入止付名单内(刷错信用卡单、过期、止付期及非接受范围内的信用卡一律拒收)。

(2)客人结算时,将消费金额填入签购单消费栏,请持卡人签名,认真核对卡号,有效期,签名应与信用卡一致。正确无误后,撕下持卡人存根联,随同账单交客人。

(3)代他人付款,而持卡人没有入住本宾馆或先离店,须请持卡人在签购单上先签名,填写付款确认书。收银员应认真核对卡号和签名,按预住天数预计金额授权,取得授权后,在签购单边缘注明"已核"字样签上经办员姓名,写上授权金额和授权号码。

(4)信用卡超过限额的,一律要致电银行信用卡授权中心或通过EDC取得授权,如实际消费超过授权金额应再补授权,一笔消费只能用一个授权码,多个授权码应分单套购,方可接受使用。

(5)签购金额如超过授权金额10％以内,原授权码仍可使用,不须再授权。

3. 支票

(1)收银员当班接收客人使用的支票时,应用大写在支票填上使用的年、月、日(如果当日不解缴银行的可填为次日的日期),填上"××宾馆"的收银人名称,其他项目均按规定填入(避免遗失被盗用)。

(2)填写支票一律用黑色钢笔墨水填写(不得用其他颜色水笔或圆珠笔);

(3)小写金额前一位必须写上币号"￥",以防涂改;

(4)汉字大写金额数字;一律用正楷字或行书字书写,不得任意自造简化字;大写金额数字到元或角为止,在"元"或"角"字之后应写"整"或"正"字;大写金额数字有分的,分字后面不写"整"字、大小写金额不得涂改,印鉴不可重复,一经涂改,该支票即刻作废;如因收银员填错支票的,一律由收银员负责催换支票,直至收到款为止。

(5)收取支票时,应检查是否有开户行账号和名称,印鉴完整清晰,一般印鉴是一个公章两个私章以上,如有欠缺,应先问交票人是否印鉴相符,并留下联系人姓名和联系电话;本宾馆不接受私人支票,如由宾馆经理以上人员担保接受的支票,该支票出现问题时,由担保人承担一切责任。

(六)下班前现金及未使用收据交接程序

前厅收银员结账工作完毕后,将所收的现金,在现金袋上分别填写,然后将现金装入袋内。要求内装现金与现金袋上记录金额一致,并在现金收入交接记录簿上签字,办理现金交接手续,并在接班人的监督下将现金袋放入保险柜中;当交班人下班时,由接班人一一清点现金口袋,核对现金袋上的金额与现金交收记录簿金额是否一致,无误后在转交人姓名栏内签字。A、B、C、D班依次类推,手续不变,直到第二天总出纳清点前为止。

(七)客房订金处理程序

宾馆对于已签合同的长住户,根据合同的具体内容,预收半年至一年的房租订金,作为抵消长住户房租费用。根据权责发生制的会计核算原则,将已收客房订金分期体现在客房账上;当宾馆财务部收到一笔订金时,前厅收银也相应地做一笔增加,当客人入住时,以月为核算期,按照房租金额将预付订金转入在客房账上,由此房租费用与订金相互抵消,使房租客账单为零。

二、外币兑换工作程序

(一)兑换周转金出入库程序

根据宾馆与银行签订代兑换外币业务协议内容规定。银行地区分行向宾馆提供一定数量的兑换周转金,由兑换领班专人管理,单设保险柜,并建立严格出入库手续,确保外币兑换工作的顺利进行。外币兑换周转金通常每天入库一次,出库两次。每笔金额出入库都要做到签字手续齐全,准确无误。

（二）兑换前准备工作程序

（1）收银员每天早上要按时收听并录音中国银行公布的外汇牌价，及时更改当天的外汇牌价表。

（2）领用当天所使用的兑换水单，检查是否连号，是否有短号现象，并办理领用手续。

（3）领用并配备大小面值的兑换周转金，办理出库手续。

（三）外币兑换及承付现金程序

（1）问候：先生/小姐/女士，您好！请问您换钱吗？

（2）当客人兑换时，首先请客人出示护照或其他证件，方可填写水单。

（3）经办人接到客人填好的水单时，应注意检查客人的国籍、姓名、护照号码、房间号码、兑换外币金额等内容是否填写齐全，判断识别真假外币，凡是旅行支票，都要检查支票及水单签字与支票背书是否一致。检查后，由经办人根据中国银行卖价或现钞价，核算成外汇人民币转交复核员，经复核员再次审核无误后，即可承付现金交经办人。经办人接现金后，复核承付现金是否正确，无误后连同水单一起呈交客人。

（4）问候：先生/小姐/女士，请您查收，欢迎您下次再来。

（四）外币兑换营业日报表的编制程序

当一笔兑换业务完毕时，由复核员将水单号码，兑换外币种类及金额分别填写在兑换营业日报上，编表要求：

（1）按照水单顺序号码一一填写；

（2）外币现金、支票分别填写；

（3）每笔现金、支票金额分别以现钞价或卖价等于兑换外汇人民币金额。

（五）兑换员下班前，外币及周转金交接程序

（1）外币交接程序：兑换营业日报表编制完毕后，兑换员应将外币日报表包捆好装入现金袋内封好，并在口袋封口处签上自己的名字，放在指定保险箱内，待第二天领班查处、清点、汇总。

（2）兑换周转金的交接程序：当A班下班后将兑换周转金余额清点好转交给B班兑换员，并办理交接签字手续。当B班工作结束时，将兑换周转金余额清点好装入现金袋内，袋内现金应与现金袋上记录及兑换营业日报表周转金余额一致，与外币现金袋一同放到指定保险箱内。

三、收入审计工作程序

收入核数工作是在收银夜审的工作基础上，再次进行审核、分类、汇总，最终反映到财务账户中。它要求收入核数员掌握餐厅收银、前厅收银的工作内容及工作程序，以正确的方法考核营业收入情况，并将应收款及时收回，使资金得到正常使用。其工作内容主要包括如下内容：

(一) 夜审班前准备

班前必须了解日审工作有关交班事宜,检查打印机和电脑是否正常,从审箱中将各营业点的缴款凭证和账单分类,主要有三部分:

(1) 前台客房结账单及收银日报表。
(2) 餐厅缴款凭证及账单包括:东园餐厅、西园餐厅。
(3) 其他部门缴款凭证及附件单:游泳馆、游泳保健、保龄球馆、咖啡厅、台球厅、乒乓球厅、桑拿房、康乐商品、游艺厅、商务中心。

(二) 夜审工作流程

(1) 查看收银员的缴款凭证,同电脑报表核对:审计员要查看缴款凭证的各类明细填写同电脑报表是否一致,如果数据有修改,收银员应说明原因。没有收银机的缴款凭证,要统计附件单的数据与收银员填写的缴款凭证是否相符。

(2) 打印出"今日入住客人报告",根据入住报告,审核今日入住的每一间房房价输入与开房单上的价格是否一致,折扣房手续是否完整。如有错误应立即通知接待员调整,并将情况写入夜审报告交日审处理。

(3) 打印出"今日非平账离店报表",审核非平账离店的原因,确认责任人。

(4) 打印出"今日调整账目表"审核调整账目的原因,调整账目单需负责人签字。

(5) 查询各收费点转账是否正确:将每一笔转账(未结账部分)账单上的客人签名同开房单上客人的签名及电脑记录进行核对,查看是否相同、是否转错房间,如果是签名不同,要提醒收银员结账时注意;如果是转错房间,则要立刻调整。

(6) 打印出"今日离店客人报告"(交日审查半天房费用)。

(7) 夜审审计资料维护:将当日数据复制到"C"盘或"D"盘,为夜审顺利进行做好准备。

(8) 进入夜审数据统计:营业组审核(打印出营业点总班结账表),完成预审报告,完成自动过费,审核账务报告两遍,终审。

(9) 数据整理。

(10) 出具夜审报表:
① 编制"××宾馆营业日报表"。
② 编制"今日非平账离店报表""今日调整报表"各一份。
③ 填写"夜间审计报告表":将夜审过程中发生的每件事记录下来,需日审协助处理的要注明清楚,填写时要认真。

(11) 当班结束:各项工作完成后,将资料进行整理分类后,交到日审办公室。

(三) 日审工作流程

1. 处理夜间遗留问题,负责落实通知书内容

每天接到"夜间审计报告表"后,对遗留问题要及时处理;及时填写审计通知书,通知责任人所在的部门主管,并负责落实解决,然后将解决的情况写在通知书的第一联上,最后将通知书编号存档,月底统计后,注上处理意见报财务送经理处理。

2. 账单核销

接到收银员的结账单后,检查所付的账单是否齐全,然后按照账单的号码,在票证核对表上按号划销。如有缺号,调整作废单据手续不齐,要写入夜审报告交日审处理。

3. 核对前台结账处的结账单及收银员个人报表

客房结账单是由前台收银员为住店客人结账所打印的账单,反映向客人收取的房租、餐费及其他等费用。收银员收银明细表是反映当天所结房客账(包括向客人收取的现金、信用卡、支票、外汇、转会议账)的汇总表。

4. 核对餐厅结账单

(1) 核对餐厅结账单时应注意:账单与附件单的核对,点菜单中每一项都要同电脑结账单相核对,如果不符,要找收银员查明原因,并进行处理。附件单如有修改,应由修改人在单上说明修改原因,并由厅面管理人员签名证实,收银员应起监督作用。

(2) 核对营业对账表:要查看表中填写的数据与收银员上缴的附件单据中的数据是否一致,核对表中的收银员填写的数据与厅面其他相关人员填写的数据是否一致,如有不符,应立即向收银员查明原因并及时做出处理,确保营业收入的正确反映。

(3) 打折手续应完整:用宾馆优惠卡打折的,要在账单上注明卡号及客人签名;如果是宾馆管理人员为客人打折的,要有管理人员签名并注明所打折扣。审计员在核对时,要注意收银员所打的折扣是否正确,如果不正确,要找收银员查明情况,及时做出处理。

(4) 免费接待是否符合标准:各级管理人员在宾馆免费接待,签单的权限应对照各级管理人员权限表。查看各级管理人员是否在权限范围内签单接待,如果发现接待超标,应立即找其补办手续,否则上报财务经理处理。

5. 核对其他部门的缴款凭证及收费单

其他部门(包括康乐中心的游泳馆、保龄球馆、棋牌室、台球厅、商务中心、咖啡厅等)的收银员在营业结束后,根据收银单汇总填制缴款凭证,缴款凭证各项金额与所附收费单金额合计应相符。

(1) 收费单的核销及管理:收费单必须按号顺序使用,审计员对各部门每日交来的收费单按号在"票证使用单"上逐张划销,发现不联码使用的,应向收费单使用人查询原因,及时催交。作废单必须有领班级别以上人员签字方可。

(2) 核对商务中心缴款凭证:要查清收费单中各项收费项目金额的正确性,定期到商务中心采集机器上的数据,做到账实相符。

6. 检查夜间审计人员制作的各项营业报表

负责检查夜间审计人员所做的各项报表的正确性,如数据计算有误,应立即修改,并追究夜间审计员责任。

7. 审计主管同日审人员要经常到各营业点进行检查

检查收银员及厅面其他操作人员是否按规范程序操作,营业款是否如实反映,现金是否如实上缴。如果发现收银员或其他操作人员不按规范操作的,应立即纠正,并将情况及处理意见及时反映到部门经理和财务经理及质检部门,以防止情况再发生,确保宾馆不受损失。

8. 报表装订

按日期顺序将"收银员操作记录""各收费点缴款凭证"以及各收费点原始账单装订成册，封面上注明起止日期存档。

任务五　电话总机服务

酒店电话总机是酒店内外沟通联络的通信枢纽和喉舌，以电话为媒介，直接为宾客提供转接电话、挂拨国际或国内长途、叫醒、查询等项服务，是酒店对外联系的窗口，其工作代表着酒店的形象，体现着酒店服务的水准。

一、总机房的设备

（1）电话交换机。交换机的种类、型号繁多。目前，较为先进的有PABX交换机（日本制造）、EBX交换机（荷兰制造）、PMBX、PBX交换机等。

（2）话务台。

（3）长途电话自动计费机。

（4）自动打印机。

（5）传呼器发射台。

（6）计算机。

（7）定时钟、记事牌（白板）等。

二、总机服务的基本要求

总机服务在酒店对客服务中扮演着重要角色。每一位话务员的声音都代表着酒店的形象，是酒店的幕后服务大使。话务员必须以热情的态度、礼貌的语言、甜美的嗓音、娴熟的技能优质高效地开展对客服务，让宾客能够通过电话感觉到来自酒店的微笑、热情、礼貌和修养，甚至感受到酒店的档次和管理水平。

（一）话务员应具备的素质

（1）修养良好，责任感强。

（2）口齿清楚，语速适中，音质甜美。

（3）听写迅速，反应敏捷。

（4）专注认真，记忆力强。

（5）有较强的外语听说能力。

（6）有酒店话务工作经历，熟悉电话业务。

（7）有熟练的计算机操作和打字技术。

（8）有较强的沟通能力。

（9）掌握酒店服务、旅游景点及娱乐等知识与信息。

（10）严守话务机密。

（二）总机服务基本要求

（1）礼貌规范用语不离口，坐姿端正，不得与宾客过于随便。

（2）铃声振响后，立即应答，高效率地转接电话。

（3）对于宾客的留言内容，应做好记录，不可单凭大脑记忆，复述时，应注意核对数字。

（4）应使用婉转的话语建议宾客，不可使用命令式的语句。

（5）若对方讲话不清，应保持耐心，要用提示法来弄清问题，切不可急躁地追问、嘲笑或模仿等。

（6）若接到拨错号或故意烦扰的电话，也应以礼相待。

（7）应能够辨别酒店主要管理人员的声音。

（8）结束通话时，应主动向对方致谢，待对方挂断电话后，再切断线路，切忌因自己情绪不佳而影响服务的态度与质量。

三、总机服务项目与工作程序标准

（一）转接电话及留言服务

（1）首先认真聆听完宾客讲话再转接，并说"请稍等"，若宾客需要其他咨询、留言等服务，应对宾客说："请稍等，我帮您接通××部门。"

（2）在等候转接时，按音乐键，播放悦耳的音乐。

（3）转接之后，如对方无人听电话，铃响 30 秒后，应向宾客说明："对不起，电话没有人接，您是否需要留言或过会儿再打来？"需给住客留言的电话一律转到前厅问讯处；给酒店管理人员的留言，一律记录下来，并重复确认，并通过寻呼方式或其他有效方式尽快将留言转达给相关的管理者。

（4）为了能够高效地转接电话，话务员必须熟悉本酒店的组织机构，各部门职责范围及其服务项目，并掌握最新的、正确的住客资料。

（二）查询服务

（1）对常用电话号码，应对答如流，准确快速。

（2）如遇查询非常用电话号码，话务员应请宾客保留线路稍等，以最有效的方式为宾客查询号码，确认后及时通知宾客；如需较长时间，则请宾客留下电话号码，待查清后，再主动与宾客电话联系。

（3）如遇查询住客房间的电话，在前厅电话均占线的情况下，话务员应通过计算机为宾客查询，此时应注意为住客保密，不能泄露其房号，接通后让宾客直接与其通话。

（三）"免电话打扰（DND）"服务

（1）将所有要求 DND 服务的宾客姓名、房号、要求 DND 服务的时间记录在交接班本上或注明在记事牌上，并写明接受宾客通知的时间。

（2）将电话号码通过话务台锁上，并将此信息准确通知所有其他当班人员。

(3) 在免打扰期间，如发话人要求与住客讲话，话务员应将有关信息礼貌、准确地通知发话人，并建议其留言或待取消 DND 之后再来电话。

(4) 宾客要求取消 DND 后，话务员应立即通过话务台释放被锁的电话号码，同时，在交接班本上或记事牌上标明取消记号及时间。

（四）挂拨长途电话服务

为了方便住客，酒店设计了电话服务指南及常用电话号码立卡（置于房间床头柜上），供住客查阅使用，住客在客房内直拨长话，计算机自动计时计费，大大减轻了话务员的工作量。另外，话务员应注意及时为抵店入住宾客开通电话以及为退房结账的客房关闭电话，若团队、会议宾客需自理电话费用，则应将其打入相应的账单。

（五）提供叫醒服务

总机所提供的叫醒服务是全天 24 小时服务，可细分为人工叫醒和自动叫醒两类。其服务程序如下所示。

1. 人工叫醒

(1) 受理宾客要求叫醒的预订。

(2) 问清要求叫醒的具体时间和房号。

(3) 填写叫醒记录单，内容包括房号、时间、（话务员）签名。

(4) 在定时钟上准确定时。

(5) 定时钟鸣响，话务员接通客房分机，叫醒宾客。

(6) 核对叫醒记录，以免出现差错。

(7) 若客房内无人应答，5 分钟后再叫一次，若仍无人回话，则应立即通知大堂经理或楼层服务员前往客房实地察看，查明原因。

2. 自动叫醒

(1) 受理宾客要求叫醒的预订（有的酒店宾客可根据服务指南直接在客房内的电话机上自己确定叫醒时间）。

(2) 问清叫醒的具体时间和房号。

(3) 填写叫醒记录单，记录叫醒日期、房号、时间，记录时间，话务员签名。

(4) 及时将叫醒要求输入计算机，并检查屏幕及打印记录是否准确。

(5) 夜班话务员应将叫醒记录按时间顺序整理记录在交接班本上，整理、输入、核对并签字。

(6) 话务员应在当日最早叫醒时间之前，检查叫醒机是否正常工作，打印机是否正常打印；若发现问题，应及时通知工程部。

(7) 检查核对打印报告。

(8) 注意查看叫醒无人应答的房间号码，及时通知客房中心或大堂副理，进行敲门叫醒，并在交接班本上做记录。

（六）充当酒店临时指挥中心

当酒店出现紧急情况时，总机房便成为酒店管理人员迅速控制局势，采取有效措施的临时指挥协调中心。话务员应按指令执行任务，注意做到以下几点：

（1）保持冷静，不惊慌。

（2）立即向报告者问清事情发生地点、时间，报告者身份、姓名，并迅速做好记录。

（3）即刻使用电话通报酒店有关领导（总经理、驻店经理等）和部门，并根据指令，迅速与市内相关部门（如消防、安全、公安等）紧急联系，随后，话务员应相互通报、传递所发生情况。

（4）坚守岗位，继续接听电话，并安抚宾客，稳定他们的情绪。

（5）详细记录紧急情况发生时的电话处理细节，以备事后检查，并加以归类存档。

总之，总机房所提供的服务项目视酒店而异，有些酒店的总机房还负责背景音乐、闭路电视、收费电影的播放，监视火警报警装置和电梯运行等工作。

任务六 商务中心服务

一、商务中心的服务项目

商务中心（Business Center）是酒店为客人进行商务活动提供相关服务的部门。许多商务客人在住店期间要安排许多商务活动，需要酒店提供相应的信息传递和秘书等服务。为方便客人，酒店一般在大堂附近设置商务中心，专门为客人提供商务服务。

商务服务内容包括打字、复印、传真、会议服务（包括会议室出租、会议记录等）、翻译、票务、Internet 服务、委托代办、办公设备出租等业务。

二、商务中心的服务程序

商务中心的服务项目很多，各项业务相差很大，但其服务程序却有许多共同点，概括起来其服务程序可分为迎客、了解客人需求、介绍收费标准、业务受理、结账和送客6个方面。

（一）打印服务程序

打印，是商务中心常见的服务项目，客人往往要求将写好的文稿用计算机打印成字迹清楚的印刷体文件。其服务程序是：

（1）主动迎接客人；

（2）了解客人的要求；

（3）接收打印；

（4）校稿；

（5）交件收费；

（6）送客。

(二) 复印服务程序

复印,是将客人交给的文稿按其要求用复印机进行复制,其服务程序是:
(1) 主动迎接客人。
(2) 了解客人的要求。向客人问清复印的数量和规格,并介绍复印收费标准。
(3) 复印。调试好机器,首先复印一份,征得客人同意后,再按要求数量进行复印。
(4) 交件收费。将复印文件装订好后,连同原稿一起双手送给客人,然后按规定价格计算费用,办理结账手续。
(5) 送客。

(三) 传真服务程序

传真服务可分为发送传真和接收传真两种服务。

1. 发送传真服务程序

(1) 主动迎接客人。
(2) 了解其发送传真的有关信息。
(3) 主动向客人问清传真要发往的国家和地区,并认真核对发往国家和地区的电话号码。
(4) 主动向客人介绍传真收费标准。
(5) 发送传真。
(6) 认真核对客人交给的稿件,将传真稿件装入发送架内,用电话机拨通对方号码,听到可以传送的信号后,按发送键将稿件发出。
(7) 结账。
(8) 将原稿送还客人,按规定办理结账手续。
(9) 向客人致谢道别。

2. 接收传真服务程序

接收传真分为两种情况,一是客人直接到商务中心要求接收传真;二是接收到传真,要将传真送交客人。对第一种情况,接待员应主动热情地帮助客人,并按规定收取费用。对第二种情况,其服务程序是:

(1) 接收传真。接到对方传真要求,给出可以发送的信号,接收对方传真。
(2) 核对传真。认真检查传真的字迹是否清楚,页面是否齐全,然后核对传真上客人的姓名、房号,填写传真接收记录,将传真装入传真袋。
(3) 派送传真。通知客人取件,或派行李员送交传真。行李员送交传真的程序是:将传真及传真收费通知单交给行李员(有时交给楼层服务员),请行李员在传真取件单上签名,由行李员将传真交给客人,并请客人付款或在收费通知单上签名。
(4) 账务处理。按规定办理结账手续。

(四) 票务服务程序

票务服务,是指酒店为客人提供订购飞机票、火车票等服务,其服务程序是:

(1) 主动迎接客人。

(2) 了解订票信息。向客人了解并记录订购飞机票（或火车票）的日期、班次、张数、到达的目的地及座席要求。

(3) 了解航班情况。向相关票务中心了解是否有客人需要的航班票。如没有，则须问清能订购的最近航班，并向客人进行推荐。

(4) 订票。向客人介绍服务费收费标准、票价订金收取办法。当客人确定航班后，查阅客人证件的有效签证和期限，请客人在订票单上签字并收取订金，向客人说明最早的拿票时间。送走客人后，向相应票务中心订票。

(5) 送票。拿到票务中心送来的飞机票（火车票）后，根据订票单上的房号或客人的通信地址通知客人取票，并提醒客人飞机起飞（火车开车）时间。对重要客人，由行李员送交客人。

(6) 按规定办理结账手续。

(7) 向客人致谢道别。

（五）Internet 服务程序

随着 Internet 的发展，上网、收发电子邮件的业务越来越普遍。Internet 服务就是指为客人收发电子邮件、提供计算机上网等电子商务服务，其中发电子邮件是比较常见的服务，其服务程序是：

(1) 主动迎接客人。

(2) 了解邮件相关信息。向客人详细了解收件人的 E-mail 地址、客人发送的信件内容和有无附件以及附件的录入方法。同时向客人介绍电子邮件的收费方法。

(3) 邮件发送。启动计算机，连接 Internet，打开电子信箱，输入收件人的 E-mail 地址及信件内容。如有附件，则加入附件内容，点击"发送"。需要注意的是，当信件或附件是客人提供的软盘时，首先应对软盘进行杀毒处理。

(4) 按规定办理结账手续。

(5) 向客人致谢并道别。

（六）翻译服务程序

翻译，一般分为笔译和口译两种，两种服务除服务内容和收费计算方式有所区别外，其服务受理程序基本相同。笔译服务的程序如下：

(1) 主动迎接客人。

(2) 向客人了解翻译的相关信息。向客人核实要翻译的稿件，问明客人的翻译要求和交稿时间；迅速浏览稿件，对不明或不清楚的地方应礼貌地向客人问清。

(3) 翻译受理。向客人介绍翻译的收费标准。当客人确定受理时，记清客人的姓名、房号和联系方式，礼貌地请客人在订单上签字并支付翻译预付款。送走客人后，联系翻译人员翻译文稿。

(4) 交稿。接到翻译好的文稿后通知客人取稿。如客人对稿件不满意，可请译者修改或与客人协商解决。

(5) 办理结账手续。
(6) 向客人致谢并道别。

(七) 洽谈会议室出租服务程序

中华人民共和国《旅游涉外酒店星级的划分及评定》规定,四星级、五星级酒店商务设施应有可以容纳不少于10人的洽谈室。洽谈室服务包括洽谈室出租及客人会议洽谈期间的服务两部分。其服务程序是:

(1) 主动迎接客人。
(2) 了解洽谈需要的相关服务。向客人详细了解洽谈室使用的时间、参加的人数、服务要求(如座席卡、热毛巾、鲜花、水果、点心、茶水、文具等)、设备要求(如投影仪、白板等)等信息。
(3) 出租受理。主动向客人介绍洽谈室的出租收费标准。当客人确定租用后,按规定办理洽谈室预订手续。
(4) 洽谈室准备。提前半小时按客人要求准备好洽谈室,包括安排好座席、文具用品、茶具用品、茶水及点心,检查会议设施、设备是否正常。
(5) 会议服务。当客人来到时,主动引领客人进入洽谈室,请客人入座;按上茶服务程序为客人上茶;会议中每隔半小时为客人续一次茶。如客人在会议中提出其他商务服务要求,应尽量满足。
(6) 结账。会议结束,礼貌地送走与会客人,然后按规定请会议负责人办理结账手续。
(7) 向客人致谢并道别。
(8) 打扫洽谈室。

【情景模拟】

预订处理的得与失

小张是上海某酒店的前厅接待员。2018年国庆节期间,上海几乎所有酒店客房都已爆满,而且房价飙升。10月1日11:30左右,小张在繁忙的工作中接到一位李先生预订客房的电话。李先生是该酒店某协议单位的老总,也是酒店的常客,所以小张格外小心。当时刚好还剩下一间标准间,小张就把它留给了李先生,并与他约好抵店时间是当晚23:00。但一直等到23:40,李总还未抵店。在这半个多小时期间,有许多电话或客人亲自到酒店来问是否还有客房,小张都一一婉言谢绝了。之后小张心想:也许李先生不会来了,因为经常有客人订了房间后不来住,如果再不卖掉,24:00以后就很难卖出去了。为了酒店的利益,不能白白空一间房,到23:45,小张将这最后一间标准间卖给了一位正急需客房的熟客。24:00左右李总出现在总台,并说因车子抛锚、手机无电,故未事先来电说明。一听说房间已卖掉,他顿时恼羞成怒,立即要求酒店赔偿损失,并声称将取消与酒店的协议。

任务七　商务楼层服务

现代高档豪华酒店一般都设有商务楼层,也叫行政楼层(Executive Floor),专门接待商务客人等高消费客人,为客人提供优质服务。该楼层提供有别于普通客房楼层的贵宾式服务,因此,被人们誉为"酒店中的豪华酒店"。酒店的商务楼层是为满足许多对服务标准要求高,并希望有一个良好商务活动环境的客人所特别设置的楼层。它拥有自己的小型总服务台,客人可在此办理入住和离店手续,宽敞华丽的休息室可供客人会客、洽谈及阅览报刊。客人还可以在此享用美味的早餐和茶点、鸡尾酒。房间豪华舒适,并专为商务客人设置了办公台。完备的委托代办服务为客人解决文秘、通信及交通方面的问题。每一位入住商务楼层的客人都将受到贵宾般的接待,高贵优雅的环境及细致快捷的服务,为商务客人在生意上的成功和生活上的享受都创造了极佳的条件。

商务楼层的管理是一套相对独立运转的接待服务系统,在行政管理上通常隶属于前厅部,在人员素质和服务内容上,均有不同于总台的特殊要求。

一、硬件设施要求

商务楼层的客房样式、大小与普通客房存在一定程度的差异,它所提供的日用品及商务楼层的客房室内装潢应力求高档。现代商务楼层的象征不仅是"豪华",它还需与电子技术和计算机设备紧密联系起来。

(一)提供商务设备设施

如留言信箱、信息网络、视听设备、电话答录设备以及复印、传真、打印等设备。楼层上的商务中心服务功能要齐全,环境要好,服务时间要长。

(二)提供各种先进的会议设施

入住商务楼层的客人可能有各种会议,如研讨会、论坛、讲座、培训、会谈等,因此商务楼层应设置相应的、大小不同的会议场所及配备相应的设施设备,如要求会场有各种信源接口,具有同声传译系统、电子投票系统、多媒体咨询系统、声像播放系统和电子系统。

(三)对客房设备设施的要求

商务楼层应尽可能为客人提供宽敞的活动空间,客房的照明应达到便于工作的足够亮度,办公桌要宽大。由于手提计算机的流行,桌面高度开始降低,以方便操作。有些酒店的办公桌极大,上面放置传真机和打印机,并配有调制解调器和安装了更多的插座。马里奥特将集团属下的"工作客房"内设计了可伸缩的写字台,座椅是可调节高度的靠背旋椅,床头柜成为集空调、电视、灯光到窗帘启闭于一体的电子控制中心。客房安放两张大的双人床。

二、服务要求

入住商务楼层的客人除希望得到一般宾客"家外之家"的享受外,更希望得到"公司外公司"的服务,这就要求商务楼层为这些商务客人提供其公司从事公务活动所需要的服务,如管理服务、经纪服务、信息服务、文秘服务、交通服务、休闲服务和保健服务等。他们要求有专门的早餐和酒吧;有适当的洽谈公务的场所,齐全的娱乐健身设施,如健身房、网球场、游泳池、桑拿浴等;房间内提供更多的文具,有保险柜、供会客用的额外的椅子等。他们对传真、电话、计算机、打字、复印、秘书等商务服务有很高的要求,酒店还应具备快捷方便的通信手段。他们对价格和付款方式往往不太注重;对叫醒服务、邮件传递服务、洗熨衣服务等较其他客人有更多的要求。

(一) 商务楼层主管的职责要求

(1) 负责管理并督导下属的工作,直接对商务楼层经理负责。
(2) 了解有关商务楼层的各种信息,客房的状态及客的情况。
(3) 检查员的仪容仪表及出勤率。
(4) 安排下属的班次,布置任务。
(5) 检查接待员、服务员的工作程序、标准。
(6) 直接参与接送所有住商务楼层的客人,为客人提供入住结账、餐饮及商务服务。
(7) 搞好与其他各部门的协调工作。
(8) 处理客人投诉及紧急情况。
(9) 商务楼层经理部在时主持列会。
(10) 负责本部下属的培训工作。
(11) 认真完成商务楼层经理指派的其他工作。

(二) 商务楼层领班的岗位职责要求

(1) 协助商务楼层经理及主管做好服务接待工作。
(2) 了解客、客房的情况及有关的信息。
(3) 检查服务员的仪容仪表、出勤情况。
(4) 做好客人到店前的准备工作。
(5) 迎接到店的客人并介绍商务楼层提供的服务项目及设备设施的使用。
(6) 组织并为客人提供早餐、下午茶和鸡尾酒服务。
(7) 检查客房状况,督导员工做好休息厅清扫工作,保持其清洁卫生。
(8) 保管好各类物品。
(9) 提出每周的酒类库存每日鲜花水果申请。
(10) 处理客人的委托代办事项。
(11) 完成经理或主管分派的其他工作。

（三）人员的专业素质和特殊素质要求

在商务楼层从事接待服务的管理人员及服务人员，在形体、形象、气质、知识、技能及外语等方面条件突出，均接受过严格、系统的专业培训。他们在熟练掌握了前台预订、接待、结算等技能的同时，还应掌握商务中心、餐饮方面的服务技能和技巧，尤其善于与宾客交往、沟通，能够圆满地处理客务关系，合作与协调性强。

（四）个性化的私人管家服务

商务客人之所以优先选择商务楼层，设施及环境的舒适条件固然是重要因素，但最为他们看重的是商务楼层所提供的细致入微、个性化的"私人管家"服务。

1. 对客人一见如故

商务楼层的接待服务人员只要见过客人一次，第二次再见面时就可以称呼客人的姓名和头衔，客人由此产生被重视和被特别关照的心理满足感和荣誉感。

2. 对客人体贴入微

商务楼层的接待服务人员对每一位在此下榻的客人都要做详尽的客史档案记录，记录下客人的喜好、偏好，使客人每次下榻时都会惊喜地看到按自己的习惯和喜爱的方式所布置的房间，甚至连所喜爱的某种品牌或特殊规格的物品都已放在熟悉的位置。因此，商务楼层的房价虽然大大高出普通客房的房价，但是却不断吸引着众多的回头客及商务客人。

3. 提供特殊服务

价格昂贵的商务楼层实行了许多特殊的服务，有"单独入住登记"——客人进入酒店，穿过大堂，直奔电梯，然后来到商务楼层特有的单独总台。在这里，客人不用按传统的方式排队办理入住手续，设有客人专用座椅，客人可边办手续边休息，酒店往往也同时为客人提供免费的酒水和饮料，以供客人在长途旅行之后消除疲倦和解渴，这里的服务员都是经过专门训练的高级职员，外语娴熟，谈吐优雅，而且反应敏捷。能提供个性化服务是商务楼层客人的普遍要求，酒店根据对客人详细的资料收集，尽可能地提供针对性的服务，达到服务的高水准。对于入住商务楼层的客人，酒店应通过网上信息平台获取客人的兴趣与偏好，针对客人的个性需求和自身能力重新整合酒店产品，全面提升服务和管理水平，充分体现酒店与顾客共同设计产品的特色，客人在自己参与"设计"的酒店里，会得到最大程度的满足。

本章小结

前厅部的主要业务除了客房预订和销售客房商品外，还包括礼宾服务、"金钥匙"服务、问讯服务、收银服务、电话总机服务、商务中心服务和商务楼层服务等相关前厅服务。目前，大多数酒店都实行接待、问讯和收银"三合一"的做法，一方面节省运作成本，另一方面提高服务效率。本章讲述了以上七项服务的基本内容、服务程序及标准，简要介绍了

"金钥匙"及其服务理念、素质要求和服务内容。通过本章的学习,可以熟悉并掌握前厅系列服务内容、要求和各项服务技能。同时,对前厅部的功能及其在现代酒店中的地位有进一步的认识。

【专业知识训练】

一、选择题

1. 当有访客寻找某位住店客人,而该客人外出,(　　)是不正确的。
   A. 不能告诉访客有关住客的资料　　　　B. 请访客留言
   C. 请访客在大厅休息处或堂吧中等候　　D. 将访客带到客人房中等候
2. 迎送宾客服务所需要的服务员不包括(　　)。
   A. 客房送餐员　　B. 酒店代表　　C. 行李员　　D. 门卫
3. "金钥匙"服务理念起源于(　　)。
   A. 美国　　B. 法国　　C. 英国　　D. 日本
4. 接待员每日早班在(　　)之前核准计算机房态。
   A. 6:00　　B. 8:00　　C. 12:00　　D. 18:00
5. "免电话打扰"服务的简写英文是(　　)。
   A. DDD　　B. DND　　C. NND　　D. IDD

二、判断题

1. 客人出店时,一般应将钥匙带在身上,问讯员不负责保管客人的钥匙。(　　)
2. 前厅服务台应设在大堂的角落,以免客人登记时,妨碍其他客人进出。(　　)
3. 商务中心提供的翻译服务,一般分为笔译和口译两种,两种服务除服务内容和收费计算方式有所区别外,其服务受理程序基本相同。(　　)
4. 行李服务是前厅服务的一项重要内容,由行李员负责提供。内容主要包括宾客行李搬运和行李寄存保管服务。(　　)

三、简答题

1. "金钥匙"的服务理念是什么?
2. 电话总机房的设备有哪些?

四、案例分析

叫醒服务的风波

一天早晨九点,上海某酒店大堂黄副经理接到住在806房间的客人的投诉电话:"你们酒店怎么搞的,我要求叫醒服务,可到了时间,你们却不叫醒我,误了我乘飞机……"不等黄副经理回答,对方就"啪嗒"一声挂了电话,听得出,客人非常气愤。黄副经理意识到这投诉电话隐含着某种较为严重的态势,于是查询当日806房的叫醒记录,记录上确有早晨6点半叫醒服务要求,根据叫醒仪器记录和总机接线员回忆,6点半时确为806房客人提供过叫醒服务,当时客人曾应答过,黄副经理了解清楚情况后断定,责任不在酒店,但黄副经理仍主动与806房间的客人联系。"孔先生,您好!我是大堂副理,首先对您误了乘飞机而造成的麻烦表示理解。"黄副经理接着把了解的情况向客人做了解释。但客人仍怒气冲冲地说:"你们酒店总是有责任的,为什么不反复叫上几次呢?你们应当赔偿我的损失!"客人的口气很强硬。"孔先生,请先息怒,现在我们暂时不追究是谁的责任,当务之急是想办法把您送到要去的地方,请告诉我,您去哪儿？最迟必须什么时候到达？"

黄副经理的真诚,使客人冷静下来,告诉他明天早晨要参加西安的一个商贸洽谈会,所以今天一定要赶到西安。黄副经理得知情况后,马上请酒店代售机票处为孔先生改签当天下午去西安的机票,而代售处告知下午西安的机票已售完。黄副经理又给他在机场工作的朋友打电话,请他务必想办法改签一张下午去西安的机票,后来又派专车去机场改签机票。孔先生接到改签的机票后,才承认自己当日早上确实是接过叫醒电话,但答应后又睡着了,责任在自己,对黄副经理表示歉意。

问题：

(1) 本案例中黄副经理的做法是否正确？为什么？

(2) 如何避免叫醒失误？一旦发生叫醒失误应如何处理？

【职业技能训练】

一、实训目的

使学生在实践中掌握门厅服务的程序与标准。

二、实训内容

门厅迎送客人服务程序与标准。

三、实训时间

2学时。

四、实训材料

门厅迎送客人服务程序与标准

程 序	标 准
迎接客人	(1) 将宾客所乘车辆引领到适当的地方停车,以免酒店门前交通阻塞。 (2) 趋前开启车门,用左手拉开车门呈70°角左右,右手挡在车门上沿,为宾客护顶,防止宾客碰伤头部,并协助宾客下车。原则上应优先为女宾、老年人、外宾开车门。若遇有行动不便的宾客,则应扶助他们下车,并提醒其注意台阶；若遇有信仰佛教或信仰伊斯兰教的宾客,则无须为其护顶；若遇有雨天,应为宾客提供撑雨伞服务,礼貌地暗示宾客擦净鞋底后进入大堂,并将宾客随手携带的湿雨伞锁在伞架上,以方便宾客。 (3) 面带微笑,使用恰当的敬语欢迎前来的每一位宾客。 (4) 协助行李员卸行李,注意检查有无遗漏物品。 (5) 招呼行李员引领宾客进入酒店大堂。
送别客人	(1) 召唤宾客的用车至便于宾客上车而又不妨碍装行李的位置。 (2) 协助行李员将行李装上汽车的后舱,请宾客确认无误后关上后舱盖。 (3) 请宾客上车,为宾客护顶,等宾客坐稳后关车门,切忌夹住宾客的衣、裙等。 (4) 站在汽车斜前方0.8~1 m的位置,亲切地说"再见,一路顺风"等礼貌用语,挥手向宾客告别,目送宾客。
门厅贵宾（VIP）迎送服务	(1) 根据需要,负责升降某国国旗、中国国旗、店旗或彩旗等。 (2) 负责维持大门口秩序,协助做好安全保卫工作。 (3) 正确引导、疏通车辆,确保大门前交通畅通。 (4) 讲究服务规格,并准确使用贵宾姓名或头衔向其问候致意。

五、实训方法

分组进行星级酒店实训。

六、评分标准

考核要点		分 值	扣 分	得 分
迎接客人(35分)	停车	5		
	开启车门	10		
	微笑、敬语	5		
	卸行李	10		
	引领	5		
送别客人(30分)	召唤车辆	5		
	装行李	10		
	请宾客上车	10		
	手向宾客告别	5		
门厅贵宾(VIP)迎送服务(35分)	升降国旗店旗	10		
	维持大门口秩序	10		
	引导、疏通车辆	10		
	问候致意	5		

项目四　前厅接待

> **学习目标**
>
> ➢ 熟悉酒店对前厅接待人员基本素质要求；
> ➢ 了解前厅接待准备工作流程；
> ➢ 熟悉前厅接待事务的注意事项；
> ➢ 熟悉客房状态显示的种类；
> ➢ 了解房态信息的沟通基本流程；
> ➢ 掌握前厅散客、团队客人、VIP客人入住接待程序；
> ➢ 熟悉前厅推销的基本要求和技巧。

任务一　前厅接待准备

一、酒店对前厅接待员的素质要求

一位酒店管理专家曾说过这样一段话：一进入酒店大堂，只要看一下员工的形象，再告诉我客房的数量，基本就能评估出这家酒店的营业收入和利润。这段话说明了员工精神面貌和工作状态的重要性。可以想象，如果客人接触到的员工仪表端庄，精神焕发，富有朝气，彬彬有礼，服务高效快捷，那么就会联想到这家酒店正处于兴旺发达之中。前厅员工的基本素质在一定程度上反映了酒店的管理和服务形象，也体现着酒店的经营状况。所以前厅部要有一支综合素质高、业务能力强的队伍，这样才能给客人留下良好的第一印象，为接待服务工作奠定基础。

从前厅服务的广泛性、多样性、灵活性、政策性强等特点来说，前厅部的员工只有具备内外兼修的气质和能力，良好的职业素养，才能在客情不断变化的情况下圆满完成接待服务工作。

（一）端庄大方的仪容仪表

仪容是指一个人的容貌。仪表是一个人的精神面貌和内在素质的外在表现，良好的仪表与人的道德修养、文化素质和生活情调息息相关。前厅服务人员良好的仪容仪表可以给宾客留下良好的第一印象,是对服务对象的尊重,也是服务人员自尊自爱的体现。

前厅服务人员的仪容仪表要求如下。

1. 面部修饰

(1) 脸部干净。

坚持早晚洗脸,及时清除附着在面颊、颈部、耳后的污垢、汗渍等不洁之物;坚持外出归来、劳作以后、午休完毕、出汗流泪后,自觉清洁面部;男服务员不能留胡须,要注意每天剃须,保持脸部整洁。

(2) 化妆适度。

服务人员一般以化淡妆为宜,不能浓妆艳抹,并避免使用香味过于强烈的化妆品;口红应与肤色、服装的颜色相搭配;不使用浓重眼影,不戴假睫毛;要使化妆后的脸看起来真实、生动;妆面协调、全身协调、与工作场合相协调;男服务人员不要求化妆,但要使用化妆品,使面部皮肤看起来润泽干净。

(3) 口腔卫生。

坚持每餐后刷牙或漱口,千万不能用咀嚼口香糖代替;坚持定期洗牙,除去牙垢,保持牙齿卫生清洁;上班前避免食用葱、蒜、韭菜、臭腐乳等刺激气味的食物,不能过量吸烟,不能喝酒;平时少喝浓茶和咖啡,不要因为牙齿发黄而影响自己的形象。

2. 头发修饰

(1) 头发干净。

坚持勤洗头发,冬季洗发间隔时间不超过 3 天,夏季应每天清洗头发;定期修剪、经常梳理,保持头发干净整齐。

(2) 发型美观,长短适宜。

男服务员头发长度前不及眉、侧不掩耳、后不触领,女服务员发型一般以庄重略带保守为主,不能标新立异,选择过于前卫的发型,可允许长发披肩。

3. 手部修改

(1) 手部及指甲缝清洁。上岗前要洗手、收银后要洗手、去过卫生间后要洗手、下班之前要洗手,特别要注意认真清洗指甲缝。

(2) 指甲长短适宜。服务人员应勤剪指甲,指甲长度以不超过指尖为宜。

(3) 适当保养。每次洗完手后可涂一些护手霜,保持手部皮肤光泽、柔润;在冬季应注意手部保暖,以免长冻疮使手部红肿;在不违反岗位工作的要求下,女员工可以涂无色指甲油。

4. 着装与饰品佩戴要求

(1) 工服合身,袖口长至手腕、衣长至虎口、裤长至脚面、裙长及膝盖,领围以能够插入一指大小为宜,上衣的胸围、腰围、臀围以能够穿一套羊毛裤为宜。

(2) 工服的款式简练、高雅,线条自然流畅,适合接待服务的需要。

(3) 着装与自己的体形、性别、年龄相适应,与周围环境相协调。

(4) 外衣与衬衣、上装与下装、制服与鞋袜等式样与颜色要搭配合理。

(5) 衣裤无污渍,没有难闻的体味,领口与袖口保持干净。

(6) 衣裤不起皱,穿前烫平,穿后挂好,做到上衣平整,裤线笔挺。

(7) 内衣不外露。工作时不挽袖、不卷裤。

(8) 衣服不漏扣、不掉扣,上岗时要系好领扣。领带、领结、飘带与衬衫领口吻合,不歪系。

(9) 在岗时,按规定将胸卡佩戴在左胸正上方。具备外语、手语接待技能的员工可佩戴特殊胸卡。

(10) 前厅员工佩戴饰品应当符合岗位要求,且制作精良。前厅员工可佩戴一枚式样简约的戒指,但只能是一枚,且佩戴位置正确。女性员工可佩戴耳钉或耳环,但耳环长度不能超过耳垂,还可戴同质地较轻、体积不大、较精致的金项链或银项链,但男性服务员则不适宜佩戴项链;女员工可佩戴统一的发饰,如发网,不宜佩戴头发及颜色鲜艳、图案花哨的发带或发卡。

(二) 优雅得体的仪态

仪态是指一个人在行为中所呈现出来的各种姿势、表情和风度。在服务过程中服务人员通常会使用各种不同的体态语,客人由此也可以判断出服务人员的服务水平和服务态度。因而,前厅员工应从细节入手,养成良好的行为习惯,更好地为宾客服务。

1. 站姿标准

前厅员工在站立时应挺拔端正,双目平视,嘴唇微闭,下颌微收,面带微笑,平和自然;两腿跟并拢,两腿并拢立直,双臂自然下垂,贴于体侧或身体前后,胸部略向前上方挺起;要克服探脖挺腹、弓背斜肩、趴伏依靠、手位脚位不正确的习惯。

2. 坐姿优雅

随着前厅服务形式的变化,有的酒店采用了坐式服务。端庄优美的坐姿会给人文雅、大方的美感。前厅服务人员落座后,上身自然挺直,收腹立腰,上身略微向前倾,朝向服务对象;头正颈直,下颌微收,双目平视前方或注视对方;两膝盖并拢,男服务员可略微分开,但不可超过肩宽;两臂自然弯曲放于工作台上或双膝上。不管何种类型的坐姿,一般坐满椅子的2/3即可,不要坐得太少太靠边,同时应避免弯腰驼背、腿部抖动、身体歪斜、双膝分开过大等不雅姿势。

3. 蹲姿大方

对客服务中,当客人的物品掉落在地上时,需要帮助客人捡起,若姿势不雅,就会有失礼仪。前厅员工在下蹲时注意不要太突然,应与身边的人保持一定的距离,在服务对象身旁需要下蹲时,要与之侧身相同,不应正面面对客人,更忌讳将背部朝向客人。身着裙装的服务员下蹲时,应使用合理的蹲姿,靠紧两腿。

4. 走姿优美

正确的走姿是以标准的站姿为基础的。优雅的站姿不仅能体现出服务人员的教养、风度、心态、身体状况,还可以反映出酒店从业人员的工作态度和工作作风。前厅员工在行走时要达到动作协调、姿态优雅、步位准确、步幅适度、步速均匀、步伐从容,应注意克服左右摇晃、步速过快或过慢、步履拖沓、双手插兜等不良习惯。

(1) 上身保持标准站姿,两臂以身体为中心前后自然摆动,前摆约35度,后摆约15度,手掌心向内,指关节自然弯曲。

(2) 起步时身体稍向前倾 3~5 度,身体重心落在两脚掌上,膝盖伸直。两脚的内侧要落在同一条直线上,不要形成"外八字"或"内八字"。

(3) 男服务员的步幅一般为 40 厘米左右,女服务员步幅一般不超过 30 厘米。行走时的速度男服务员每分钟保持 100~110 步,女服务员每分钟保持 110~120 步之间。

5. 手势得体

在引领客人、为客人指路、请客人入座、递送物品时都要用到手势。手势运用自然到位、得体,有助于增强表情达意的效果,给人肯定、明确的印象。前厅员工在使用各种不同的手势时,要做到姿势规范、时机适当、幅度适宜、力量适度、自然舒展,同时与目光、服务用语等配合使用。

(1) 出手时五指并拢,手心微凹;

(2) 腕关节伸直,手与前臂形成一条直线;

(3) 掌心斜向上方,手与地面呈 45 度角;

(4) 不得使用不雅的手势,如指指点点、抱臂等;

(5) 手势使用不宜过多、过大,以免引起客人的反感和误解;

(6) 切勿乱用手势,注意尊重不同国家和地区对不同手势的理解。

6. 善用注视

美国心理学家登布在他的专著《推销员如何了解顾客心理》一书中说:"假如顾客的眼睛向下看,脸转向一边,表示你被拒绝了;假如他的嘴角放松,笑容自然,下颚向前,则表示可能会考虑你的建议;假如他对着你的眼睛注视几秒,嘴角以及鼻翼部位都显示出笑容,笑得很轻松、很热情,那么你的这宗生意就做成了。"由此可见,表情在人际交往的传情达意方面有着多么重要的作用。

在服务工作中,前厅员工要学会恰当地运用面部表情,如嘴巴、鼻子、眉毛、眼神、微笑等。

(1) 注视宾客时宜平视或仰视,用平视以表达平等、坦率之意,用仰视以表达尊敬、期待之情。但是注视宾客的时间不能过长,否则会令人感到不自在;注视时间也不能过短,过短则让人觉得不被重视。一般来说,双方目光连续接触的时间为 5 秒钟左右。

(2) 注视的部位以对方双眼为底线,以唇心为顶角的倒三角形区域内。这种注视令人感到舒服,能够营造一种愉快融洽的气氛。注视时应面带微笑,表示用心聆听和对客人的尊重。

(3) 走路时遇见不能熟视无睹,应当行注视礼。

(4) 对客服务中,不能只和客人打招呼而不看对方,这是对客人极大的不尊重。

(5) 在为两位以上的客人服务时,应给每位客人适当的注视,不能厚此薄彼。千万不能对客人反复打量,也不允许漫不经心地扫视。

(三) 掌握常用的交往礼仪

对客服务工作中,前厅员工会经常用到介绍、握手、鞠躬、致意、引领、称呼等礼节形式。服务人员只有正确地理解和掌握不同礼节的要求才能为客人留下美好的印象。

1. 介绍礼

前厅服务中,经常用到的介绍情况有自我介绍、介绍他人或者是由他人做介绍。

(1) 自我介绍。

① 面带微笑向对方点头致意,得到回应后再向宾客介绍自己。

② 以标准站姿为基础,身体前倾15度。

③ 眼睛应看着对方,将右手放在自己的左胸上,不要手足无措,不要用大拇指指着自己。

④ 介绍时要说清楚自己的姓名、身份、岗位等。

(2) 介绍他人。

① 手心朝上,手背朝下,手掌斜向上方,五指自然并拢,指向被介绍的一方,眼神随手势指向被介绍的对象,同时向另一方点头微笑,以将另一方的注意力吸引过来。

② 介绍时将身份、地位低的介绍给身份和地位高的,将年轻的介绍给年长的,将男性介绍给女性。

③ 同时介绍几个人与对方相识时,应一视同仁,不偏重任何一方,但对其间身份高者可重点介绍。

(3) 他人介绍。

① 由他人做介绍时,如果自己身份较高,应主动与对方握手,表示很高兴与之相识;作为一般身份的人,当未被介绍给对方时,应耐心等待。

② 被介绍时,除女士和年长者可以就座微笑或欠身致意外,一般均应起立,微笑致意,或说"认识你很高兴"之类的礼貌语。

2. 握手礼

握手礼是在社交活动中使用的范围最广、频率最高的一种礼节,通常使用在见面、问候、祝贺、离别、理解、和解等不同的场合下。前厅服务中,酒店代表迎送客人时、常客或VIP客人抵店时,前厅经理或大堂副理为表示对客人的欢迎,都要用到握手礼。

行握手礼节时要做到先后有别、力度适宜、时机得当。

(1) 身份不同的人握手时,由位尊者决定伸手的先后顺序。一般由主人、年长者、身份高者、女士先伸手,客人、年轻者、身份低者、男士后伸手回握。

(2) 迎接客人时,酒店服务人员应先伸手,以示热烈欢迎;客人告辞时,应等客人先伸手后再伸手回握,否则有逐客之嫌。

(3) 握手时间的长短一般视双方关系的亲密程度而定。初次见面握手时间不宜过长,以3秒钟左右为宜。切忌握住异性的手长久不松。

(4) 握手时用力要适度,不可太轻,也不可太重,但是只用指尖与对方手掌接触是不礼貌的行为。

3. 致意礼

在前厅服务中,致意礼是工作人员经常使用的一种向客人表示问候、敬意的礼节形式。如与熟悉的客人较远而又不便打招呼时,可使用这种方式。在行致意礼时要注意:

(1) 行致意礼时很多情况下是不出声的问候,所以一定要让对方看到。

(2) 对方正与他人应酬时,要等应酬告一段落后再上前致意。

(3) 不要高声叫喊,也不能毫无表情,要给对方以亲切、热情感。

4. 服务用语

从客人与酒店开始接触到最后结账离店,客我之间的交流一般都需要通过语言来完成。因而,前厅服务人员应注意使用礼貌、规范、得体的服务用语,做到称谓恰当、口齿清楚、用词准确、语气亲切、语调柔和、语言简练、语意明确、一视同仁。前厅常用的服务用语包括迎送语、问候语、征询语、道谢语、致歉语、赞赏语、推托语等。

【拓展链接】

服务用语的使用原则

(1) 服务人员应遵守公认的语言规范,如对国内客人一般使用普通话,对外宾可使用英语问候,让客人易于听懂、接受

(2) 服务用语的使用要达到一定的目的,也就是为什么说、如何说、说什么、达到什么样的目的。

(3) 服务用语的使用应有针对性,根据客人的具体情况,如国籍、性别、年龄、身份、爱好、风俗习惯等因素来确定。金庸是现代著名的武侠小说家,有一次在某酒店住宿时,服务人员早上见到他后,礼貌地问候:"大师兄,早上好!",令金庸十分高兴。原来,金庸非常喜欢"大师兄"这个称呼,与他理想中的小说人物十分吻合。服务人员之所以这样称呼他,是因为在事先就充分掌握了金庸的喜好。

(4) 使用服务用语必须符合特定的语言环境,也就是注意说话的时间、地点、场合。

【情景模拟】

这样的称呼我不受用

服务员小李接到总台电话,得知有位姓王的先生到1206房间,请她开一下门。刚放下电话,客人就从电梯里走出来找服务员,小李向其中一位要求开门的客人问道:"你好,先生,请问您姓王吧?"语音未落,那位客人生气地说:"我姓王,不姓'王八'!"原来客人是误会了。小李根本没有意识到,忙向客人解释没有别的意思。王先生接着说:"我明白,但就是听着不舒服。有一次,我和一位朋友在酒店吃饭,用餐完毕后结账离店,朋友因去卫生间我就先到门口了,接下来听到朋友向服务员问我的去向,结果服务员回答'他不在了',听到这话,我十分生气,虽然是说者无心,但是听者却不高兴呀。"小李听后心里就像打翻了五味瓶,深为自己的言语失误而感到愧疚。

(四) 良好的职业意识

作为一名前厅服务人员只有时刻意识到自己的工作责任和工作使命,并且知道应该用什么样的态度和行为去完成所面对的工作任务,才会不断地思索如何创新地提高服务质量,才能提供令客人满意的服务。良好的职业意识表现在以下几个方面。

1. 强烈的服务意识

有什么样的意识,就会产生什么样的行为。服务意识是一种对服务的意愿和想法,是

引导员工行为的前提。在前厅部的接待服务中，员工的服务意识越强，其主观能动性的发挥就越强，就会设身处地地为客人着想，给客人以惊喜和赞叹。

2. 正确的角色意识

从客人的角度来说，上至总经理下到普通员工，都是酒店的服务工作者，都是应该为宾客提供服务的人。从酒店从业人员的角度来说，不管是管理层还是被管理者，都应该正确地看待自己所从事的职业和服务对象，酒店所做的一切努力都是为了让客人满意，从而实现酒店的经营目标，只是每个人扮演的服务角色不一样而已。

3. 质量观和全局意识

把服务工作做到何种程度，站在什么角度来看待自己的岗位和整个酒店的工作，是前厅服务人员必须解决的一个意识问题。一名客人曾讲述过他在酒店的遭遇，从餐厅里吃完饭出来，在店门口摔了一跤，周围的几个服务员没一人上前帮忙，反倒掩嘴而笑。问他们为什么这样，服务员回答说：出了店门就不是我们服务范围了。一句话让客人气愤有加。

前厅客人往来频繁，服务项目繁多，虽然各岗位都有明确的职责划分，但仍需要各岗位人员间互相协调与"补台"，尤其是在接待的高峰时期，否则就会出现"服务链条"的断裂。所以，前厅服务人员首先应尽最大的努力完成本职工作，不给客人留下不满和遗憾；同时，要有全局观，以酒店和客人的整体利益为着眼点，多观察、多思考，适时跟进服务，保持"服务链条"的通畅。

【情景模拟】

客人只是需要打印吗？

一位客人拿着一摞文件匆忙来到商务中心，要求赶紧复印，一小时之后这些文件要发到会议人员手中。见到客人紧张的样子，文员小贺接过文件就以最快的速度开始复印、分类、装订，提前完成了操作。客人长舒了一口气，但当他接过文件仔细翻看时，却发现每张复印件周边都有明显的黑边。

只见客人沉下脸来，气冲冲地说道："你们酒店是什么复印机，这么差的效果，怎么能将文件发给会议代表看呢？"小贺是商务中心的领班，对复印机的使用情况非常熟悉，知道没有特殊原因是不会发生黑边现象的。她请客人别着急，仔细观察原件，发现这份原件已经过一次复印且有不明显黑边，经过再一次复印后黑边加重是很正常的。随即小贺向客人解释了原因，但客人认为事先应告知可能会有这样的复印效果，并征询其意见，让他有选择的余地。虽然小贺诚恳地向客人解释并表达歉意，但最终客人不能接受并要求复印费用打折。

（五）熟练的专业技能

专业技能的熟练程度是服务效率的保证，任何一个人对技能的掌握和运用都是模仿、练习到熟练甚至是创新的过程。前厅服务人员只有掌握与接待服务相关的专业技能，才能在服务过程中灵活运用，比如电脑运用能力、语言表达能力、人际沟通能力、灵活应变能力、产品推销能力等。酒店可通过有针对性的培训提高员工的专业技能,另外可以通过评比、竞赛等不同的形式促进员工学习和掌握专业技能的积极性,达到提高服务水平的目的。

(六) 全面的专业知识

前厅部工作人员必须掌握与酒店服务业相关的专业知识,尤其是前厅部经营运转的基本知识和要求、客人的心理特点、不同国家和地区的风俗习惯等,这样才能保证不会发生一些常识性的错误,才能在客人有需求的时候,为客人提供更多的信息和选择。

(七) 稳定的心理素质

前厅服务人员在接待服务中,应保持良好的精神面貌和服务态度。但是,如何能够做到对每一位客人热情、礼貌,让每一位客人感受到服务人员发自内心的真诚,却不是一件容易的事,这就要求服务人员必须具有恒常的服务心理和较强的情感控制能力,即使是在遇到挫折和困难的时候,也能保持良好的服务心态。

随着现代服务业的发展,酒店业越来越强调服务的个性化与服务方式的创新,这些都依赖于酒店员工的高素质,也是酒店可持续发展的核心竞争要素之一。作为一名前厅服务人员,只有不断学习新的服务理念和服务技巧,掌握宾客需要的变化,才能提供令人满意的服务。

二、前厅接待的准备工作

(一) 着装准备

上岗前应当按酒店规定着工装,检查衣服是否清洁,有无破损,个人卫生是否符合标准。女性在上岗之前应适当着淡妆,长发应当挽成髻,尽量不佩戴任何饰物,不涂带有任何色彩的指甲油,以免给工作带来不便。

(二) 卫生准备

接待服务人员应当清洁、整理自己工作的区域,包括接待台面、打印机、复印机、传真机及自己工作区域周围的地板、垃圾桶等。并且在一定的固定时间内,按要求参加卫生大扫除。

(三) 资料准备工作

(1) 了解当天的订房数量、房间类型及客人的基本情况,注意是否有 VIP 或者团体客人,应当着重注意接待工作;

(2) 检查当天的客房入住情况,特别是房型出租情况,做好推销准备;

(3) 确保相关设施、设备的准备状况,如打印机、订书机、各种表格及单据,保证其正常的用量。

(四) 班前会准备

每天都要进行班前会,这是在正式上岗前的一个集合,一般要进行点名、培训和相关工作的安全。领班会给大家介绍当天的到店客人的情况,以及有无特殊要求等,提醒大家做好准备工作。

三、前厅接待服务的注意事项

(一) 客人付款方式

接待员在为客人办理入住登记手续的时候,就应当确定客人的付款方式。常见的付款方式有:现金支付、信用卡支付、转账支付、支票支付、有价订房凭证支付等。

1. 现金支付

现金支付是酒店较为愿意接受的一种付款方式,其基本上不会存在着风险,也便于酒店周转。一般而言,对于这种付款方式而言,接待员要注意假币的识别,并且在客人住店期间注意提醒其补交预付款,防止逃账现象的发生。

【拓展链接】

识别人民币真伪——以第五套人民币为例

识别人民币纸币真伪,通常采用"一看、二摸、三听、四测"的方法:

一看

(1) 看水印:第五套人民币各券别纸币的固定水印位于各券别纸币票面正面左侧的空白处,迎光透视,可以看到立体感很强的水印。100元、50元纸币的固定水印为毛泽东头像图案。20元、10元、5元纸币的固定水印为花卉图案。

(2) 看安全线:第五套人民币纸币在各券别票面正面中间偏左,均有一条安全线。100元、50元纸币的安全线,迎光透视,分别可以看到缩微文字"RMB 100""RMB 50"的微小文字,仪器检测均有磁性;20元纸币,迎光透视,是一条明暗相间的安全线,10元、5元纸币安全线为全息磁性开窗式安全线,即安全线局部埋入纸张中,局部裸露在纸面上,开窗部分分别可以看到由微缩字符"¥10""¥5"组成的全息图案,仪器检测有磁性。

(3) 看光变油墨:第五套人民币100元券和50元券正面左下方的面额数字采用光变墨印刷。将垂直观察的票面倾斜到一定角度时,100元券的面额数字会由绿变为蓝色;50元券的面额数字则会由金色变为绿色。

(4) 看票面图案是否清晰,色彩是否鲜艳,对接图案是否可以对接上:第五套人民币纸币的阴阳互补对印图案应用于100元、50元和10元券中。这三种券别的正面左下方和背面右下方都印有一个圆形局部图案。迎光透视,两幅图案准确对接,组合成一个完整的古钱币图案。

(5) 用5倍以上放大镜观察票面,看图案线条、缩微文字是否清晰干净:第五套人民币纸币各券别正面胶印图案中,多处均印有微缩文字,20元纸币背面也有该防伪措施。100元微缩文字为"RMB"和"RMB 100";50元为"50"和"RMB 50";20元为"RMB 20";

10 元为"RMB 10";5 元为"RMB 5"和"5"字样。

二摸

(1) 摸人像、盲文点、中国人民银行行名等处是否有凹凸感。第五套人民币纸币各券别正面主景均为毛泽东头像,采用手工雕刻凹版印刷工艺,形象逼真、传神,凹凸感强,易于识别。

(2) 摸纸币是否薄厚适中,挺括度好。

三听

即通过抖动钞票使其发出声响,根据声音来分辨人民币真伪。人民币的纸张,具有挺括、耐折、不易撕裂的特点。手持钞票用力抖动、手指轻弹或两手一张一弛轻轻对称拉动,能听到清脆响亮的声音。

四测

即借助一些简单的工具和专用的仪器来分辨人民币真伪。如借助放大镜可以观察票面线条清晰度、胶、凹印缩微文字等;用紫外灯光照射票面,可以观察钞票纸张和油墨的荧光反映;用磁性检测仪可以检测黑色横号码的磁性。

2. 信用卡支付

在接到信用卡付款时,应当检验客人所持的信用卡是否属于酒店规定的可以接受的信用卡,并且要检查信用卡是否有缺损、是否超出有效期等,避免不诚信的客人使用信用卡诈骗。

【拓展链接】

酒店可接受的信用卡类型

酒店可接受的信用卡类型有大来卡、万事达卡、银联卡、维萨卡、JCB 卡和运通卡六种。

(1) 大徕卡(Diners Club)。

大徕卡于 1950 年由创业者 Frank MC Mamaca 创办,是第一张塑料付款卡,最终发展成为一个国际通用的信用卡。1981 年美国最大的零售银行——花旗银行的控股公司——花旗公司接受了 Diners Club Intenational 卡。大来卡公司的主要优势在于它在尚未被开发的地区增加其销售额,并且巩固该公司在信用卡市场中所保持的强有力的位置。该公司通过大来现金兑换网络与 ATM 网络之间所形成互惠协议,从而集中加强了它在国际市场上的地位。

(2) 万事达卡(Master Card)。

万事达国际组织于 20 世纪 50 年代末至 60 年代初期创立了一种国际通行的信用卡体系,旋即风行世界。1966 年,组成了一个银行卡协会(Interbank Card Association)的组织,1969 年银行卡协会购下了 Master Charge 的专利权,统一了各发卡行的信用卡名称和式样设计。随后十年,将 Master Charge 原名改名 Master Card。万事达卡国际组织是一个包罗世界各地财经机构的非车利协会组织,其会员包括商业银行、储蓄与贷款协会,以及信贷合作社。其基本目标始终不渝:沟通国内及国外会员之间的银行卡资料交流,并方便发行机构不论规模大小,也可进军银行卡及旅行支票市场,谋求发展。

万事达卡已是全球家喻户晓的名字,不过,三十年前它仅是一张美国境内的国内卡,它的知名在于万事达卡国际组织一直本着服务持卡人的信念,提供持卡人最新、最完整的支付服务,因而受到全世界持卡人的认同。

(3) 维萨卡(Visa)。

Visa 是全球最负盛名的支付品牌之一,Visa 与世界各地的 Visa 特约商户、ATM 以及会员金融机构携手合作,致力使这个梦想成真。

Visa 全球电子支付网络 VisaNet 是世界上覆盖面最广、功能最强和最先进的消费支付处理系统,不断履行使您的 Visa 卡通行全球的承诺。目前,全世界有超过 2 000 万个特约商户接受 Visa 卡,还有超过 84 万个 ATM 遍布世界各地。因此,Visa 的全球网络让您不论身在何处,都能方便地使用 Visa 卡。

Visa 国际组织本身并不直接发卡。在亚太区,Visa 国际组织有超过 700 个会员金融机构发行各种 Visa 支付工具,包括信用卡、借记卡、公司卡、商务卡及采购卡。这些产品都能让客户在消费时倍感安全、便利和可靠。

Visa 分别于 1993 年和 1996 年在北京和上海成立代表处。Visa 在国内拥有包括银联在内的 17 家中资会员金融机构和 5 家外资会员银行。截至 2003 年 6 月底,Visa 在中国内地发行的 Visa 国际卡近 86 万张,自动柜员机达 10 000 台,Visa 在中国内地国际支付品牌中的市场份额为 74%。

(4) JCB(Japan Credit Bureau)。

1961 年,JCB 作为日本第一个专门的信用卡公司宣告成立。此后,它一直以最大公司的姿态发展至今,它是代表日本的名副其实的信用卡公司。在亚洲地区,其商标是独一无二的。其业务范围遍及世界各地 100 多个国家和地区。JCB 信用卡的种类成为世界之最,达 5 000 多种。JCB 的国际战略主要瞄准了工作、生活在国外的日本实业家和女性。为确立国际地位,JCB 也对日本、美国和欧洲等商户实现优先服务计划,使其包括在 JCB 持卡人的特殊旅游指南中。空前的优质服务是 JCB 成功的奥秘。

(5) 运通卡。

自 1958 年发行第一张运通卡以来,迄今为止运通已在 68 个国家和地区以 49 种货币发行了运通卡,构建了全球最大的自成体系的特约商户网络,并拥有超过 6 000 万名的优质持卡人群体。成立于 1850 年的运通公司,最初的业务是提供快递服务。随着业务的不断发展,运通于 1891 年率先推出旅行支票,主要面向经常旅行的高端客户。可以说,运通服务于高端客户的历史长达百年,积累了丰富的服务经验和庞大的优质客户群体。

1958 年,美国运通推出第一张签账卡。凭借着百年老店的信誉和世界知名的品牌,当时红极一时的猫王成为第一批持卡人之一,很多经常旅行的生意人成为美国运通卡这一新兴产品的积极申请者。在美国运通卡开业时,签约入网的商户便超过了 17 000 多个,特别是美国旅馆联盟的 15 万卡户和 4 500 个成员旅馆的加入,标志着银行卡终于被美国的主流商界所接受。

1966 年运通发行了第一张金卡,以满足逐渐成熟的消费者的更高需求。

1984 年,运通在全球率先发行第一张白金卡,该卡只为获邀特选的会员而设,不接受外部申请。除积分计划和无忧消费主义以外,持卡人可享受周全的旅游服务优惠和休闲生活优惠,专人24小时的白金卡服务为会员妥善安排各项生活大小事宜。

1999年,运通精选白金卡持卡人中的顶级客户,为他们发行了百夫长卡(Centurion Card)。持有这种美国运通最高级的卡产品,可以自由进入全球主要城市的顶级会所,可以享有全球独一无二的顶级个人服务及品位超卓的尊享优惠,包括全能私人助理、专享非凡旅游优惠、休闲生活优惠、银行服务专员提供的银行及投资服务和24小时周全支持等。白金卡和百夫长卡使得运通成为尊贵卡的代言人。

美国运通公司凭借百余年的服务品质和不断创新的经营理念,保持着自己"富人卡"的形象。

过去运通一直走独立发卡之路,从1996年才开始向其他金融和发卡机构开放网络,1997年成立环球网络服务部(GNS),允许合作伙伴发行美国运通卡,利用运通网络带动合作伙伴的业务增长,强化竞争优势,增加边际利润,提高业务整合管理能力。至今GNS已与全球90多个国家的80个合作伙伴建立了战略合作伙伴关系。在亚太区的17个国家拥有28个合作伙伴,包括中国工商银行、中国台湾的台新银行、中国香港的大新银行、新加坡发展银行、新西兰银行、国立澳大利亚银行等。

(6) 银联卡。

"银联"卡是指符合统一业务规范和技术标准要求,并且在指定位置印有"银联"字样的银行卡。

据中国人民银行有关负责人介绍,加印"银联"标识的银行卡,必须符合中国人民银行规定的统一业务规范和技术标准,并经中国人民银行批准。"银联"标识推出的目的是:为各种自动柜员机(ATM)和销售点终端机(POS)受理各商业银行发行的银行卡提供一种统一的识别标志,以便使不同银行发行的银行卡能够在带有"银联"标识的自动柜员机和销售点终端机上通用,为广大消费者提供方便、快捷、安全的金融服务。

3. 转账支付

转账支付一般是在与酒店签有合同的公司、企业之间进行的付款方式。酒店对这些企业和公司的财务状况等情况应当有一个比较清醒的认识,规定转账付款的时限。并且,应当向客人说明转账支付的范围,对于一些属于客人自费消费的项目,需要客人立即付账而不能转账。

4. 支票支付

很多公司和企业都会使用支票进行支付,或者一些旅游者也会使用旅行支票。在这一支付方式当中,有这样一些需要注意的事项:对于字迹不清楚或者有疑问的支票应当拒收,要检查支票持有者的有效身份证件并登记,一旦有何疑惑之处,应立即向上级汇报或向银行查验。避免空头支票等损害酒店利益的情况发生。

5. 有价订房凭证支付

酒店为了扩大客源市场,与客房预订代理商会签订合同,这些由代理商介绍的客人,通常在本地已经交过费用了,代理商会出具一个证明,这就是有价订房凭证。接待员要核对订房凭证的正本与副本是否有效和一致,核对相连的预订单和传真订单是否一致。

(二)入住登记表

客人入住登记的一项非常重要的内容就是填写入住登记表,一般其内容包括两大部分:一是国家法律所规定必须登记的项目,如姓名、性别、国际、出生年月、地址、有效证件等,另一类就是酒店在运行管理中需要了解的信息,如抵离店日期、房价、付款方式等。

在填表中应当尽量全面如实填写,字迹清晰。在入住登记表填写过程中,可能会有客人出于各种各样的原因不愿意填写资料,此时,接待员一定要耐心向客人解释,必要时可帮助客人填写,但一定要请客人签字确认。在资料填写时,应当向客人保证,这些资料是属于客人的私人资料,酒店绝对不会将其泄露出去,打消客人顾虑。

我国酒店常用的住宿登记表主要有"国内旅客住宿登记表""境外旅客临时住宿登记表"和"团队住宿登记表"等。

任务二 控制房态

前厅接待在很大程度上依赖于有效的客房状况控制。正确控制客房状况,有助于酒店取得最佳住房率,提高客房收入。

一、房态控制的目的

客房状况控制可分为两类:一类为短期客房状况控制,是对酒店短时期甚至是瞬间客房状况的控制;另一类为长期客房状况控制,是对酒店未来一段时间内客房状况的控制。

正确控制客房状况的目的是:

(1) 提供准确的客房状况资料;

(2) 提高排房效率及预订决策力;

(3) 正确反映出未出租客房的损失;

(4) 提供查找和更正客房状况差错的方法。

客房状况控制是酒店沟通的重要一环,涉及宾客循环的几个阶段,亦是酒店各部门信息的主要来源。

预订和入住登记时产生的最新客房状况资料,对于接受预订、排房、定价来说,是必不可少的。图4-1和4-2显示了客房状况控制对入住登记和预订的作用。其中,图4-1现了客房状况控制,在入住登记所需的信息沟通中所起的作用;图4-2台排房、定价让客人入住后,须立即建立账单并送交前台结账处,以便开立账户;客人退房结账时,前台结账处应立即通知总台改变客房状况;同时总台应即刻通知客房部查房并进行清扫、整理;打扫完毕后,客房部应进行检查,将合格的可售房通报总台以供再次出售。

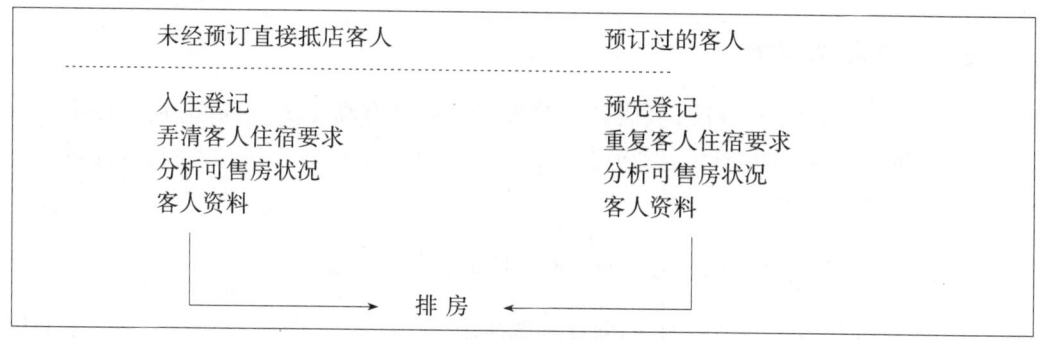

图 4-1 入住登记客房状况控制图

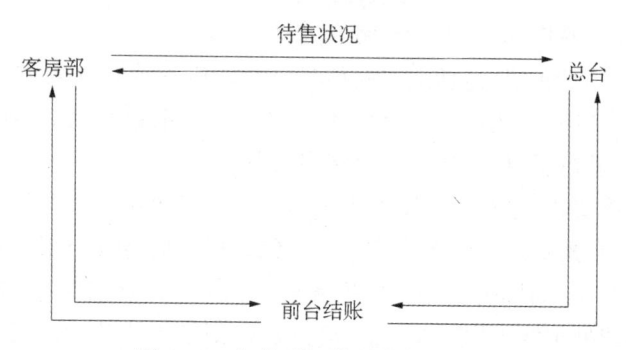

图 4-2 入住登记控制信息沟通图

二、客房状态显示的种类

(1) 住客房(Occupied Room):住客正在租用着的客房。

(2) 空房(Vacant and Available for Sale):已清扫、整理完毕,经检查可供出租的客房,而非空荡之意。

(3) 走客房(Check-out Room,on-change Room):客人已退房离店,客房正处于清扫、整理阶段。

(4) 待修房(Out-of-order):正在进行改造、维修而暂停出租的客房。

(5) 保留房(Blocked Room):预留给将入住的团队或散客的一种内部掌握的客房,防止将其出租给其他客人而造成麻烦。另外,下列几种客房状况,须由客房部人员在进行客房状况检查时,发现并通知总台。

(6) 在外过夜房(Sleep-out Room):住客在外过夜,暂未使用的房间。

(7) 携带少量行李的住客房(Occupied with Light Luggage):客房部应立即通报总台,以防意外(逃账等)。

(8) 请勿打扰房(DND):住客在房门把上拴"DND"标牌以不受干扰。这是一种临时状况,意味着酒店服务人员暂不能进入客房提供服务。对此,应加以特别关注,因其状况可能是住客房、走客房,亦可能已是空房等。

(9) 双锁房(Double locked room):住客在房内双锁客房,员工用普通钥匙无法开启,对此应加以观察并定期检查。

三、客房状态显示

为了保证房态的信息准确,酒店各相关部门必须具有高度的责任心,在工作中要认真、细致,同时有必要借助于一定的房态显示设备更好地了解房态信息。目前,显示房态的方法大致有以下两种。

(一)接待处配备客房状态显示架,客房部使用房态报表

在以手工操作为主的小型酒店,前厅一般使用客房状态显示架,它能持续地显示酒店所有客房的房态。客房状态显示架一般是用金属材料制成的架子,按酒店的客房数量划分成小格状并按酒店的房间号码排列,每间客房在客房状态显示架上都有相应的一格。格子里有此房间的情况介绍,包括房间的种类、房号、房价等基本内容。接待员用不同颜色的卡片表示不同的房态,比如,用绿色卡则表示空房,用红色卡则表示住客房(实房)等,并把卡片放在相应的格子里,以此显示出客房状况。

宾客入住时,接待员在格子里放入表示实房(OCC)的卡片,并注明宾客的姓名、性别、房价、到店日期和预离店日期等内容。宾客结账退房后,由前台收银员通知接待处,接待员换上走房(C/O)的卡片,并通知楼层服务员打扫卫生。客房卫生清扫完毕后,经楼层主管查房后,向接待处报"OK"房(VAC),接待员随即换上空房的卡片,客房又处于随时可出租状态。如果接待处收到有关客房维修的通知,则换上坏房(OOO)的卡片。

这种方法控制的房态显示比较直观,但并不完全准确。所以,客房部各楼层必须准备一份真实的房态表,每天早、中、晚各向前台接待处递交"房态报告表",以便接待处对房态进行核对、更正,降低失误的发生率。

(二)电脑系统显示房态

电脑系统显示房态是最为先进的一种房态显示方法,它正在被越来越多的酒店所采用。电脑的使用不但加快了酒店各部门之间沟通的速度,而且能更及时、更有条理地显示房态,从而使酒店工作效率大大提高,它的优点是最大限度地避免了工作中的错误,有利于前厅乃至整个酒店的经营和管理。

通常,酒店在前厅接待处和收款处以及客房部、客房服务中心都配有联网的电脑终端,各部门、各岗位只要通过操作电脑就可以了解、掌握并传递有关的房态信息。比如,接待员把客房出租后,收银员就及时给宾客建账,在宾客办理了结账退房手续后,电脑系统会自动更改此房的房态,整个过程不再需要用口头及表格形式通知有关部门更改房态。当客房部的卫生清扫、检查工作完毕后,客房部主管利用客房服务中心的电脑终端操作系统就可以将房态直接输入电脑,也无须再用表格形式向接待处呈递房态报告。

四、房态信息的沟通

客房状况随时都在发生变化,因此,在客房状况的控制过程中,有效的信息沟通十分重要。客房状况的变化主要通过客房部、总台接待、总台收银三个部门间的信息传递。这三个部门在沟通和控制客房状况方面担负着主要职责。

销售部、前厅部预订处、接待处之间保持信息沟通顺畅,并及时调整、纠正偏差,确保客房预订显示系统的准确性。

(1) 销售部、前厅部预订处、接待处的信息沟通。

销售部应将团体客人(包括会议客人)、常住客人等订房情况及时通知前厅部预订处。接待处、预订处也应将零星散客的订房情况和住房情况及时通知销售部。销售部与前厅部应根据销售季节和市场需求变化,以及推销、促销活动的开展情况,经常一起研究客房销售的预测、政策、价格等问题。

(2) 前厅部接待处与预订处的信息沟通。

接待处每天将实际到客房数、临时取消、预订未到、换房、提前离店、延期离店等信息填入客房状况调整表,并提供给预订处。预订处根据客房状态调整表更新、补充、取消预订汇总表的相关内容,为准确预测未来的出租率奠定基础。

客房部、总台接待处、收银处之间保持信息沟通顺畅,以掌握各种客房状态的变更、差异,并及时纠正偏差,确保客房现状显示系统的准确性。

(1) 接待处与客房部之间的信息沟通。

总台接待处应将客人的入住、换房、离店等信息及时通知客房部;客房部将客房的实际状况信息反馈给接待处,双方按时进行核对,并实施房态控制。另外,双方还应就客人的特殊要求、客房维修计划、保养维护计划等事项进行及时沟通,使客房始终处于设备完好、卫生清洁、配置品齐全等使客户满意的待租和使用状态。

(2) 接待处与收银处的信息沟通。

接待处人员在客人入住后及时建立客账,并交给收银处存档累计客账;客人住店期间的住房变化,由接待处人员以变更单、换房表等形式通知结账处。客人离店后,收银员立即通知接待处或客房部,由接待处更改房态,由客房部及时安排走客房的卫生清扫,尽快使客房进入待租的状态中。

客房状况控制的好坏不仅直接关系酒店的营业收入,而且还影响酒店的声誉和形象。实际工作中,无论是客房状况显示架还是计算机显示系统都只是一种管理工具,为了切实有效地做好客房状态控制,客房部、总台接待、总台收银还必须制定规范的操作流程和明确的工作职责。

五、影响客房状况的因素

影响客房状况的因素,除因部际沟通协调不畅外,还包括下列几种直接因素:分房、入住、换房、退房及关闭楼层。对此,接待员应做好这方面的服务。

(一) 分房

分房合理与否,关键在于真正了解客人的住宿要求。

通常,分房的服务程序如下:

(1) 贵宾。

(2) 有特殊要求的客人。

(3) 团队客人:

①政府邀请的团队客人；
②豪华级团队客人；
③一般型团队客人。
(4) 订房客人：
① 常客；
② 逗留期较长的客人；
③ 其他客人。
(5) 未经预订而直接抵店的客人。

(二) 入住

客人经办理入住登记手续进入客房后，接待员应首先制作客房状况卡条，以改变客房状况（由可售房改为住客房），或将入住指令输入电脑，自动封定相应客房。任何粗心大意都会影响客房的正确状况。

(三) 换房

提供换房服务是前厅接待的重要一环。换房有两种可能：一种是住客主动提出；另一种是酒店本身的要求。住客可能因客房所处位置、价格、人数变化等原因要求换房；酒店也有可能因为客房的维修保养、住客延期离店，及为团队、会议客人集中排房等需要而向客人提出换房要求。不管怎样，换房会给客人或酒店带来麻烦，因此，在处理换房时必须慎重，尤其需注意的是，在搬运客人私人物品时，应坚持2～3人在场（安全部人员、大堂经理等），除非经客人授权。

换房的服务程序如下：
(1) 弄清（解释）换房的原因；
(2) 介绍准备调换的客房情况及确定换房的具体时间；
(3) 填写客房、房租变更通知单，送往相关部门并经签字，以确认换房信息已经收到；
(4) 更改住客房卡及客房状况卡条中的有关项目；
(5) 填写客房状况调整表，内容包括房号、种类、姓名和调整的日期等；
(6) 将换房信息记录在客史档案卡上。

(四) 退房

接待员一旦接收到由前台结账处发来的客人退房信息，应立即将此信息通知客房中心，同时改变客房状况，并通知其他相关部门。

(五) 关闭楼层

酒店经营淡季时，为节省能源、减少成本，在满足客人需求的前提下，常采取相对集中排房、关闭几个楼层的措施。此时，接待员应在电脑中或客房显示架中进行相应调整。

总之，正确控制客房状况，主要是为了有效地进行客房销售，为客人提供优质服务。而电脑化的客房状况控制系统，能将总台、客房部、预订处等环节紧密地联系起来，根据电脑储存的数据,可以迅速做出预订决策和分房入住决策。随着电子计算机的开发及酒店业的发展,越来越多的酒店进入了电脑化的行列,使得前厅接受预订、排房、定价、入住登记等工作的操作越来越简化,大大提高了前厅部对客服务的效率。

任务三　前厅入住登记

一、散客入住登记

散客入住登记程序,可由识别客人有无预订、形成入住登记记录、排房、定价、确定付款方式,完成入住登记手续,建立相关表格资料六个部分组成。

(一)识别客人有无预订

酒店对预订客人和未经预订而直接抵店的客人,办理入住登记手续是有所区别的。因此,接待员应首先识别前来入住的客人有无预订。具体做法是面带微笑,主动问候并询问有无订房。若客人已订过房,则应迅速查阅当日抵店客人一览表或电脑打印的预期到店表,并复述其订房主要内容,尤其是客人所订的房间种类、住店夜次。经客人确认后,请客人填写登记表。对于携带订房凭证(Hotel Voucher)的客人,接待员应礼貌地请其出示订房凭证的正本,然后注意检查下列内容:订房凭证发放单位的印章、客人姓名、酒店名称、住宿天数、房间种类、用餐安排、抵离日期等;对于已付订金的客人,接待员应再次与其核实定金数额;对于未经预订而直接抵店的客人,则应首先询问客人的住宿要求,同时查看当天的客房预订状况及可售房情况,以判断能否满足客人的要求。若能提供客房,就请其登记并准备排房;若不能接受,则应设法为客人联系其他酒店,给客人以耐心细致的帮助,使其留下良好的印象。

(二)形成入住登记记录

(1)对于预订过的散客,由于酒店在客人订房时就已掌握其部分资料,因而在客人实际抵店前,便将有关内容用打字机打印在登记表中,形成预先登记表,并将其按客人姓名字母顺序排列在专用的箱内。客人抵店时,即可根据姓名迅速查找出该客人的预先登记表,请其填完其他有关内容并签名,经核对证件后,入住登记的记录就形成了。

(2)对于订过房的贵宾、常客,由于酒店掌握的信息较多,所以客人抵店前的准备工作可做得更充分、更仔细。接待员可根据客人的订房单和客史档案卡的内容,提前填写好登记表、房卡等。常客抵店时,在总台核对证件、签名后,即可进入客房;贵宾则可享受在房内签字登记的特权。

(3)对于团队、会议客人,可依据其具体接待要求,提前将登记表交给陪同或会务组的人员,以便团队、会议客人在抵店途中或抵达酒店后,在大厅指定区域或客房内填写,以形成入住登记记录。

(4)对于未经预订而直接抵店的客人,只能请其填写空白登记表。此时,接待员应尽量帮助客人,尽可能缩短形成入住登记记录的时间。

客人填完入住登记表,接待员应表示感谢。并请其出示有效证件(护照、身份证、居住证等),查验、核对客人姓名、年龄、护照证件号码、护照种类及签证类型、有效期限等内容,以确保信用和安全。

(三)排房、定价

客人越来越细的需求使酒店使用了越来越多的客房名称,如相邻房、相连房、外景房、角房等。同一种类客房又因所处位置、景观、内部主色调、装潢的不同而存在着差异。接待员在排房时应根据客人的订房及入住登记资料,予以考虑和选择。客房确定后,接待员就可在价格可调范围内依据酒店的信用政策条文给予客人定价。在用房紧张时期,酒店为实现最大客房经济效益及相应控制,实行旺季价;而营业淡季时,则实行淡季价、减价销售。但不管怎样,对于确认书中已确认的房价,则不得随意更改。而在贵宾、团队、会议客人抵店前,所排房间均应实行双重检查,以确保接待高标准、高规格。

(四)确定付款方式

确定付款方式的目的,是为了决定客人住店期间的信用限额及加快退房结账时的速度。通常,不同的付款方式所给予的信用限额是不同的。客人常采用的付款方式有信用卡、现金及转账等。

(1)对于采用信用卡结账的客人,接待员应首先辨明客人所持的信用卡是否属中国银行规定的可在我国使用的信用卡,检查信用卡的完好程度有无破损及其有效期(亦可查阅注销名单);然后,使用信用卡压印机,将客人的信用卡影印成签购单,并将其信用限额告诉客人;最后将信用卡签购单和账单,一起交前台收款处签收。同时,也应注意信用卡公司对持卡人在酒店使用信用卡底额限制(Floor Limit)的规定。

(2)对于使用现金结账的客人,接待员应根据酒店的订金政策,判断客人是否需要预先付款;然后,根据客人交付的预付款数额,来决定所给予的信用限额。

(3)对于以转账方式结账的客人,一般都是在订房时就向酒店提出这一要求,并已获批准。此时,接待员应向客人清楚地说明属于转账款项的具体范围,如房租、三餐费用等。如果客人在办理入住登记手续(Check-in)时,才提出以转账方式结账,酒店通常不予受理。

(五)完成入住登记手续

排房、定价、确定付款方式后,接待员应请客人在准备好的房卡上签名(房卡是接待员在客人填写登记表的同时,反向倒看填写制作的),将客用钥匙交给客人,并将酒店为客人保存的邮件、留言单等转交客人。有些酒店还向客人提供用餐券、免费饮料券、宣传品等。

接着,接待员应安排行李员运送客人行李,并将客房所在楼层及电梯位置告诉客人,祝客人住店期间愉快。有些酒店在客人进房7~10分钟时,便打电话对其光临再次表示感谢,并询问对客房是否满意等。至此,大部分登记手续已经完成。接下去是根据排房情况,及时制作客房状况卡条,改变显示架中的客房状况,及时将可售房状况转变为住客房状况,并制作五联卡条,将入住信息通告相关部门,同时建立该客人的有关资料,作为今后对客服务的依据。

(六) 建立相关表格资料

入住登记程序最后阶段的工作,是建立相关的表格资料。其做法是:

(1) 使用打时机(时间戳),在住宿登记表的一端打上入住的日期与时间。

(2) 填写五联卡条并尽快送往相关部门。

(3) 标注次日抵店客人名单或预期到店表,该表主要提供的信息有:客人姓名、房号、人数、用房数、抵离日期,及预订代理人的姓名和单位名称等。

(4) 填写团队、会议接待单;复印机组人员名单。

(5) 制作客房状况卡条,并插入显示架内。

(6) 制作客人账单。对此须注意以下几点:

① 将与结账有关的事项(如客人所享受的折扣率、信用卡号码、享受免费日期、付款方式等)详细记录在账单备注栏内。

② 使用转账方式结账和持有订房凭证的客人,须制作两份账单;A 单是向签约单位收款的凭证,在该账单备注栏内,须注明转账款项及付款单位名称等;B 单是记录客人自理款项的账单。

③ 对于团队客人,同样须制作两份账单;A 单称为团队主账单,用以记录与全团有关的费用,所列款项由组团单位支付,备注栏内应写明单价、人数、用房数、居住天数及转账单位的名称;B 单称为团队分账单,应根据需要进行制作。

(七) 表格资料的分析和利用

虽然大多数酒店都掌握着丰富的表格资料和信息,但往往未对它们进行分析和利用。其实,这种分析可以检查出酒店对客服务中存在的问题,有助于酒店管理人员更清楚地了解经营情况。具体表现为:

(1) 通过价格分析,可衡量前台人员销售高档客房的效率。

(2) 通过所销售的客房数量,来评估销售工作状况。

(3) 通过分析付款方式,可预报现金周转情况。

(4) 入住登记时掌握的客人资料,是建立客史档案的基础。

由此可见,分析入住登记表格资料,有助于了解酒店的营业状况,以及销售客房的能力和效率。

(八) 影响入住登记程序效率的因素

(1) 因未能正确掌握酒店可售房情况而导致排房差错,发生排重房、排错房等。

(2) 因未能掌握完整的客人资料而满足不了客人的住宿要求。

(3) 因未能与客房部保持畅通的信息沟通而无法掌握最新的客房实际使用状况。

(4) 因未能及时提供问讯、客房状况及客人账户所需的资料而影响入住登记效率。

(5) 未能正确使用最新房价等。

【情景模拟】

陈先生是某酒店的熟客,他每次入住后,酒店客房部张经理都要前去问候。大家都知道,陈先生极好面子,总爱当着他朋友的面批评酒店,以显尊贵。果然这天,当张经理又前去拜访时,陈先生又开口了:"我早就说过,我不喜欢房间里放什么水果之类的东西,可这次又放上了。还有,我已经是第 12 次住你们酒店了,前台居然还向我要身份证登记。难道你们电脑里没有存吗?是不是现在生意好了,有没有我这个客人都无所谓了?"

张经理知道他又在显示自身的尊贵,马上笑着说:"怎么会呢,您是我们最尊贵的客人,我们欢迎还来不及呢,怎么会无所谓呢。您提的意见我们一定解决,相信您下次来时一定不会这样了,非常感谢您的批评!"

从上述情景可以看出,酒店在接待熟客时,应当简化客人的登记入住手续。可以直接在客史档案中直接调出。这样既可以加快入住登记速度,也可以让客人感到方便和重视。

二、团队入住登记

(1)根据团队接待通知单的用房要求,查看电脑房态或客房状况显示架,进行排房,填写团队用房分配表,检查核对,确保其正确性。

(2)根据团队的用房情况,制作团队信封(封内放有客房钥匙、房卡、餐券及酒店促销宣传品等)并将信封按团队抵店入住的时间顺序排列存放。

(3)制作团队客房状况卡条,插入显示架,预留控制客房。

(4)将团队用房分配表及团队客人登记表提前呈交接待单位的陪同。

(5)团队抵达时,由酒店驻机场代表在机场(车站)迎接客人,并与陪同领队联系,了解行李、人数、用房等有无变化,然后送客人上车前往酒店。陪同可将登记表及用房分配情况告诉客人,分发登记表并说明收回的时间。

三、VIP 入住登记

(一)准备工作

(1)接待员从预订处(或公关部)下达的 VIP 通知单或每天预计抵店客人名单中,可以知道 VIP 贵宾的姓名、到达时间、职务等资料后,立即报告酒店总经理。请示客人贵宾等级和酒店是否派管理人员前往接待及接待规格如何等等。

(2)通知有关部门把水果、鲜花、酒水、糕点、巧克力、浴袍等免费赠品和总经理名片、总经理签字的欢迎卡及酒店推广业务用的宣传纪念品在贵宾到达前 1 小时放入客房。赠品的多少,由酒店根据贵宾的重要程度和等级自定,由预订处或公关部开单供有关部门执行。

(3)安排适当的客房。通常贵宾一订房,预订处就通知接待处,接待处可以预先安排好客房。然后把贵宾房号通知客房部、行李组、电话总机室、保安部等相关部门。

(二)服务程序

(1)按照酒店接待贵宾的规格,分别由总经理、前厅部经理、前厅部副经理做好在大门口迎接的准备。

（2）大堂副理向贵宾介绍酒店设施，并协同总经理或前厅部经理一同陪贵宾至客房。

（3）在房间内为贵宾办理入住登记手续。

（4）复核有关 VIP 客人资料的正确性，并准确输入计算机。在计算机中注明 VIP 客人以提示其他部门人员注意。

（5）为 VIP 贵客建立档案，并注明身份，以便作为订房和日后查询的参考资料。

（三）相关知识

通常酒店的贵宾分成 A、B、C 三个等级或 A、B、C、D 四个等级，等级不同赠品的数量、品种与规格也不同。

在正常情况下，前两级贵宾由接待处提前 3 天左右下达接待通知单；后一（或两）个等级通常由接待处提前 1 天下达接待通知单。VIP 接待通知单要送到总经理、副总经理、总经理助理、公关部、销售部、前厅部、餐饮部、客房部、保安部、工程部、大堂副经理、采购部、问讯组、总机室、行李组、收银处（结账处）、商务中心、酒店花房、康乐部等相关部门。除了特殊身份的重要人物（国家元首、部长、各国大使或公使）以外，各酒店对 VIP 贵宾的解释各不相同。因此，出面迎接的人选要由领导和接待单位商定。

重要客人抵达前，房间里要摆上鲜花、水果。

一般来说，VIP 客人不在前台办理入住登记手续。而在客房、或贵宾室，由经理直接办理，这是酒店对 VIP 客人所表示的一种特殊礼仪。

任务四　客房推销技巧

一、客房推销的基本要求

前厅客房销售可细分为五个程序，结合每一程序的任务提出相应的服务要求，具体如表 4-1 示。

表 4-1　客房销售的一般流程

第一步	把握客人的特点	1. 确定客人类型 2. 查阅档案资料 3. 了解客人需求 4. 针客人定位	举例： 商务散客讲效率，不计较房价；旅游散客既重服务，又重价格；老人、残疾人应靠近电梯，低楼层
第二步	介绍客房的特点	1. 熟悉客房特点 2. 准确描述介绍 3. 注意察言观色 4. 适时附加补充	举例： 套房强调有气派，便于会客；内景房强调其清静；临近电梯的客房强调其进出方便

续 表

第三步	洽谈价格	1. 适时报出房价 2. 客人认同价值 3. 解答客人疑问 4. 避免硬性推销	针对不同客房类型可采用不同的报价方法
第四步	展示客房 (客人有疑虑)	1. 客房宣传册、图片 2. 带客实地参观	由高档向低档展示客房
第五步	促成购买	1. 察觉客人有兴趣 2. 及时采取策略的言行 3. 促成客人最终选择	举例： "李先生，您真有眼光，选择了这间朝向海景的套房，您现在就办理手续吗？"

二、客房推销的基本技巧

(一) 客房销售报价的技巧

在进行客房推销的过程中，前厅服务人员针对客人特点应提供可选择的价格范围。若只推荐一种客房，报出一种房价，客人就会失去比较的机会。因此，应向客人推荐两三种不同价格的客房，通常应坚持由高到低的报价方法。

这样能使多数客人选择前几种价格较高的客房，至少在客人有可能选择最低价格的情况下使其选择中间价格。而在进行某一种房价的推销时，则应根据房间的档次不同，选择使用不同的报价方式。

(1) "冲击式"报价，即先报价格，再提出房间所提供的服务设施与项目。此方法适合价格较低的客房。

(2) "夹心式"报价，亦称"三明治式"报价，即将价格夹在所提供的服务项目和利益中间进行报价以减轻价格的分量。此方法适合中、高档客房。

(3) "鱼尾式"报价，即先介绍所提供的服务设施项目以及客房特点，最后报出房价，突出物美，减弱价格对客人的影响。此方法适合中档客房。

(二) 客房销售的技巧

在客房销售的过程中，服务人员除报价之外还应掌握以下几个方面的操作技巧。

1. **熟记客人姓名**

在销售过程中，使用姓名称呼客人，给人以亲切感，前厅服务人员应尽快记住客人姓名。

2. **注意聆听，及时释疑**

应注意掌握倾听的艺术，只有通过倾听，才能得知客人的要求，全面把握客人的意图和心理需求。对于客人不明或有疑虑之处，应及时解释，以利于销售。

3. **态度诚恳友善**

在客人谈话过程中，不要出现打断其思路或显出烦躁不安(如低头看表、眼观他方)的表现,更不应随意评论、反驳或争辩。切忌在客人面前为推销而推销,引起客人反感。

4. 使用正面说法

在销售语言中,最好采用正面说法,注意语言艺术,称赞对方的选择,应避免使用"不走运""只剩下"等类词语,这类词语虽无恶意,但不会让客人产生好感,甚至会得罪客人。例如,应该说:"王先生,您真走运,我们恰好还有一间漂亮的单人房!"而不能说:"单人房就剩下这一间了,您要不要?"

5. 不能只谈价格

前厅销售过程中,常出现的一个误区是只谈房价而不介绍客房的特点。例如,经常出自前厅服务人员口中的"一间每晚500元,您要不要?"它不是让客人望而止步,就是勉强接受,心里却不高兴。因此,为避免进入误区,前厅服务人员应严格按照客房销售的程序步骤开展推销,应该说"一间宽敞的、刚刚装修过的客房""一间装修华丽、具有民族特色的客房"等。

客人在了解客房的特点及其价格后,才有可能选择入住,客人需要的是自己喜欢的客房而不仅仅是价格。

6. 多提建议,争取每一位客人

客人选择客房时,出现犹豫、计较的现象是正常的,前厅服务人员应分析客人的心理活动,给予客人更多的关注与耐心,千方百计地消除客人的购买疑虑,多提建议,不要轻易放过任何一位可能住店的客人。相反,任何不耐烦的神态或催促的语句,都会导致销售失败。

7. 利益引诱法

该方法是针对已订过房的客人而言的。当客人所预订的房价较为低廉,在入住登记时,前厅接待员可抓住二次销售的机会,建议客人只要在原价格基础上稍微提高,即可得到更多的好处或优惠。例如,"您只需多付50元,即可享受包价优惠。除房费外,还赠送早餐和午餐。"此时,客人往往会乐意接受。

这样不仅让酒店增加了收入,而且也让客人享受到了更多的优惠和在酒店更愉快的经历。前厅服务人员应立足客房促销,积极参与酒店整体销售活动,将其他部门(如餐饮、娱乐等)的服务项目,以及给予客人的各种利益不失时机地销售给客人,以提高酒店的整体效益,也大大方便了客人。

【情景模拟】

福州某三星级酒店大堂,一天中午12点刚过,总台方向传来阵阵"女高音",顿时引起了大堂宾客关系经理小施的注意,她立即向总台快步走去。发出"女高音"的原来是一位住在本酒店809房的年轻女宾。她还在喋喋不休地向总台接待员小游发泄她的不满:"我明明告诉你们是要住一天的,怎么一天不到就不让我进门了?"小施马上向服务员小游了解情况。原来这位住809房的卢小姐是昨天下午5点入住的,今天上午上街采购,过了中午12点才回酒店,打不开房门,就在总台大吵大闹。总台服务员已经告诉她下午若要再住,必须重新办理加收费用手续。但卢小姐一口咬定酒店是"宰客"———不到24小时收1天房费,与商店卖东西短斤少两没什么区别,并声称下回再也不住该酒店了。

"如果您不住了,我可以叫楼上服务员帮您开门,把行李提出来,现在就结账的话算您一天好了。"总台服务员小游怕"女高音"继续"唱"下去,等不及小施的调解,急急地催卢小姐结账,而卢小姐也不容大堂宾客关系经理向她解释,就气鼓鼓地掏出IC卡和押金收据把账结了,然后拎着那些采购来的大包小包头也不回地离开酒店,消失在街上的人群里。

评析 卢小姐下次再到福州是不可能再住这家酒店了,因为她始终没搞明白酒店为什么还不到24小时就收她1天的房费。而总台服务员的解释"对不起,这是酒店规定的"又怎么能说服客人呢?怎样才能避免本案例的现象发生?

(1)总台服务员必须能解释清楚为什么即使不到24小时也要收1天的费用。道理是:客房主要功能是过夜的,因此只要客人在酒店过夜都要算1天费用(除非个别酒店住房率太低,夜间也出售钟点房则另当别论)。即便是昨天上午入住到今天中午12点退房,尽管超过24小时也只按1天收费,其关键看客人是否在酒店过夜。

(2)在客人入住时,估计离次日退房时间不足24小时,但有过夜的,最好都要告诉客人,我们将按一天收费。比如,本案例卢小姐下午5点入住,总台最好应对她说个明白:小姐,您准备什么时候退房?您说住一天,房间只能使用到明天中午12点。要是下午再住的话,要加收半天房费。假如卢小姐还要深究,那就要向她讲清前面所说的道理,客人一般都会接受。

(3)客人含含糊糊说"我住一天"时,总台服务员却不能含糊。当要求客人在"登记卡"上签字之前最好先提请客人看一下其中两条"通知"(一条是关于贵重物品和现金请寄存,另一条则与收费有关,即结账时间为中午12点,超过又如何计算),然后请客人在签名栏上签字。假如客人反问为什么要签字,总台服务员可以回答:"请您签字,是说明您收到我们上面的通知了。"这样就能比较好地预防本案例情况的发生。

本章小结

本章明确了前厅接待的重要性,详细阐述了前厅接待人员的基本素质要求、前厅接待准备工作流程、前厅接待事务的注意事项、客房状态显示的种类和房态信息沟通的基本流程,并详细介绍了前厅散客、团队客人、VIP客人入住接待程序。

【专业知识训练】

一、选择题

1. 前厅服务员优雅得体的仪态主要包括( )。
   A. 站姿标准　　　　B. 坐姿优雅　　　　C. 蹲姿大方　　　　D. 走姿优美
   E. 手势得体　　　　F. 善用注视

2. 客人付款方式一般包括( )。
   A. 现金支付　　　　B. 信用卡支付　　　C. 转账支付　　　　D. 支票支付

E. 有价订房凭证支付

3. 前厅接待的准备工作包括(　　)。

A. 着装准备　　　　　　　　　B. 卫生准备

C. 资料准备工作　　　　　　　D. 班前会准备

二、简答题

1. 当接待员要求客人做配合工作时,应该注意什么问题?
2. 在酒店客满的情况下,应该怎样对待需要住宿的散客?
3. 如何对客房的状态进行控制?
4. 客房状况管理有哪些需要注意的问题?
5. 前厅员工应该掌握哪些销售技巧与艺术?

三、案例分析

巧妙推销客房

某天,南京金陵酒店前厅部的预订员小王接到一位美国客人Smith先生从上海打来的长途电话,想预订130美元的标准间两间,3天后入住。

小王查阅了房态,回答说,由于3天后酒店要接待一个大型国际会议,有几百名代表,标准间已经全部订完。小王说到这里并未就此把电话挂断,而是继续用关心的口吻说:"Smith先生,您是否可以推迟两天来,要不然请您直接和南京××酒店联系,如何?"

Smith先生说:"南京对我们来说,人生地疏,你们酒店名气最大,还是希望你们想想办法。"小王感到应该尽量不使客人失望,于是用商量的口气说:"感谢您对我们酒店的信任,我们非常希望能够接待你们这些尊敬的客人。请不要着急,我很乐意为您效劳。我建议您和您的朋友准时前来南京,先住我们酒店内的豪华套房,每套每天也不过280美元,在套房内可以眺望紫金山的优美景色,室内有红木家具和古玩摆设,并提供一流的服务。相信你们住了以后一定会满意的。"

小王讲到这里,故意停顿了一下,以便等待客人的回答。对方沉默了一会儿,似乎犹豫不决。小王又趁势说:"我想您不会单纯计较房价的高低,而是在考虑这种套餐是否物有所值。请告诉我您什么时候乘火车来南京,我们可以派车到车站去接,到店后我一定陪您和您的朋友先参观一下,然后再做决定也不迟。"Smith先生听小王这么讲,感到有些难以拒绝,最后欣然答应先预订两天豪华套房。

根据以上案例,回答以下问题:

1. 小王为什么能够说服客人接受价格较高的客房?
2. 结合本章内容分析,如何向不同类型的客人推销酒店客房?

【职业技能训练】

一、实训目的

通过此次实训,熟悉散客接待的程序。

二、实训内容

未预定散客的入住接待。

三、实训时间

1学时。

四、实训方法

通过学生在实训室情景模拟,熟悉散客预订的基本流程。学生先分组进行模拟训练,教师后总结点评。

五、评分标准

小组名称				
考评地点				
考评内容	未预定散客的入住接待实训			
项目	操作要求	配分	自我评价	实际得分
听课认真程度	认真听讲,做好笔记,跟上上课节奏	15分		
观看视频认真程度	认真观看视频,并积极练习	10分		
模拟练习效果	能根据各模块要求,正确实施对客服务	60分		
参与实训认真程度	能正确了解小组角色,积极参与实训	15分		
合 计	.			

项目五 前厅销售管理

> **学习目标**
>
> ➢ 熟悉前厅销售的主要内容,从而有效地进行客房销售;
> ➢ 了解酒店产品与服务的基本概念;
> ➢ 掌握客房销售的正确方法并能恰当运用;
> ➢ 掌握客房销售的技巧,能运用销售技巧对不同客人进行客房销售。

任务一 前厅销售产品分析

一、酒店产品与服务的全面分析

(一)酒店总括

酒店总括包括酒店特点(如本地区最高档酒店之一),地理位置优、劣势及避免劣势的方法。

(二)酒店产品与服务的全面分析

1. 酒店描述

酒店拥有多少间客房,何时开始试营业,何时开始正式营业。酒店是设施齐全、服务优良的涉外酒店。

2. 地理位置

酒店所处城市方位,临近区域,距离飞机场、火车站、市中心及重要景点等所需车程。

3. 建筑特征

比如说公共部位的特征等,包括以下几方面:

(1)宾客抵达酒店通过一条直达酒店的车道,泊车方便,有地上停车场和地下停车库,可停泊各种车辆。

(2)酒店中庭建筑特征、装潢特点、色调等。

(3) 大堂酒吧可环顾整个中庭。

4. 客房、餐厅、会议、娱乐、健身、商务等设施与服务

(1) 客房总数。

(2) 客房内的设施,如布置豪华,备有私人浴室,遥控彩电可接收卫星电视,收音机,国内、国际直拨长途电话,迷你冰柜及中央空调等。

(3) 酒店拥有若干不同的标准客房及套房,如标准单人房、标准双人房、普通套房、豪华套房等,有些酒店还有行政楼层(嘉宾楼层),提供独立登记入住、结账离店服务及其他更为周到细致的服务项目。

(4) 房间组合,即不同类型房间各多少间(套)。

(5) 餐饮娱乐设施。各餐厅及娱乐设施所处楼层、名称、特色(供应何种菜肴)、营业时间及餐位数。

(6) 宴会与会议设施,包括酒店宴会厅、会议室、多功能厅等。

(7) 健康中心。健康中心设施一般包括健身器材的健身房、桑拿浴、蒸汽浴、按摩浴池、保龄球场等,另外还有健康吧、休息处。

(8) 商务中心。商务中心设施包括私人会议室、办公室,提供各种秘书服务(如翻译、传真、电传、影印、文字处理、邮寄、快递服务、打字及计算机租用等)。

当然,在全面分析酒店产品与服务的基础上,更主要的是要分析出本酒店的独特销售点,可以从下面的几方面着手:先分析外部环境、经济发展势头,进而延伸到本地区的旅游规划、旅游发展的目标(如计划中的旅游发展区域、新建旅游景点及分布等)。接着分析酒店所处地理位置是否受益于区域内旅游发展规划,受益于商业、社会发展规划,如邻近地区内计划兴建的旅游景点、贸易展览中心,酒店是否被列入旅游发展特别规划等。

二、客房销售基础知识

前厅部的主要工作任务之一就是销售客房商品,前厅部的服务人员应充分利用自身的优势条件,熟悉和掌握客房销售技巧,适当、成功地销售客房及酒店其他产品,最大限度地提高客房出租率,实现收益最大化。为了增加客房销售收入,总台接待员的工作不仅面向客人办理入住手续、排房,而且在接待服务工作中更应搞好面对面的对客销售。总台销售工作的成功与否,直接影响到客人对酒店的认识、评价和是否再次光顾,最终影响到酒店的经营。

(一)客房销售的一般工作要求

对于总台的接待人员来说,要在接待过程中成功的销售客房及酒店其他产品,自身要掌握相应的知识和信息,熟悉销售工作的要求。

1. 销售准备

(1) 仪表仪态要端正,要表现高雅的风度和姿态。

(2) 总台工作环境要有条理,使服务台区域干净整齐,不零乱。

(3) 熟悉酒店各种类型客房的情况,以便向客人介绍。

(4) 了解酒店所有餐厅、酒吧、娱乐场所等各营业场所及公共区域的营业时间与位置。

2. 服务态度

(1) 要善于用眼神和客人交流,要表现出热情和真挚。

(2) 面部常带微笑,对客人表示"欢迎,见到您很高兴"。

(3) 用礼貌用语问候每位客人。

(4) 举止行为要恰当、自然、诚恳。

(5) 回答问题要简单、明了、恰当,不要夸张宣传住宿条件。

(6) 不要贬低客人,要耐心向客人解释问题。

一个讲礼貌、训练有素的前台服务人员是酒店经营最宝贵的财富之一,他所留给客人对酒店的第一印象,将决定客人是否再次光顾,甚至会决定客人是否自动为酒店宣传,扩大酒店的影响。

3. 销售工作

(1) 要善于用描述性语言向客人介绍几种客房的优势,说明能给客人带来的好处,以供客人选择,但不要对几种客房做令人不快的比较。

(2) 不要直接询问客人需要哪种价格的房间,应在介绍客房情况的过程中,揣摩客人的心理。

(3) 要善于观察和尽量弄清客人的要求和愿望,有目的地销售适合客人需要的客房。

(4) 不要放弃对潜在客人推销客房。必要时可派人陪同客人参观几种不同类型的客房,增进与客人之间的联系,这将有助于对犹豫不决的客人促成销售。

(二) 各种销售的具体要求

1. 熟悉、掌握本酒店的基本情况及特点

大部分客人并不十分了解酒店的设施和服务内容,为了信心十足地向客人介绍和提供建议,接待员必须熟悉和掌握本酒店的基本情况及特点,包括:酒店所处的地理位置及交通情况;酒店建筑、装饰、布置的风格及特点;酒店的等级与类型;酒店的服务设施与服务项目的内容及特点;酒店产品的价格与相关的销售、推广政策和规定等。了解和掌握上述信息,是做好客房销售工作的先决条件。同时,也要对酒店的主要产品之一——客房进行完整的了解,如各类房间的面积、色调、朝向、功能、楼层、价格及计价方式、特点、设施设备等,接待员只有对以上内容了如指掌,才能向客人详细介绍,提高销售成功率。

2. 了解和掌握竞争对手的情况

在酒店业竞争日趋激烈的情况下,准确、全面、完整地获得竞争对手的信息,是酒店占据优势的有力手段,也是制定营销策略的客观依据。接待员在详细了解本酒店的产品情况基础上,还要熟悉竞争对手的有关情况,掌握本酒店与竞争对手在酒店产品的质量、内容、特点、功能以及价格等方面的异同,扬长避短,充分挖掘自己酒店的特点和优势,加以着重宣传,吸引客人的注意力。

3. 熟悉本地区的旅游项目与服务设施

接待人员通过宣传本地区的城市功能特点以及在此地举行的相关活动内容使客人对当地产生兴趣,增加在本地逗留的时间和机会,加深酒店在客人心中的印象,增加客人的回头率,进而提高酒店的营业收入。

4. 注意分析客人的心理需求

不同的客人会有不同的需求，接待员应根据客人的年龄、职业、国籍、身份等方面情况，初步判断客人的支付能力、消费需求等，从而适时有针对性地开展销售工作。销售客房的过程看似简单，但其中却包含着很强的艺术性、技巧性。它来源于对客人言谈举止的细心观察和判断；取决于接待人员对客人消费心理和需求的正确把握。只有通过细致观察和耐心了解，才有可能把握客人的特点，才有助于同客人沟通和交流，有利于成功地推销客房及其他酒店产品。

5. 表现出良好的职业素质

前厅部是客人接触酒店的第一个环节，客人对酒店服务的体验是从前厅部员工的仪容仪表和言谈举止开始的。因此，接待员必须以真诚的态度、礼貌的语言、得体的举止、高效的服务，接待好每一位客人。接待员为人热情、开朗，对自身工作岗位热爱，对客人积极、主动，都是进行成功推销的前提及必要保障之一。

任务二　前厅销售策略

一、前厅在市场营销中的作用

（一）前厅部经常被视作信息来源和客人向酒店员工提出各种要求场所

前厅部经常被视作信息来源和客人向酒店员工提出各种要求场所。前厅部职员需要巧妙地答复诸如"前厅部经理是否已经做出客房销售预测？""那段时间内有没有客房可供出租？""这个专家小组被分到哪些客房？""有没有安排员工迎候今天下午到达的旅游团？""大堂日常事务委员会建立起来没有？""每日快讯是否已登在招牌上？"之类的问题。这些都是酒店其他部门员工经常遇到的问题。这些工作是所有酒店运转过程中必不可少的一部分。

（二）前厅角色的改变，从被动的接受指令者成为积极的指令生产者

今天酒店要求前厅做的工作比以往任何时候都要多。在一篇摘自《加拿大酒店与餐馆》(Canadian Hotel and Restaurant)的文章里，艾维纳斯·娜汝拉说："市场情况已变了，前厅的性质和重要性也随之变化，它已从接受指令的部门变成产生指令或销售的部门。如果看一看任何一个酒店的资产负债表，很明显地，其利润的大部分，平均60%，来自客房销售。"

前厅角色的改变，从被动的接受指令者成为积极的指令产生者，促使前厅经理重新审视前厅员工的日常工作。他们需要想出最佳途径来指导员工发挥力量支持市场营销部的努力。

前厅部经理必须首先考虑前厅部员工的态度。这些员工在销售服务中一贯扮演被动角色，他们在文职工作中也是这样接受培训的。怎样把他们变成积极的销售人员？比如怎样设法使客人再做一个额外预订？怎样使客人在餐厅或休闲中心消费？怎样使客人购买礼品店的商品？一开始，大多数经理会说这些都难以办到，还是常规做法比较轻松，压力小。但是，前厅经理是管理团队一员，在制订计划时，他（她）在与管理团队的其他成员

沟通时,还应该与自己的属下进行沟通。

二、前厅销售

要实现前厅销售,就要使前厅成为营业点式的前厅,前厅员工必须向客人推荐酒店其他利润中心的产品和服务。前厅必须设定目标、为销售部门出谋划策、评估销售方案、起草预算,同时制定一个反馈评估办法。没有计划,前厅成为名副其实的营业点的可能性极小。此计划应与酒店管理者、部门经理及各部门一线员工协商制定,同时还要合理地选择团队成员,确保制订的计划可行、有收益。

培养前厅员工的促销意识的工作目标包括以下几方面:

(1) 向事先没有预订的客人销售客房。

(2) 通过促销鼓励客人购买高价格产品或服务,并超出原先预期的标准。

(3) 保留酒店产品库存清单,如餐饮。前厅的工作目标就是把酒店提供的所有设施推销给客人。前厅员工是使客人知道酒店服务项目的最好途径。

(4) 通过在超额预订和客满之间取得平衡,确保酒店的最大收益是从客房销售得来的。

(5) 获得客人反馈意见。

如果我们把加强前厅和市场营销部之间的沟通的目标结合起来,就可以开始制订计划了。有关客人的有价值信息、制定有效的市场策略都可以传达给前厅员工。变化着的市场情况要求市场营销部使用这些信息。基于这个建议,我们可以推断市场营销部需要有关客人对酒店产品与服务满意程度的反馈信息。

综上所述,可以将前厅销售管理工作的主要流程归纳如图 5-1 所示。

设定目标 → 为销售部门出谋划策 → 评估销售方案 → 激励计划 → 前厅销售的培训计划 → 起草预算 → 反馈评估办法

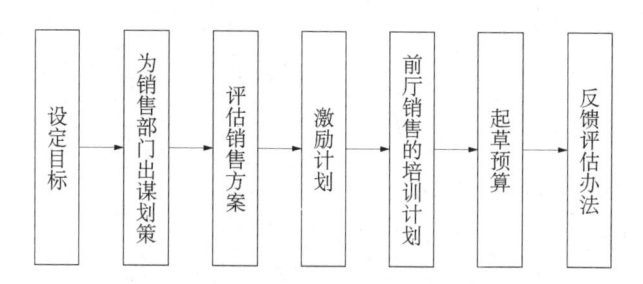

图 5-1 前厅销售管理工作流程

三、确定目标

前厅销售的最高目标就是增加来自客房的销售、餐饮销售及酒店其他部门销售的收入。前厅经理要想制定销售计划,就必须确立实际可行的目标。想要完成什么?餐厅销售是不是应增加10%?休闲中心的营业额是否应增加15%?礼品店的营业额是否应增加20%?或者酒店商务中心的营业额是否应增加25%?制定这些目标时要与总经理及部门经理协商。协商的最后结果可以是这样一个实际可行的目标:"商务中心增加15%的营业额。"这也许会成为下几个月的工作目标,之后再制定将来几个月的目标。

四、为确定促销目标群策群力

在制定鼓励前厅员工销售方案的时候,前厅经理应与其他部门的经理和员工一起,群策群力,尽可能明确需要促销的产品和服务。下面是一个典型的各销售部门的促销提纲。

(一)客房部

1. 前厅预定。
(1) 预定时向客人推荐较高价格的产品和服务。
(2) 办理入住登记和结账手续时争取使客人额外预订。
2. 客房
(1) 登记时提高预定标准。
(2) "一揽子"促销方案。
(3) 出租办公室。
(4) 出租影片资料。
3. 文秘服务
(1) 照相复印。
(2) 听写。
(3) 打字。
(4) 传真。
(5) 出租个人计算机。
(6) 出租客房内录像机。
4. 个人服务
(1) 保姆。
(2) 购物。
(3) 行李员协助搬运行李与设备。
(4) 委托代办服务。
① 戏剧/音乐/美术票。
② 一般旅游信息。
③ 当地观光。
④ 飞机航班预定。
⑤ 应急服务。
⑥ 当地交通信息。

(二)餐饮部

1. 餐厅
(1) 当日特色菜谱。
(2) 菜谱手册。
(3) 特价套餐。

(4) 预定。

(5) 赠券。

2. 客房送餐服务

(1) 一日三餐。

(2) 早餐服务。

(3) 晚会服务。

(4) 快餐。

(5) 酒水。

3. 宴会服务

(1) 宴会的特点与分类。

(2) 宴会的预定。

(3) 宴会厅的布置。

(4) 宴会的服务程序。

(5) 宴会服务的注意事项。

4. 休闲娱乐服务

(1) 当日特别节目。

(2) 当日特别主题。

(3) 主要表演者。

(4) 促销专案。

(三) 礼品店

(1) 成衣。

(2) 化妆品。

(3) 纪念品。

(四) 健身设施

(1) 游泳池。

① 供客人使用。

② 会员证/赠券。

(2) 组织每日慢跑活动,并确定线路和时间。

(3) 健身俱乐部。

① 供客人使用。

② 会员证/赠券。

五、评估选择方案

组织团队时必须确定集思广益出来的哪些内容需要进一步考虑。这个做起来并不容易,但是如果团体目标明确,工作就容易多了。在这种情况下,分管前厅部、餐饮部、礼品店及健身设施产品与服务的前厅员工应最大限度地进行推销,实现计划的总体目标。团队必须评估出哪个方面赢利最多。

六、激励计划

在为提高前厅销售丽集思广益的阶段,团队也应该考虑到销售计划中一个重要组成部分——激励计划。销售计划应该包括激励计划,需要确定员工的心理需求,为员工达到目标创造机会。这会促使一线员工团结一致地完成销售计划。

前厅经理负责确定每个员工的心理动机。许多激励方法需要管理层做出经济承诺,由此而带来的成本必须划入预算项目中。当老板看到这些激励计划给销售带来的增长,就会欣然接受激励计划。

激发积极性,就是理解员工需求并为满足这些需求而制定规则,它是开展前厅销售的主要部分。但问题是前厅经理如何发现员工的需要。许多理论家都已经开始研究这个问题,道格拉斯·麦克雷格、亚伯拉罕·马斯洛、埃尔顿·梅约和佛雷德利克·赫兹伯格的理论都帮助确定什么能激发员工按照理想的方式去服务(见表5-1)。一旦前厅经理知道了员工想要的是什么,他(她)就必须制定出满足这些需要的方法。前厅经理必须与总经理和人力资源部一同努力开展有效的计划满足员工需要。在这个过程中,有效的计划是由员工明确的。

表 5-1 激励理论

麦克雷格	X 理论	人天生不喜欢工作
	Y 理论	工作与玩或休息一样合乎情理
马斯洛	需要层次理论	用三角形来表示人类需要的各层次;只有满足最基本的需要,如衣、食、住之后,才能考虑较高层次的需要,如自我实现
梅 约	认识员工个性	把每个员工看作特殊的个体的主管所取得的成绩比把员工看作整体的主管取得的成绩更大些
赫兹伯格	保健因素 与激励因素	导致积极工作态度的因素是成绩、获得赏识、责任感、有趣的工作及个人成长进步

给前厅员工制订销售计划的目的是鼓励员工促进酒店各个领域的产品销售与服务,这些领域包括前厅、餐饮部、礼品店及健身部。每个销售领域都可以作为激励目标,当然也可以只选择那些最能产生收入的领域。下面是一些例子:

(1) 登记时提高预订标准。如果总台服务员把一间70美元的客房卖给本来只预订60美元客房的客人,那么就把增加的销售额的10%奖励给该员工。

(2) 推销客房餐厅服务。如果总台服务员设法让客人光顾酒店餐厅,就从客人的消费中抽取一定比例奖励给该员工。在餐厅,如果客人向餐厅服务员出示由总台服务员签发的贵宾卡,并接受贵宾服务,该总台员工便可获得回报。

(3) 推销客房送餐服务。如果总台服务员成功地使客人使用客房送餐服务,就从客人的消费中抽取一定比例给该员工。客人向送餐服务人员出示总台服务员签发的贵宾卡,这便证明该次销售是这位总台服务员努力的结果。

（一）激励理论

1. 道格拉斯·麦克雷格

道格拉斯·麦克雷格认为管理层应以两种方式中的一种来看待员工。这两种方式就是X理论和Y理论。X理论认为每个人天生都不喜欢工作,只要能逃避他就会尽量逃避；Y理论认为投入工作中的体力和脑力与玩和休息一样合乎常情。

2. 亚伯拉罕·马斯洛

亚伯拉罕·马斯洛的理论认为,个性需要可以根据其重要性的层次进行分类,最基本需要是最重要的。他把人的需要层次归纳为：

第一层次——生理需要（衣、食、住）；

第二层次——安全和安定的需要（不受恐惧、焦虑、混乱侵犯的安全与自由）；

第三层次——爱、感情、归属的需要；

第四层次——自尊和对他人尊重的需要；

第五层次——自我实现的需要。

马斯洛进一步阐述,个人首先应该设法满足第一层次的需要,再考虑第二层次及更上一层的需要。员工的生理需要,即衣、食、住（以薪水的形式体现）得到满足后,他们才会考虑安全、安定的需要。员工的生理和安全需要满足后才会关心爱的需要。

前厅经理可以运用马斯洛理论鉴别员工的需要并制订合理的计划。如果一个员工的工资还交不起房租,他便有住的生理需要,也会觉得工作指导帮助计划毫无意义。

通过正式和非正式的沟通,雇主应该知道每个员工主要的需要是什么。每个员工都处于不同的需要层次,主管意识到这一点很重要。前厅经理在试图满足员工下一层次的需要之前应该考虑每个员工在哪些需要层次得到了满足。

3. 埃尔顿·梅约

从1927年到1932年,在伊利诺伊州芝加哥市西部电力公司霍桑工厂所做的试验使埃尔顿·梅约得出结论:把每个员工看作特殊的个体的主管比把员工看作整体的主管得的成绩要大些。被确认有特殊才能的员工认为这种赏识是继续做好工作的动力。被认为能够销酒店额外服务的员工也许会觉得这是值得的,符合他工作要求上进的要求。这种赏识会激发员工在其他领域和其他时间加倍工作。

4. 佛雷德利克·赫兹伯格

佛雷德利克·赫兹伯格认为诸如主管、人际关系、物质工作条件、薪水、公司政策和管理实践、福利和工作稳定性之类的因素实际上是不满意因素或保健因素。当这些因素恶化到员工不能接受的程度,那么不满意因素就产生了。导致积极工作态度的因素也是同样的道理,当这些因素满足了个体员工自我实现的需要时,则产生积极态度。

根据赫兹伯格理论,必须确定最低的保健因素,防止产生导致生产效率低下的环境因素。

他认为提供的条件比这个因素还低的组织会产生不满意的员工。然而,一个真正有生产力的组织要求激发积极性因素方面的改进:成绩、赏识、责任感、有趣的工作、个人成长和进步。赫兹伯格同时提出问题:如果某酒店给总台员工提供每年5天的假期,而该地区其他酒店也是给总台员工5天假期,这算不算一种激励的因素呢?

(二)激励理论的应用

激励理论的应用对前厅经理来说是一个管理挑战。它为确定员工需求并建立每日沟通与激励计划的框架提供了机会。

回顾这些激励原则,前厅经理将知道他(她)的每位员工都要求有不同的激励方式。比如,马斯洛的需要层次理论为确定建立在需要层次上的激励手段提供了方法。对希望通过工作与人交流的员工、夜间兼职为家庭赚外快的员工和想成为部门主管的员工都要求使用不同的激励策略。希望通过工作与人交流的员工不会在乎每小时的50美分的额外收入,当他(她)可以节日当班时,更可以激发其积极性。如果夜间兼职的员工有健康保险福利的话,他(她)就不会在乎这些,而每小时50美分的额外收入却会增加其工作积极性,保证确定的工作时间也一样会促进其积极性。想成为主管的员工不会在意工作时间,在前厅不同岗位上接受培训并成为高级员工会议上的一员才是激励该员工的因素。

梅约的认识员工个体努力的理论为前厅经理探索沟通、满意和成本节约之间的联系奠定了基础。几句鼓励工作的话、问候一下员工家庭或亲友、赞扬员工的工作成绩,即使是在大酒店,这也会使员工有特别的感受。

赫兹伯格为主管提供了激发员工积极性的不同方法。他声称自我实现——个人成长与事业有成的机会能提高员工的工作成绩。员工需要足够的薪水、福利和稳定的工作,如果酒店提供的条件低于其预期标准,就会引起员工的不满。应用这个理论要求主管分析工作的"保健因素"和自我实现的机会。酒店提供的条件中哪些是受欢迎的,哪些是不受欢迎的?为什么野餐和假日派对仍不能使大家聚在一起?关于激发员工积极性的这些问题还有待解决。

七、前厅销售的培训计划

在群策群力的计划阶段,另一个要考虑的就是成功实施销售技能的培训。认为前厅员工都是天生的推销人员是不实际的想法,认为没有人是天生推销员也许才是妥当的。很多员工竭诚推销时害怕被客人拒绝或害怕打扰别人。前厅经理必须训练和鼓励员工,打消他们对销售的消极想法,否则计划注定会失败。培训的目的是让员工掌握一定的方法,并使用这些方法提高酒店的赢利能力。

如果员工认为他们是在为客人提供机会,推销工作就更具吸引力了。深信自己的建议会给客人带来舒适、方便的员工将对推销技能运用自如。如果逐步介绍推销计划,逐步实施,并给员工提供试用不同技能的机会,员工的推销信心就会建立起来。激励计划将加强员工的工作承诺。

一个经常被忽略但却很有效的实践方法是提前让员工亲身经历他们推销的产品和服务。如果员工对厨师长的特色菜非常熟悉和喜欢,对豪华的贵宾房、健身俱乐部的设备、礼品店的新货、服务台职员能提供的帮助了如指掌的话,员工就会更愿意去了解这些部门的工作,从而工作热情也会提高。

促销的培训提纲必须详尽。只简单告诉总台职员在登记时向预定的客人推销高价客房是不够的。应该向员工建议说什么以及什么时候说——及时是推销的关键。

关于录像的培训方法,让总台员工在酒店里扮演推销员的角色、模拟向客人推销酒店产品和服务的真实场景就是一种极其有效的培训方法。这些场景并不一定非常复杂详细,只要突出展示宾客服务的简单方法就行了。

想使用录像作为培训方法的前厅经理事先要做好准备。要想想哪些技巧和行为需要教授和加强的?与酒店其他部门(如市场营销部、餐饮部)的总监的讨论将为推销内容打下基础。前厅经理对前厅员工的销售技能要有客观的看法:他们是怎样向客人表现友好的?他们是怎样巧妙地知道客人的需要和要求的?

接着,前厅经理必须决定录像要强调哪些具体的推销内容。一开始,前厅经理也许只选择一两个内容。前厅经理应把这些内容记在脑海中,并为角色扮演写一份书面材料。这份书面材料应该包括员工应掌握的技能。

制作录像的时间安排要有助于录像的拍摄。前厅经理要相应地调整员工的当班班次,要安排出回放录像的时间,另外还要考虑租借或购买摄像机及相关设备的问题。

八、前厅预算

前厅经理在开展前厅销售工作时会需要成本花费,包括执行激励计划的花费和计划花去的时间费用。这些成本并不是大得不着边际,它应该可以预计得到。如果采取了所有正确的步骤,增加的销售收入肯定会大于多出的成本。在决定采取什么样的市场营销策略时,销售计划和相应成本的预算极其有用。

九、反馈

准备前厅销售计划时,前厅员工对酒店其他方面的销售的评估反馈是要考虑的因素。前厅经理怎样知道员工在运用培训过的销售技能?前厅经理怎样了解在新鲜感慢慢消失时员工对销售计划的想法?客人对这些方法的感想如何?销售计划的经济成效如何?前厅经理不可能确切地知道销售策略的有效性,但他们可以尽力从员工和客人那里获得反馈信息。这些信息对于将来制订销售计划、激励计划和培训计划很有价值。在销售计划中,这部分的目标是"建立有关员工表现、员工态度、客人感知和经济效益的反馈系统"。

(一)客人测试

标准的客人测试就是酒店雇用一个酒店外部人士(俗称"密探")亲身经历酒店的服务并把发现的问题报告给酒店管理者。这个测试能帮助前厅经理评估前厅员工的工作。如果一个"密探"说自己预订在先而迎候他的总台员工只说:"对,是有预订,请签名吧",前厅经理就知道了该总台服务没有遵照销售程序,就要与员工谈论如何没有按销售程序去做。也许该员工的工作目标已从高薪转变为更合理的工作时间,也许是因为对前厅销售反应消极的客人太多,职员就放弃了努力。这个信息说明客人不需要的商品或服务被当作了销售目标。

当酒店管理层设计客人评议卡的时候,就应将可供选择的销售目标列在上面,同时还要设计一些问题,询问客人酒店员工是否在预订时推销较高价格的客房,是否推荐了餐厅、礼品店、额外预订或酒店其他部门信息。客人对这些问题的回答给管理层提供了一些反馈信息,以及这些建议是怎样被接受的。

(二)经济成效

另外一个评估销售计划成效的方法是计算实际的经济效益,看是否达到了预算中大概的预期效果。客人向餐厅经理使用贵宾卡说明客人到餐厅用餐是总台员工推荐的。采取类似的控制手段,管理层确定客房预订、礼品店销售及其他销售的来源。如果前厅员工争取到了额外销售,就应该给予一定金额的奖励,同时应对这些金额进行记录。记录的具体内容必须由不同部门的总监和财务经理共同决定。

【情景模拟】

制订前厅销售计划

下面是一个典型的前厅计划的制订过程。前厅经理安排一次非正式会议,由市场营销总监和来自部门的一线员工出席会议;在会议之前前厅经理先让制订计划的团队的每个成员想一想下个季度的销售重点。餐饮总监首先发言,他提到了将在餐厅实施的促销活动:

(1)一月营养套餐,选择营养套餐作为午餐或晚餐的客人可获得酒店健身俱乐部的赠票。

(2)二月情人套餐,情侣可免费用开胃酒、甜酒及餐酒。

(3)三月午餐特菜,免费赠送汤,客人可自由取用沙拉。

为增加客房销售,市场总监为下季度制订了工作计划:

(1)增加了会议预定。

(2)制订都市周末营销方案。

讨论完各种促销措施之后,所有团队成员都认为营养套餐应该成为总台工作人员的销售目标,对积极参加销售的员工应该予以现金奖励。同时团队认为应该用内部录像来帮助员工。

前厅经理必须安排拍摄培训录像的时间,安排几名高级职员当演员,准备好租借的拍摄录像机和相关设备,同时要上报拍摄成本并获得批准。经过几天的撰写和修改,前厅经理为将要进行的模拟场景准备好了一份文字材料。

总台服务员:早上好!欢迎您到时代酒店。

客人:机场十分拥挤,叫辆计程车都不容易,总是这样吗?

总台服务员:一年中的这个时候市里总要召开几次大的会议。显然政府另外安排了公共交通线路,但有时代表到达早会陷入左右为难的困境。您有预订吗?

客人:有,我叫托马斯·瑞顿,是来参加投资集团会议的。我将与迈克尔·都得林用一间客房。

总台服务员:是的,瑞顿先生。我这儿有您的预订,订到1月28日星期五为止。都得林先生明天会到。所有费用计入劳森兄弟投资公司。您的房间已准备好了。请填登记卡。

客人：谢谢。效率真高，在机场等这么久的计程车，我对你们的服务相当满意。

总台服务员：我们很高兴您在时代酒店下榻。先生，我从您的预订中得知您是投资集团会议董事会的成员。我们市场营销部很高兴为您提供这张特别周末休假卡，为您下一个周末提供食宿方便，这个会议厅预计今年夏天可以投入使用。据经理介绍，它可以容纳1万名代表。

客人：听起来真不错。本月末我会有空闲时间，我一定会使用周末休假卡。

对销售计划的预算包括下面的一些种类的收入和费用。如果销售计划肯定会产生的收入和成本非常直观的话，那么就非常容易判断销售计划是否切实可行。由于预算能显示一笔小小的现金费用能带来多大的收入回报，因此它能说服酒店所有人和管理高层，证明无论是对酒店还是对客人，前厅销售计划都是切实可行的、经济成效显著的销售方法。

时代酒店
销售预算——前厅
预期增加的销售额

午餐 10×6＝60 美元/天×365 天	21 900 美元
晚餐 15×12＝180 美元/天×365 天	65 700 美元
客房送餐服务 5×10＝50 美元/天×365 天	18 250 美元
客房预定 5×60＝300 美元/天×365 天	109 500 美元
礼品店推荐 5×20＝100 美元/天×365 天	36 500 美元
共计	251 850 美元

成本预计额

激励（对午餐、晚餐、客房送餐服务、客房预定、礼品店推荐的现金奖励）	10 000 美元
制订计划的时间管理	1 000 美元
员工制作 3 个录像的时间	2 000 美元
复印	300 美元
租用录像设备	100 美元
硬件配件	50 美元
购买录像机和电视机	1 000 美元
杂项费用	500 美元
物品销售的相关成本	37 047 美元
餐饮	18 250 美元
客房	10 950 美元
商品	66 247 美元
共计	147 444 美元
预期赢利数额	104 406 美元

团队在确定两种销售概念时收集的数据非常有用,它们可以用来确定这些概念是否能使部门投入的精力产生很好的效益。制订激励、培顺和预算计划将为销售计划的实施提供强有力的支持。反馈机制应当包括标准客人测试、客人评议卡以及对两种促销方法的销售来源进行监控。

前厅管理工作包括帮助整个酒店提高赢利能力。开展前厅销售工作包括确立目标、为确定目标群策群力、评估可供选择的方法、制订一些辅助计划(如激励和培训计划)、制定预算预测收支及建立反馈机制。这种简单的计划框架使前厅经理对整个局面有一个全面了解的机会,而不是盲目地销售。

由各个部门的经理组成的团队将选择促销策略并向前厅员工加以解释,这会产生额外的收入。前厅经理负责为前厅制订销售计划,它为整个酒店持之以恒地实施促销奠定了基础。该计划必须包括促销的产品与服务、目标及程序、激励计划、培训计划、预算、员工工作表现跟踪评估系统、客人反应和最后的经济效益。刚刚踏入酒店业的学生会发现促进内部销售在前厅经理的工作日程安排上的地位是相当高的。

任务三 总台销售技巧

从销售全员性的角度出发,前台接待人员的工作不仅是接受客人预订为客人安排房间,还要善于推销客房及其他产品,最大限度地提高客房出租率,增加综合销售收入。因此,接待员不仅要熟悉客房销售的要求和服务程序,更要掌握正确的销售方式、方法也就是要讲究销售的技巧。在熟悉酒店的各种产品的基础上,要善于分析客人的消费心理,区分不同类型客人的特点与需求,兼顾酒店和客人双方的利益,恰到好处地宣传、推销酒店的客房及其他产品。

一、把握客人的特点

每家酒店都在千方百计地寻求自己的客源,以实现经营目标。前厅服务人员应着重了解本酒店寻求的客源有什么特点,酒店能为他们提供什么产品,也就是要把握客人的特点进行销售。要把握客人的特点,必须了解客人的年龄、职业、国籍、身份等,然后针对客人的特点,灵活运用销售政策与技巧。

不同类型的客人有不同的特点,对酒店服务也就会有不同的要求。例如,商务客人一般是因公出差,对房价不太计较,而且往返酒店的可能性极大。前厅服务人员应根据其特点,向他们推销环境安静舒适、有宽大的写字台、光线明亮、办公设备齐全、便与会客、价格较高的客房或商务套房。有些酒店还在向商务客人推销的客房房价中包括提供免费早餐、饮料以及免费洗衣等服务项目。另外,对商务客人而言,他们工作是不分淡旺季的,前厅服务人员在经营的旺季,应注意为这类客人留有一定数量的房间。若商务客人对酒店的服务感到满意,他们很可能成为酒店的常客;对于度假旅游的客人,应向他们推荐景色优美、价格适中的客房;向度蜜月的新婚夫妇推荐安静、不易受到干扰的大床房;向知名人士、高薪阶层的客人推荐套房;向带孩子的父母推荐连通房或相邻房;向老年客人或行动不便的客人提供靠近电梯、餐厅的客房等。只有细致通过入微的观察和认真的分析,才能抓住客人的心理,使销售工作更具针对性,为酒店争取更多的客源。

【情景模拟】

某日,一位香港常客来到某酒店总台要求住房。接待员小郑见他是常客,便给他9折优惠。客人还是不满意,他要求酒店再多给些折扣。此时正是旅游旺季,酒店的客房出租率甚高,小郑不愿意在黄金季节轻易给客人让更多的利,香港客人便提出要见经理。

其实,酒店授权给总台接待员的卖房折扣不止9折,小郑原可以把房价再下调一些,但他没有马上答应客人。一则他不希望客人产生如下想法:酒店客房出租情况不佳,客人可以随便还价;二则他不希望给客人留下这样的印象:接待员原可以再多打一些折扣,但他不愿给,只是客人一再坚持后才无可奈何地退让,大酒店员工处理问题不老实;再则,他希望通过前厅经理让利让他感到前厅经理对他的尊重。小郑脑中闪过这些想法后,同意到后台找经理请示,他请香港客人先在沙发上休息片刻。

数分钟后,小郑满面春风地回到总台,对客人说:"我向经理汇报了您的要求。他听说您是我店的常客,尽管我们这几天出租率很高,但还是同意再给您5美元的优惠,并要我致意,感谢您多次光临我店。"小郑稍作停顿后又说:"这是我们经理给常客的特殊价格,不知您觉得如何?"

香港客人计算了一下,5美元相当于半折,这样他实际得到了优惠折扣便是8.5折,这对于位于南京路,又处在旅游旺季的三星级酒店来说,已经是给面子的了。客人连连点头,很快便递上回乡证办理入住手续了。

销售客房是前厅部最主要的任务,那么,怎样才能很好地将客房销售出去,并且在销售过程中确保酒店的利益,这就需要前厅销售人员掌握一定的销售知识和销售技巧。

上述情景中,前厅部是怎样将客房销售出去的?前厅销售的仅仅是销售客房本身吗?能够吸引客人前来入住的因素还有什么?

二、突出客房商品的价值

销售客房商品的过程中,接待员要强调客房的使用价值,而不仅仅是价格,因为客人购买的就是客房的价值。但是客房价值的大小是通过价格体现出来的,只有价格与价值相对平衡时,客人才会认为物有所值。客房的价值必须通过服务人员宣传,客人才能理解,从而客人乐于接受。例如,在与客人洽谈的过程中不能简单地说:"一间300元的客房,您要不要?"而应该根据客人及客房的特点,推销时适当地进行描述。例如:刚装修过的、具有民族特色的、能看到美妙景色的、十分安静而又豪华舒适的、最大的而又在顶层的房间等。除了介绍客房的自然状况特点外,还应该强调客房为客人本身带来的好处。例如:"孩子与您同住一套连通房,您可以不必为他担心。""由于这间房间很安静,您可以好好休息,不受干扰。""这间房间最适合您了,这将方便您与其他人联系。"

只有证实了客人的特殊需要,才有可能在强调客房的价值时,做到有针对性。前厅服务人员只有通过深入的调查研究,才能发掘各类型客房的特点。在没有认真地介绍客房前,不要急于报价。下面是两个报价的例子可做参考:"在六楼有一间最近才装修过的客房,房间面江,很安静,便于您休息,而且离电梯也不远,它的价格是500元。""恰好有一间您所希望的大床房,在这个客房内可以看到美妙的山景,行李员会帮您把一切安顿好的,这个客房的价格只有300元。"报价后,如有可能,还应介绍可提供的服务项目,例如:"这个房价包括两份早餐、服务费、一杯由酒吧提供的免费饮料。"这种将价格放在所提供的服务项目中的"三明治"式报价方式,能起到减弱价格分量的作用。

在通常情况下,等级越高、质量越好的房间,其价格也就越高。如果把价格与价值比作天平的左右两端,卖方与哭方各掌一端,当价格一头砝码重(价格高)的时候,服务人员应充分运用语言艺术,使另一头砝码的分量(价值)加重,使两端保持基本平衡,促成双方成交,这就是"加码技巧"的运用。

总之,强调客房的价值,回答客人希望了解的关键问题,即付了这个价钱能得到什么;这间房间是否值这个价钱。在介绍客房过程中,任何不切实际的夸张或错误的介绍都应坚决避免,因为客人会很快就会发现所有不实之处,从而产生上当受骗的感觉。

三、针对性地向客人提供价格选择的范围,给客人进行比较的机会

许多酒店的接待员在向客人介绍客房时,为客人提供一个可供选择的价格范围。如果客人没有具体说明需要哪种类型的客房,前厅服务人员可根据客人的特点,有针对性地推荐几种价格不同的房间,如两种至三种,以供客人选择。如果只推荐一种客房,就会使客人失去比较的机会。推出的价格范围应考虑到客人的特点,一般来说,由较高价到较低价比较适宜。例如:"靠近湖边、新装修的客房是500元","进出方便、别墅式的客房是400元","环境安静、景色优美、在四楼的客房是300元",然后问客人:"您喜欢哪一种?"

除客人已指定客房的情况外,由高向低报价,往往能使多数客人选择前几种较高价格的客房,至少,在客人有可能选择最低价格的情况下也会选择中间价格,因为人们往往避免走极端。由高价向低价报,还可以使服务人员在觉察到客人认为价格太高的情况下,有推出较低价格的余地。在口头推销中,向客人推荐的价格以两种为宜,最多不能超过三种,因为价格种类太多,客人不易记住。

在洽谈房价的过程中,前厅服务人员的责任是引导客人、帮助客人进行选择,而不应硬性推销,以致得不偿失。客人可能会因不喜欢某类客房或价格过高而找托词,前厅服务人员不要坚持为自己的观点辩护,更不能贬低客人的意见,对客人的选择要表示赞同与支持,要使客人感到自己的选择是正确的——即使他选择了一间最便宜的客房。

四、坚持正面的介绍以引导客人

前厅服务人员在向客人介绍客房时,应坚持采用正面的说法,要着重介绍各类客房的特点、优势以及给客人带来的方便和好处,不要做不利的比较。例如,酒店只剩下一间客房时应该说:"您运气真好,我们恰好还有一间漂亮的标准间。"不能说:"很不幸,这是最后

一间房间了。"让客人觉得是在用别人剩下的东西。应该问："您在这里，住多久?"而不应该问："是不是只住一晚?"在销售客房的过程中，要把客人的利益放在第一位，以不影响客人的利益为前提，宁可销售价格较低的客房，也要使客人满意。如果客人感到他们是在被迫的情况下接受高价客房的，那么虽然这次得到较多的收入，但却失去了今后可能得到更多收入的机会，只有满意的客人才会成为回头客人。

五、采用适当的报价方式

为了搞好总台销售工作，接待员必须了解自己酒店所销售的产品和服务的特点及其销售对象。其中，掌握对客报价法方法和推销技巧是做好销售工作的重要前提，所以，不断地研究总结和运用这些方法和技巧，已成为销售工作取胜的一个重要环节。对客报价是酒店为扩大自身产品的销售，运用口头描述技艺，引起客人的购买欲望，借以扩大销售的一种销售方法。其中包含着推销技巧、语言艺术、职业品德等内容，在实际推销工作中，非常讲究报价的针对性，只有适时采取不同的报价方法，才能达到销售的最佳效果。掌握报价方法，是搞好推销工作的一项基本功，以下是酒店常见的几种报价方法。

（一）高低趋向报价

高低趋向报价是针对讲究身份、地位的客人设计的，以期最大限度地提高客房的利润率。这种报价法首先向客人报出酒店的最高房价，让客人了解酒店所提供房间最高房价以及与其相配的环境和设施，在客人对此不感兴趣时再转向销售较低价格的客房。接待员要善于运用语言技巧说动客人，高价伴随的是高级享受，促使客人做出购买决策，当然，报价应相对合理，不宜过高。

（二）低高趋向报价

低高趋向报价可以吸引那些对房间价格做过比较的客人，能够为酒店带来广阔的客源市场，有利于发挥酒店的竞争优势。

（三）交叉排列报价法

交叉排列报价法是将酒店所有现行价格按一定排列顺序提供给客人，即先报最低价格，再报最高价格，最后报中间价格，让客人有选择适中价格的机会。这样，酒店既坚持了明码标价，又维护了商业道德，既方便客人在整个房价体系中自由选择，又增加了酒店出租高价客房，从而获得更多收益的机会。

（四）选择性报价法

采用选择性报价法要求总台接待人员善于辨别客人的支付能力，能客观地按照客人的兴趣和需要，选择提供适当的房价范围，一般报价不超过两种，以体现报的准确性，避免选择报价时犹豫不决。

（五）利益诱导报价

利益诱导报价是对已预订一般房间的客人，采取给予一定附加利益的方法，使他们放弃原预订客房，转向购买高一档次价格的客房。

（六）"冲击式"报价

"冲击式"报价指先报出房间价格，再介绍客房所提供的服务设施和服务项目等。这种方式比较适合推销价格较低的房间，以低价打动客人。

（七）"鱼尾式"报价

"鱼尾式"报价指先介绍客房所提供的服务设施和服务项目及特点，最后报出房价，突出客房物有所值，以减弱价格对客人的影响。这种方式比较适合推销中档客房。

（八）"三明治"式报价

"三明治"式报价又称"夹心式"报价。此类报价是将价格置于所提供的服务项目中，以减弱直观价格的分量，增加客人购买的可能性。此类报价一般由总台接待人员用口语进行描述性报价，强调提供的服务项目是适合于客人的，但不能太多，要恰如其分。这种方式比较适合推销中、高档客房，可以针对消费水平高、有一定地位和声望的客人。

（九）灵活报价

灵活报价是根据酒店的现行报价和规定的价格浮动幅度，将价格灵活地报给客人的一种方法。此报价一般是由酒店的主管部门规定，根据酒店的实际情况，在一定价格范围内适当浮动，灵活报价，调节客人的需求，使客房出租率和经济效益达到理想水平。

综上所述，尽管接待员的报价方法很多，有些方法甚至相互对立，然而在酒店的经营实际中，由高至低报价法仍然是较科学而实用的。无论是提供选择余地、先推销高价客房，还是报明所有房价，都应遵循由高至低报价的原则。我国大多数酒店都属于明码标价，在此基础上必须坚持从高到低推销客房的方法，才能使高价或较高价客房首先出租。推销客房需要大量的思考与实践，接待员应该在开房时注意观察客人的心理活动和反应，只有以热忱的态度及对客房艺术性的描述语言和适当的报价技巧，才能顺利完成推销高价客房的任务。

六、注意推销酒店其他产品

在销售客房的同时，不应忽视酒店其他服务设施和服务项目的推销，要使客人感到酒店产品的综合性和整体性。前厅服务人员销售酒店的其他服务设施和服务项目时，应注意时间和场合。如客人在傍晚抵店，可以向客人介绍酒店餐厅的特色，还可以向客人介绍酒店内的娱乐活动的内容；如客人深夜抵店，可以向客人介绍24小时咖啡厅服务或房内用餐服务；如经过通宵旅行，客人清晨抵店，很可能需要洗衣及熨烫外套；这时可以向客人介绍酒店的洗衣服务。接待人员的推销如能迎合客人的需求，客人不仅会乐于接受，而且会对此心存感激。酒店的设施和服务项目,如果不向客人宣传,就很可能长期无人使用,因为客人不知道还有这些设施和服务项目。其结果是,客人感到不方便,酒店也因此损失了销售机会而影响了营业收入。因此,前厅服务人员要细心地了解客人的需求,主动向客人销售酒店的其他服务设施与服务项目,以增加酒店的营业收入。

七、特殊情况下的销售技巧

(一)对"优柔寡断"客人的销售技巧

有些客人,尤其是初次住店的客人,也可能听完接待员对客房的介绍后,仍然不能做出决定。在这种情况下,接待员应对他们倍加关心,认真分析客人的需求心理,设法消除客人的各种疑虑,任何忽视、冷漠与不耐烦的表现都将导致客房销售工作的失败。在与犹豫不决的客人洽谈时,前厅服务人员应注意观察客人的表情,设法理解客人的意图。可以用提问的方式了解客人的特点及喜好,然后针对性地向客人介绍各类客房的优点。也可以运用语言和行动促使客人下决心,如递上住宿登记表说:"这样吧,您先登记一下……"或者"要不您先住下,如果您不满意,明天再给您调换房间"等。如果客人仍然保持沉默或者犹豫不决,可以建议客人在服务人员的陪同下,实地参观几种类型的客房,使客人增强对房间的感性认识。如果使用的方法恰当,这部分客人有可能成为酒店的常客。在对这部分客人销售房间时应注意如下技巧:

(1)了解动机(度假、观光、娱乐),针对不同情况,灵活机动地开展销售工作。
(2)要在推销的同时介绍酒店周围的环境,增加感染力和诱惑力。
(3)熟悉酒店的各项服务内容,附加的小利益往往能起到较好的促销作用。
(4)需要多一些耐心和多一番努力。

(二)对"价格敏感"客人的销售技巧

(1)总台员工在报价时一定要注意积极描述住宿条件。
(2)提供给客人一个选择价格的范围,要运用灵活的语言描述高价房的设施优点。
(3)描述不同类型的客房时,要对客人解释说明客房特征和设施特点。
(4)熟悉本酒店的特殊价格政策,认真了解价格敏感型客人的背景和要求,采取不同的销售手段,给予相应的折扣,争取客人住店。

(三)工作繁忙时的销售

由于团队客人和外地客人的到店时间比较集中,往往会出现客人排长队的现象,客人会表现出不耐烦。这时就需要总台员工做到以下几点:

(1)做好接待高峰前的接待准备工作,了解会议及团队到店时间,以减少客人办理入住手续的等候时间,同时也要注意房况,确保无误。
(2)入住高峰时,要确保手头有足够的登记所需的文具用品,保证工作有序完成。
(3)入住高峰,可选派专人指引,帮助客人办理登记,以缩短客人的等候时间。
(4)按"先到先服务"原则,认真接待好每一位客人,做到忙而不乱。

本章小结

本章明确了前厅销售的重要性,详细阐述了开展前厅销售工作需要掌握的产品知识、方式和技巧等基本知识以及前厅销售管理的基本流程,并介绍了特殊情况下的销售处理。

【专业知识训练】

一、选择题

1. 旅游旺季,住店客人要求延期居住,而当天酒店已预订满,前厅员工应按(　　)处理。

　A. 把住店的客人委婉地劝离店

　B. 将抵店的客人安排在其他酒店

　C. 劝住客人调房

　D. 向抵店客人说明情况,调整其预定房的种类

2. "豪华套房温馨舒适,房内设施设备先进,配有一流的按摩浴缸,保健枕头,还能够上网冲浪,入住后还可享用免费的早餐,免费打行李、擦皮鞋,房价每晚980元。"属于(　　)。

　A. 低高趋向报价　　　　　　　　B. 选择性报价
　C. "三明治"报价　　　　　　　　D. "鱼尾式"报价

二、简答题

1. 客房销售中有哪些具体要求?
2. 为了搞好总台销售工作,需要掌握哪些对客报价法方法?

三、案例分析

闪电促销——大密度主动出击

喜来登酒店公司是著名的跨国企业——美国国际电报电话公司(AT&T)的子公司。多年来,它一直紧跟假日公司,保持在世界大酒店联号中排行第二的位置。到1989年,其麾下旅馆总数已达540家,拥有15.4万间客房,遍布全球72个国家。短短几十年间,从3家小旅馆起步,亨德森先生是怎样建立起如此庞大的酒店王国的呢?其经营与管理有什么独到之处呢?下面即将介绍的一次成功的销售行动也许能为我们揭示谜底。

1962年深秋的一天,位于波士顿60大街的喜来登酒店公司总部里格外忙碌。雄心勃勃的董事长亨德森先生不顾65岁的高龄亲自主持管理高层的办公会议。引人注目的是除了公司主要骨干外,还有60多名来自各地的专职销售员也出席了会议。他们大多数刚刚走出机场,风尘仆仆,然而显得非常的平静,毕竟对于这样的场面他们已经非常熟悉了,而且不用多问,就已经知道被召来总部的真正的原因是亨德森先生收购了一家酒店,喜来登大家族里增添了新成员。亨德森先生是北美商界出了名的经营高手,被誉为"最佳意义上的资本家"。他最擅长看准机会,收购一些经营不善而富有潜力的酒店。买到手后,他再重新设计,更新调和设备,改善经营,使旅馆本身增值,然后再看准高价出手。当然,这种看似简单的方法并不是每一个都可以仿效的。

喜来登酒店促销工作的成功是全球首屈一指的,有很多可圈可点之处。首先是长期一贯的高投入,每年光是美国境内本土的广告宣传费就超过4 000万美元,特聘固定的广告公司长年服务。其次是举办多种有创意的促销活动,优惠常客的喜来登国际俱乐部活动,针对商务旅游者的喜来登公务旅行者计划(SET),"喜来登家庭旅行计划"等至于创立全球性的"预订网络"和率先设置"无烟客房"等举措则早已为酒店业界纷纷仿效。当然最卓有成效的还是著名的"闪电促销战术"。

这一次收购的新酒店是一家有200间客房、经营5年的汽车旅馆,设有可容纳60人的餐厅和100个座位咖啡厅,能为120人提供服务的酒吧,容纳500人的餐厅,而这个餐厅可以分割为三个容纳150人的会议厅,还有一个由四个能容纳50人的小厅组成的大会议厅。新酒店还设有能提供许多娱乐设施的室内游泳池、四室外网球场、四套豪华套房、十间行政办公室,以及可以停放250辆轿车的停车场。在喜来登集团接手以前,这座有一流设施的酒店已连续几年亏损,客房出租率连年滑坡,一度低于20%,餐厅、娱乐收入则更是每况愈下。举步维艰,回天无力的店主只好忍痛低价将它出售了。亨德森先生已经以低于建造成本的理想价格购得了这座富有潜质的酒店,在紧锣密鼓的交接工作之后,由60多位销售员组成的销售小分队出发了,"销售闪电战"也拉开了帷幕。

首先是全面细致的市场调查。60多名经验丰富的销售员像蝗虫一样地钻进了新酒店所在的城市。他们马不停蹄,不知疲倦地走访、咨询,灵敏的触角伸进了城市的每一个角落,每天都有大量的市场信息源源不断地传送给设在酒店五楼的"销售攻坚部",总部里干练的统计分析人员将这些信息汇总,最后整理出详尽完整的酒店市场分析报告。分析报告中认为:

(1) 主要客源:

① 本地150家生意兴隆的轻工生产厂家,主要是改装修配厂和代理机构。

② 三所主要的大学,即阿成工学院,医科大学和文法学院。

③ 经过酒店的全国州际公路出口处。

(2) 客源消费规律:

① 星期一、二、三、四晚上生意不好,来客稀少,除非大学举行足球赛、毕业典礼或一些特殊事情发生。

② 旺季集中在九月到来后,圣诞节期间生意不多,夏季是明显的淡季。

③ 主要住店客人是出差到此的商务客人和当地的工人、大学办事人员;其次是学生的父母,到大学的一般来访者以及参加特殊活动的人;再次是少量过路人。

④ 在市场上占有率较高时期,食品和酒吧的生意主要来自住店的客人。住店商务会议举行宴会的生意也不错,大多是当地各工厂参加的会议。

明确了市场形势以后,名下销售部被分成了六个小分队,受命在一个月的时间内迅速打开当地市场,获得尽可能多的会议宴会、庆典等活动的订单,并建立起覆盖全城的客源网络,确保酒店能获得占优势地位的市场份额,使酒店迅速上升为全城最好的酒店。六个小分队各由一名资深的区域销售经理带队,负责某个方面的攻关。

第一分队由科夫曼博士率领,专攻三所大学的市场。他们向各校的系主任寄出调查表,咨询他们对酒店的看法,以优厚的条件聘请他们成为酒店的销售代理人,并免费提供场地,邀请大学师生于周末在酒店组织一些专题研讨会,同时鼓励学校前来举行各种校友集会、毕业庆典活动。

第二分队由德塞利女士主持,召集全城各工厂的女秘书、女经理聚会,建立秘书俱乐部和女经理俱乐部,为会员发放优惠金卡,并对她们揽来的业务进行积分奖励。全年度招揽业务最多者将获得最新款的福特跑车一辆。

第三、第四分队由约翰逊先生统领,主攻本地的散客市场。他们将全城居民分为20个小片,每个销售员负责一个小片,并根据各片实际情况的不同,确立相应的业务指标。销售员们八仙过海,各显神通,使出各自的看家本领,文质彬彬地钻进了所有的居民小区,短短一个月时间,几乎走访了全城20万居民中的80%,并对其中约3 000户居民进行跟踪推销,发放至少一万张一次性优惠卡,并成功地接到了300多份预订单,足够餐饮部忙乎大半年了。

第五分队由斯特思先生领衔,主要是协调与当地所有公司、公共机构的关系,并从中获取订单,发展建立起庞大的代理人网络。

第六分队由琼斯小姐负责,主要是处理与当地传媒和过境客户的关系,她们在支付了一笔可观的广告费用之后,获得了本地几大电视网的黄金时段的广告权并且因此招致了全国几十家施行机构的垂询。

一个月以后,喜来登的阿城酒店重新开张,顿时生意爆满,令所有竞争对手羡慕不已,然而笑得最开心的还是亨德森先生,这是他"闪电促销战术"的又一次胜利,"我们又救活一家新酒店,哦,应该说是,我们又收获了一片市场!"

问题:
1. 喜来登酒店促销的具体客户包括哪些?
2. 喜来登的促销措施具体包括哪些?

【职业技能训练】

一、实训目的
通过实训,明确销售客房的基本知识、程序。同时,掌握销售客房的方法、语言技巧。

二、实训内容
针对团体客人特点制定不同价格的客房。

三、实训时间
2学时。

【背景材料】

相同的房间不同的价格

交易会即将来临,各大酒店都在紧锣密鼓地做着接待准备工作,上个月酒店销售部洪小姐与两家公司各签了不同价格的双标房合同,即湘火公司签订双标房是360元/(间·天),川水公司签订双标房是430元/(间·天)。碰巧的是,两家公司因为业务关系,他们的业务员相互认识,与酒店签订的房价问题也就自然谈开了。川水公司了解到湘火公司在交易会期间将住在同一酒店,而湘火公司所签订的合同价格比他们便宜70元时,觉得同是签订合同后入住该酒店,为什么自己得不到应有的优惠?

于是川水公司的负责人理直气壮地找到酒店的洪小姐。"凭什么湘火公司的合同价要比我们的低呢？这样不合适吧！"洪小姐告诉川水公司，客房的价格的确有差异，但这并不是欺骗他，也不是故意给他们高价格。给湘火公司这样的低价是有前提的，因为湘火公司每年的入住间数和消费水平要达到一定的量，而对川水公司确没有任何附带条件。如果川水公司也能与湘火公司同样的入住量和消费水平，酒店也可以给予川水公司同样的价格。因为这是酒店的销售政策，不存在由于个人感情的好坏而给予不同价格的问题。经过洪小姐的耐心解释，川水公司负责人考虑到本公司客人确实不够稳定，如果与酒店签订了过高的入住量和消费水平，达不到这个量，到头来一定是公司吃亏，于是合同价之事就不再提了。

四、实训方法

1. 准备工作：笔、计算器、模拟工作台、房价表、酒店近期推出的客房促销、奖励活动计划。
2. 实训过程。

第一步：教师讲解示范，说明训练要求及训练时特别注意事项，然后将学生两人一组分为若干训练小组。

第二步：给学生训练操作程序及训练标准，要求学生根据训练的程序、标准去做。操作程序：观察、沟通了解客人需求—使用语言技巧推销客房—采用不同报价技巧—促使成交。

第三步：学生分组分别扮演接待员及客人的角色，进行客房销售情景模拟。

第四步：教师不断巡视、指导、示范、检查，纠正个别错误，集体讲评一般错误。

第五步：课堂总结。

五、评分标准

针对顾客特点恰当销售，使用销售技巧。

项 目	语言表达	仪表规范	得 分
分 值			

项目六 前厅信息管理

> **学习目标**
> - 了解前厅报表的设计和熟悉主要前厅的报表;
> - 熟悉前厅文档管理的内容和掌握客史档案制作;
> - 理解客房经营的主要指标和掌握前厅统计报表制作。

信息是管理的重要资源,而信息的获取则是现代管理的重要职能之一。酒店是一个有机的整体,酒店服务一环扣一环,并非单靠某个部门、某个人的努力就可以获得成功,同时由于客人对酒店服务质量评价是一次性的,因此酒店各部门、各岗位、各环节都必须紧密配合,密切联系,尤其以加强信息沟通最为重要。及时、有效地将获取的信息并传递给相关职能部门,是酒店提高服务质量、赢得客人满意的有效途径。

前厅部,是酒店的"神经中枢",是酒店的信息枢纽,是酒店各部门与客人联系的纽带。前厅部作为旅游酒店的信息中心,承担着收集、加工、处理和传递酒店各种经营信息的职能,是酒店各职能部门获取经营信息的重要来源。因此,前厅部管理人员应十分注重信息管理工作,如前厅报表制作与文档管理、前厅客史档案的建立与管理以及前厅经营统计数据分析等,为酒店全面优质管理打下基础。

任务一 前厅报表制作与文档管理

前厅部作为酒店经营活动的中心和信息中心,要利用经营与服务过程中所获得的统计信息资料,分析研究酒店商品经营状况和对策。前厅报表和文档又是酒店管理者了解经营情况的首要途径,所以,前厅报表制作与文档管理不容忽视。

一、前厅报表制作

前厅报表是前厅作为酒店管理机构的参谋和助手的最重要的方式,是前厅管理的主要内容之一。

(一) 前厅报表的作用

1. 是酒店管理者了解经营状况和计划实现情况的首要途径

前厅报表提供了酒店经营活动的具体情况和数据,酒店经营者能从报表中全面正确地了解到酒店的经营状况和酒店计划的实现情况,并做出客观的评价,从而不失时机地采取恰当的经营对策。

2. 为经营者制定未来的经营决策提供了依据

前厅报表既提供了目前酒店的经营情况,又将其与计划指标以及上年或历年的经营情况做了相应的比较,其中一些报表还可以对以后的一些经营情况指标做了预测。经营者通过这些报表,进行更深入的分析,从而可以把握酒店经营活动的发展趋势,为制定决策提供依据,这也使得经营决策更具有科学性。

3. 使前厅管理人员进行组织安排和计划工作时避免了盲目性

前厅管理人员通过报表可以清楚地了解本部门的经营实绩以及与酒店的要求存在哪些差距,从而对本部门工作进行适当的调整。前厅的预测报表,提供了未来的经营情况,前厅人员年可以根据报表,及早组织安排接待工作,发现问题也可以及时采取补救措施,从而为接待工作做好充分的准备,避免盲目性。

4. 为酒店其他部门提供了重要信息

作为酒店经营活动中心和信息中心的前厅,其经营状况必然与酒店其他部门的经营、运转和管理直接相关。因此,酒店的其他部门,通过前厅报表提供的情况和数据,可以了解和掌握到与本部门有关的信息,从而可更及时合理地安排和调整本部门的工作。此外,前厅报表所提供的数据还是其他部门统计报表的重要数据来源。

(二) 前厅报表的设计

1. 前厅表格设计的原则

(1) 符合酒店运转体系的要求。

前厅部管理人员在设计或修改部门使用的表格时,都要遵循符合酒店运转体系要求这一目标。即前厅部管理人员只有在明确了组织机构、职责范围以后,才有可能设计出符合运转体系、适合酒店规章制度的表格,也才有可能做好各类表格的衔接与配套工作。当运转体系发生变动后,管理人员应考虑部门所使用的表格的种类与内容是否有必要做相应的更改。

(2) 正确列项、简明扼要。

表格设计包括表格的种类与内容两个方面的工作。确定表格种类时,要考虑的关键问题是该表格是否有保留其使用的必要性。前厅部管理人员到应考虑如果没有这类表格将会对工作产生什么影响;此表格能否有其他表格代替。确定表格的内容时,要考虑表格所提供的信息是否能够满足前厅经营管理的需求,以及表格的内容是否简明扼要、一目了然,项目排列是否科学、美观。

(3) 定期审查、修订表格。

前厅部每年至少审查一次正在使用的报表。在进行修订工作之前,应广泛征求前厅员工的意见,认真研究需修订和新设计的表格内容。表格的设计、修订工作完成以后,要经过专门培训、试用、审查阶段,才能正式印刷使用。

2. 设计表格时应考虑的因素

(1) 明确目的。

要明确设计该报表的目的、用途、能说明的问题,报表的名称、制作过程及使用要点,以及制作后应分发给哪些人员等。

(2) 确定内容。

要明确报表应包括哪些内容,内容应简明扼要,排列应合乎逻辑,便于阅读,形式美观,整体报表看起来要一目了然。

(3) 确定格式与尺寸。

要明确报表应采用的规格,要考虑什么尺寸更便于存档,所设计的行间距是否适于书写或打字,表格外观如何。

(4) 确定纸张与印刷。

在决定纸张及印刷等一系列问题之前,需要首先考虑的因素是该表格是否与客人见面,然后再决定纸张的质量与成本,印刷的数量与费用,复写的方法,颜色、字体的选择以及是否需要编号、装订等等。

(三) 前厅主要报表

1. 每周预测表

前厅预订处应提前一周将预订客人人数、抵店日期、用房类型、团队会议、重要客人等信息统计并制作"每周预测表"(见表6-1),一式多份,分送酒店总经理、餐饮部、客房部、财务部、工程部等,以做好接待准备。

表 6-1 每周预测表

项目 预测数 日期	特级套房		甲级住房		标准客房		用餐			备注
	团体客人	重要客人	散客	重要客人	团体	散客	重要客人	早餐	午餐宴会	晚餐宴会	
一											
二											
三											
四											
五											
六											
七											
合计人数											
合计房数											

预测订房总数　　　　　　　　　　　　　　　预测房租收入
　　　　　　　　　　　　　　　　　　　　　制表人:
　　　　　　　　　　　　　　　　　　　　　　年　月　日

2. 次日抵店客人预测表

次日抵店客人预测表比和每周预测表内容更详细,此时要将具体的接待要求(包括客人姓名、用房类型、优惠条件、接待规格等)提前一天通知相关部门。这样,客房部可以提前安排好人员,及时整理好房间,前厅接待处可以准确分房,以便做好接待服务工作,如制作"团队接待通知单"(见表6-2)、"VIP 接待通知单"(见表6-3)等。在宾客抵店当天,前厅接待员应将有关变更或补充的接待细节通知相关部门,以做好接待服务。

表6-2 团队接待通知单

姓名:	
职务:	
公司:	
到店日期:	时间:
离店日期:	时间:
访问目的:	
到店接待:	
1)董事长　　　　总经理　　　　副总经理	
2)摄影师	
3)其他要求	
4)礼节	
离店:	
要求部门:	时间:
备注:	

表6-3 VIP 接待通知单

```
姓名_____  国籍_____  人数_____
旅行社_____
抵达日期_____
离开日期_____
单人_____     房租_____    双人_____    房租_____
三人_____     房租_____    套房_____    房租_____
三餐:
早餐:_____
午餐:_____
晚餐:_____
备注:_____
_____
_____
送往:
前台;旅行社;餐饮部;客房部
```

3. 未到客人报表

未到客人是指没有正式取消预订,但在预订当日未能抵店的客人,该表是酒店掌握超过预订比例的依据之一。未到客人报表(见表6-4)一式三份,分送前厅预订处、接待处和前厅部经理,以便前厅经理了解情况,预订员据此修订预订控制记录。

表6-4 未到客人报表

日期:				
姓名	离开日期	房间类型	房价	备注
总计:		客房数:		人数:

4. 当日取消订房表

此表用以统计当日取消预订客人的情况,以便预订员据此修订预订控制记录以及为掌握超额预订比例提供依据。当日取消订房表(见表6-5)一式三份,分送前厅经理、前厅接待处和预订处。

表6-5 当日取消订房表

日期:				
姓名	离开日期	房间类型	房价	取消原因
总计:		客房数:		人数:

5. 预订更改表

此表(见表6-6)反映客人由于某种原因而更改预订要求的情况。

表6-6 预订更改表

日期:									
姓名	入住日期		离开日期		房间类型		房价		备注
	旧	新	旧	新	旧	新	旧	新	
总计:				客房数:					人数:

6. 提前退房表

此表反映客人由于某种原因而提前退房的情况。制作提前退房表(见表6-7)目的是及时修订预订控制记录,提高客房出租率,也可作为确定超额预订的重要参数。

表6-7 提前退房表

日期:				
房号	姓名	原定退房日期	人数	原因
总数:_____				

7. 延期退房表

此表反映客人推迟抵店日期的情况。制作延期退房表(见表6-8)目的是及时修订预订控制记录,妥善处理应延期退房而造成客房无法正常安排的情况。

表6-8 延期退房表

日期:				
房号	姓名	离店日期	人数	原因
总数:_____				

8. 房租折扣及免费表

制作房租折扣及免费表(见表6-9)时,要在备注栏里注明优惠或免费的原因。

表6-9 房租折扣及免费表

日期:							
房号	姓名	离店日期	房类	房费	折扣	实收	备注

9. 次日客人退房表

制作次日客人退房表(见表6-10)有助于有效控制房态,做好退房结账的准备工作,防止客人逃账。

表 6-10　次日客人退房表

日期：				
房号	姓名	住店日期	人数	备注
总数：＿＿＿＿				

10. 今日住店 VIP 报告

制作今日住店 VIP 客人报告(见表 6-11)的目的在于让有关部门及管理者对 VIP 住店离店情况做到心中有数，以便做好相应的迎送等接待工作。

表 6-11　今日住店 VIP 报告

日期：				
姓名	职位/公司(单位)	抵店日期	离店日期	房号
员工＿＿＿＿＿＿　　主管＿＿＿＿＿＿				

11. 客房收入报告

客房收入报告(见表 6-12)是详细反映酒店每间客房收入情况的报告。制作客房收入报告有助于让管理者了解酒店客房每天收入的情况。

表 6-12　客房收入报告

房号	房间类型	男	女	房价	实际收入	备注	国籍
101	S	√		400	400		A
102	S		√	400	360	10%Disc.	J
103	S	√		400	0	COMP.	B
104	T		√	480	0	House Use	
105	T	√		480	480		CA
106	D		√	420	420		A
107	D		√	420	410	Single Rt.	F
108	D			420	0	O.O.O.	
109	S		√	400	400＋100	Late Out 50% plus	
110	S			400			

说明：
Disc.:折扣　　　　COMP.:免费房　　　　O.O.O.:待维修房
House Use:酒店自用房　　Single Rt.:单人房费　　Late Out:推迟离店房

二、前厅文档管理

文档管理是前厅部信息管理的重要组成部分，为使前厅部文档管理工作顺利进行，必须要建立健全的书档管理制度。

（一）前厅文档管理的原则

1. 专人负责

可以由前厅部各部门主管人员亲自进行管理，也可委任一位责任心强、细心、具有一定工作经验的前厅部人员具体负责。

2. 有章可循

前厅部经理应该明文规定文书档案管理的规则，供文档管理人员遵守。主要包括：

（1）确定哪些文件、表格应当存档；

（2）确定存放的排列顺序：是按日期或是按字母顺序存放，还是先日期后字母的顺序存放；

（3）确定存放的时间；

（4）确定销毁时的审批程序及方法。

（二）文档管理的步骤

1. 分类

先将需要整理的文件、表格等档案资料按运转体系的要求分为待处理类、临时归类、永久归类三大类。

（1）待处理类。

待处理类文档是指尚未处理的文件、表格等资料。例如，已填写完的客房预订单，已制作好但未经审核的表格，客人已填写好的入住登记表，待签字的传真，需要答复的文件、信函以及酒店客满时订房客人的等候名单等。

（2）临时归类。

临时归类文档是指短期内需要经过处理，然后进行整理归类的文件、表格等资料。例如，客人的预订资料、报价信函、住店客人登记表等。

（3）永久归类。

永久归类文档是指供查阅用的需要长期保存的文件、表格等资料。例如，客史档案、取消预订及预订未到客人的订房资料、已抵店客人的订房资料、婉拒订房的致歉信、各类合同的副本和已使用的表格等。

2. 归类存放

（1）待处理类。

首先按轻重缓急将文件、表格等资料分成急办（如等候签字的传真、文件、报表等）、日常事务（如各种等待处理的表格、文件等）、等候处理（预订客人等候名单、需回复的信函、需要起早的文件报告等）三类，然后分别存放在文件架中。

(2) 临时归类。

首先应分门别类地整理好,然后存放在专门的档案柜或档案抽屉内。一般按以下顺序存放临时归类文档资料:

① 预订资料。

近期的预订资料,先按抵店日期、后按抵店客人姓名的字母顺序存放;远期的预订资料,先按抵店月份、后按抵店客人姓名的字母顺序存放。

② 报价信函。

各种报价信函可按文档的字母顺序存放。

③ 住店客人登记表。

住店客人登记表可按客人的字母顺序存放。

(3) 永久归类。

可存放在贴有标签的活页夹内,也可存放在专用的资料柜内,也或者打成包,在包外标明名称,存放在专用的资料室内。有些酒店还会把需要长期保存的资料拍成微型胶卷或扫描成图,制作成数据库、电子文档存放于计算机或数据储存设备之中。总之,针对需要特别保存的资料,应该存放在特别安全的地方,以防止出现意外而造成损坏。一般按以下顺序存放永久归类文档资料:

① 客人预订资料。

客人预订资料可按抵店、取消、致歉、未抵店、散客、团队等归类,先按抵店日期、后按客人字母顺序存放。

② 客史档案。

客史档案可按客人字母顺序存放。

③ 已使用的表格。

已使用的表格可按日期顺序存放。

④ 各类合同副本。

各类合同副本可按合同名称字母顺序存放。

3. 制作索引

各类文档在存放前,专门负责管理人员应在文档的右上角写清楚索引字码。按姓名字母顺序排列的文档应写上客人姓氏的第一个字母,如 L、Z 等;按日期排列的文档应写上客人抵店的日期,如 12/3、1/11 等,以方便查阅。此外,还应建立一个文档存放的索引本,里面应标明文档的类型、内容、存放地点、起止日期、销毁时间等。

任务二　前厅客史档案管理

客史档案(Guest History Record)又称宾客档案,是酒店对在店消费客人的自然情况、消费行为、信用状况和特殊要求所做的历史记录。客史档案记录了住店至少1次以上的客人的相关情况,是在酒店服务工作中形成的具有查考价值并按一定制度归档的专业档案。

完整的客史档案不仅有利于酒店前厅开展个性化的服务,提高客人满意率,而且对做好客源市场的调查,增强酒店竞争力,扩大客源市场都具有重要意义。客史档案是酒店用来促进销售的重要工具,也是酒店改善经营管理和提高服务质量的必要资料。

一、建立客史档案的意义

建立客史档案对于提高酒店服务质量,改善酒店经营管理水平具有重要意义。

(一)有利于为客人提供"个性化"服务,增强人情味

为客人提供富有人情味的"个性化"服务,是服务的最高境界。建立客史档案有利于了解客人,掌握客人的需求特点,从而提供针对性服务,提高客人的满意度。

(二)有利于开展促销活动,争取回头客

客史档案的建立,有利于做好促销工作。通过客史档案,了解客人的出生年月、通信地址,与客人保持联系,向客人邮寄宣传资料、生日贺卡等。采取积极的促销活动,争取回头客。

(三)有利于提高酒店经营决策的科学性

客史档案的建立,有利于了解客人、客人的需求,并及时采取满足客人的措施,从而指导酒店的经营决策。

总之,酒店建立客史档案能提高客人满意率,扩大销售。客史档案主要分为手工的客史档案卡和计算机客史档案两种形式。客史档案卡是按字母顺序排列的卡片,每张卡片上记录了至少住店一次的客人的情况。未使用计算机系统的酒店常常将客人登记表的最后一联作为客史档案卡保存。这些卡片包含了许多珍贵的资料。使用计算机系统的酒店,有专门的客史档案菜单,计算机系统会根据菜单指令记录、储存客人的有关资料,并随时打印出来。

【情景模拟】

一次美国纽约交响乐团访问曼谷。曼谷东方酒店得知,该团的艺术大师朱宾·梅特酷爱芒果与蟋蟀,便派人遍访泰国乡村,为他找来早已落市的芒果,甚至通过外交途径,弄到不久前刚刚进行过的蟋蟀大赛录像。如此,人们也就不难理解,为什么梅特一行106人,竟然会拒绝曼谷其他豪华酒店的免费住宿的美意,宁肯花钱进"东方"的道理。也许是同样的原因,东方酒店接待的客人中,曾经下榻过的客人达50%以上。尽管那里的房价昂贵,但仍有不少巨贾富商不惜巨金,长时间地把几间客房包租下来。

二、客史档案的内容

通常,酒店建立的客史档案主要来源于订房单、入住登记表、客账单、投诉及处理结果的记载、宾客意见征求表以及其他平时观察和收集的资料。

客史档案一般应包括以下具体内容。

（一）宾客基本资料

饭宾客基本资料主要包括宾客姓名、性别、年龄、出生日期、婚姻状况、国籍、公司名称、职务头衔、电话号码、通信地址、同行人等。收集保存这些资料，便于酒店了解目标市场客人的基本情况，也可以了解市场基本情况及客源市场的动向等。

（二）宾客预订资料

宾客预订资料主要包括宾客的预订方式、预订时间、预订的种类及介绍宾客住宿者等。收集保存这些资料，便于酒店选择销售渠道以及做好具有针对性的广告和促销工作。

（三）宾客消费资料

宾客消费资料主要包括宾客租用客房的种类、所支付的房价、餐费其他费用的支出、付款方式、信用程度、接受的服务种类以及酒店从客人处获得的营业收入等。收集保存这些资料，便于酒店了解客人的消费水平、信用情况及消费喜好等。

（四）其他个人资料

其他个人资料主要包括宾客的旅行目的、生活习惯、宗教信仰、喜好禁忌、住店期间的特殊要求等。收集保存这些资料有利于酒店开展针对性的对客服务，增加宾客满意度。

（五）反馈意见资料

反馈意见资料主要包括宾客住店期间的意见反馈、投诉和处理、接待规格等。收集和保存这些资料，便于酒店加强与客人的沟通，做好针对性服务。

【情景模拟】

里根夫妇的晨衣

1984年美国总统里根到上海访问，下榻锦江酒店。里根总统和夫人南希早上起来，服务人员已经准备好了晨衣，里根和夫人穿上一试，不由得惊讶起来："哦，这么合身！就像为我们量了尺寸定做的。"里根和夫人没有想到，"锦江"早已建立了他们这方面的档案资料，而且还知道南希喜欢鲜艳的红色服饰，事先专门为她定做了大红缎子的晨衣。为了感谢"锦江"出色的服务，里根在离开锦江酒店时，除在留言簿上留下他的赞誉之词外，还特地将他们夫妇的合影照片夹在留言簿内，并在背面签名赠给锦江酒店留念。

点评 上海锦江酒店是我国一家著名的五星级酒店。它曾多次成功地接待了到我国进行国事访问的外国总统和总理。怎样才能接待好国宾呢？锦江酒店给了我们很好的启迪。存有所有下榻本店贵宾的档案资料，这是锦江酒店的不同凡响之处。为了接待好美国总统里根夫妇等贵宾，锦江酒店通过我国驻外使馆、外事机构，以及查阅有关资料和观看有关录像片等多种渠道，及时掌握了前来酒店下榻国宾的生活爱好、风俗习惯等有关情况，即便是一些细节也从不放过。正是这些客史档案为锦江酒店赢得了宾客一致赞誉的口碑。

三、客史档案的建立

(一) 客史档案建立的原则

为了使客史档案工作有效和便于管理,建立客史档案时应注意以下原则。

1. "一客一档"/"一团一档"

客史档案卡是对住店一次以上的客人,采取"一客一档"和"一团一档"的方式,按顺序排列的索引卡,专指性强,查阅方便,检准率高。

2. 便捷规范

建立健全客史档案的管理制度,确保客史档案工作规范化,同时制定出严谨的编目和索引,客史卡片存放要严格按照既定的顺序。客史卡可边形成边排列,逐"户"积累,插入取出自由,可以随时增减。

3. 连续完整

当一张客史卡片填满后,要另建一张新卡,但原卡不能丢弃,应订在新卡的后面,两张卡要放在一起,以体现其时间上和内容上的连续性和完整性。

4. 定期整理

档案室要长久保存的资料,因此必须定期整理,纠正存放及操作失误,清理作废的卡片,以保持客史档案的完备。

当然,考虑到为每位住客设卡,工作量大,各酒店可根据自身的实际情况而规定设卡的范围,以求实效,如只为 VIP、常客、消费层次高的客人、个别重点团队、某些特殊会议等设立客史档案。

(二) 客史档案的建立

客史档案的建立必须得到酒店管理人员的重视和支持,并将其纳入有关部门和人员的岗

位职责中,使之经常化、制度化、规范化。同时,客史档案的建立不仅依靠前厅员工的努力,而且有赖于酒店其他有关部门和接待人员的大力支持和密切配合。

1. 入住登记表

这种方式是将客人住宿登记表的最后一联或在登记表的背面,记录一些客人档案中应记载的内容即可保留建档。这种方式比较简单,但不太规范,也不便于管理,多见于中、小型手工操作的酒店。

2. 客史档案卡

档案卡常被设计成表格形式,酒店可以逐项填写客人的各种情况和信息,并按英文 26 个字母编写出档案卡号码;还可将卡片印成各种颜色,来表示不同的内容和含义,以方便保存和取用,如表 6-13 所示。

表 6-13 客史档案卡

（正面）

姓名：		性别：		国籍：	
出生日期及地点：			身份证号：		
护照签发日期与地点：			护照号：		
职业：			职务：		
工作单位：					
单位地址：			电话：		
家庭地址：			电话：		
其他：					

（反面）

住店序号	房号	抵店日期	离店日期	房租	消费累计	投诉及处理	特殊要求	备注

3. 电子客史档案

电子客史档案是在计算机系统中设定客史档案栏目。将客人的各种信息输入储存，以供随时查阅。该方式操作简便，信息存储量大，易于保存。

随着以计算机为代表现代信息管理技术在酒店管理中的广泛应用，为客史档案卡的建立提供了极大的方便，它可以将浩如烟海的个人资料以最快的速度输入并储存起来，从而为酒店服务工作的个性化开辟了道路。用现代信息技术建立和管理客史档案卡，不仅输入速度快、容量大，而且调用方便，从而可以极大地提高客史档案的使用效率和管理水平。

【情景模拟】

知己知彼——设立客户档案卡

抓住回头客是酒店营销的黄金法则。拥有大量忠诚的客户是酒店追求的目标。但在吸引回头客的过程中,不同的酒店有着不同的手法,有的拼命给客户打折扣,有的则给客人发 VIP 卡,还有的则由总经理亲自致谢……但在残酷的竞争面前,这些方法似乎还算不上灵丹妙药,老客户改投他店的事例多不胜数,而蓝天大酒店的方法似乎棋高一着,颇有借鉴的价值。

庄先生是南洋商贸公司的总裁,因为业务关系,经常到苏州,而且必定下榻蓝天大酒店。这一点颇令他的朋友们纳闷,凭庄先生的财力和身份,完全可以入住四五星级大酒店,为何独钟爱三星级的"蓝天"。其实庄先生只是蓝天大酒店庞大的客户网络中的一员。自 5 年前开业至今,几乎每一个人光临过"蓝天"的顾客都很快成为其忠实的拥护者。庄先生预备来苏州时,一个预订电话,报上姓名,一切手续就都已安排妥帖。

庄先生是"蓝天"的老客户,每次他预订房间后,酒店就为他安排靠近西村公园的房间,号码是他的幸运数字 16;再在房间里摆上总经理亲笔签名的欢迎信,旁边摆放他最喜欢的康乃馨鲜花篮;他听力不好,电话铃声需调大;卫生间里换上茉莉花型的沐浴液,浴巾要用加大型的;他是一个保龄球迷,每逢酒店有保龄球晚会,都会提前通知他。

原来,凡是住过"蓝天"的客人,在营销部都有一份详细的资料档案卡。档案卡上面记载着顾客的国籍、职业、地址、特殊要求、个人爱好、喜欢的娱乐活动、饮食的口味及喜欢的酒水等。

任务三　前厅经营统计数据分析

前厅部作为酒店经营活动的中心和信息中心,要利用经营与服务过程中所获得的统计信息资料,分析研究客房商品经营状况和对策,这也是前厅管理的重要内容之一。

一、前厅统计报表

前厅统计报表是根据酒店经营管理的要求而设置的,它是酒店管理者了解经营情况的首要途径,是酒店管理者做出正确决策的依据,也是酒店其他各部门获取信息的重要来源,所以前厅报表不容忽视。

前厅部每天需要向酒店及有关部门报送的表格数据种类很多,有些前面已经介绍过。在各种前厅报表中,最主要的是客房营业日报表。客房营业日报表又可称为每日客房统计表,是由接待处夜间值班员制作的一份综合反映每日客房经营状况的表格。此表一式数联,报送酒店总经理、副总经理、财务部、客房部等,作为酒店管理人员了解情况,做出经营决策的重要依据。

客房营业日报表的格式与内容因酒店而异,但大致包括各类用房数、各类客人数、出租率、客房收入等方面内容(见表 6-14)。

表 6-14 客房营业日报表

年　月　日

	今天		本月累计	与去年同期比较	
客房总数					
酒店自用房					
维修房					
免费房					
可出租客房					
已出租客房					
客房出租率					
客房收入					
平均房价					
	人数	房数	今天在店	人数	房数
预订			散客		
预订未到			团队		
取消预定			长住客		
按预订已到			VIP		
其中:团队					
未预订开房			备注		
续住					
实际在店					
原定今天离店					
延长停留					
提前离店					
今天实际离店					
明天预期离店					
预计明天空房	——				

制表人：_____　_____

主要营业统计数据计算如下。

(一) 当日出租的客房数与在店客人数

1. 当日出租客房数

当日出租客房数＝昨天出租的客房数－当日离店客人用房数＋当日抵店客人用房数

2. 当日在店人数

当日在店客人数＝昨天在店客人数－当日离店客人数＋当日抵店客人数

（二）计算客房出租率和各类平均房价

1. 客房出租率

$$日出租率 = \frac{日出租客房数}{可供出租客房数} \times 100\%$$

$$月出租率 = \frac{月出租客房天数}{可供出租客房数 \times 月营业天数} \times 100\%$$

$$年出租率 = \frac{年出租客房天数}{可供出租客房数 \times 年营业天数} \times 100\%$$

2. 平均房价

$$总平均房价 = \frac{客房房租总收入}{已出租客房数}$$

$$散客平均房价 = \frac{散客房租总收入}{散客占有客房数}$$

$$团队平均房价 = \frac{团队客房租收入}{团队客占有客房数}$$

$$长住客平均房价 = \frac{长住客房租收入}{长住客占有客房数}$$

3. 客人的平均房价

$$客人的平均房价 = \frac{客房房租总租收入}{入住客人数}$$

（三）计算各类客人占用客房的百分比

1. 散客房占用百分比

$$散客房占用百分比 = \frac{散客占用客房数}{已出租客房数} \times 100\%$$

2. 团队客客房占用百分比

$$团队客客房占用百分比 = \frac{团队客占用客房数}{已出租客房数} \times 100\%$$

3. 免费客房占用百分比

$$免费客房占用百分比 = \frac{免费占用客房数}{已出租客房数} \times 100\%$$

4. 预订客人房间占用百分比

$$预订客人房间占用百分比 = \frac{预订客人占用客房数}{已出租客房数} \times 100\%$$

(四)计算各类订房变化的比率

1. 空订百分比

$$空订百分比 = \frac{预订不到客人数}{预订客人数} \times 100\%$$

2. 取消预订的百分比

$$取消预订的百分比 = \frac{取消预订客人数}{预订客人数} \times 100\%$$

3. 提前离店客用房百分比

$$提前离店客用房百分比 = \frac{提前离店客用房数}{预期离店客用房数} \times 100\%$$

4. 延长停留客用房百分比

$$延长停留客用房百分比 = \frac{延长停留客用房数}{预期离店客用房数} \times 100\%$$

二、客房经营主要指标分析

酒店管理者及前厅部人员应掌握的客房商品经营主要分析指标有以下几个。

(一)客房出租率

客房出租率(也称周转率)是反映酒店经营状况的一项重要指标,它是已出租的客房数与酒店可以提供租用的房间总数百分比。其计算公式为

$$客房出租率 = \frac{已出租客房数}{可供出租客房总数} \times 100\%$$

上式比值越大,说明实际出租客房数与可供出租的客房数之间的差距越小,也就说明酒店的客源市场越充足,在一定程度上表明了酒店经营管理的成功。

客房收入是酒店经济收入的主要来源,所以,客房出租率是酒店经营管理中所要追求的重要经济指标,它直接关系到酒店的盈亏状况。为此,酒店的盈亏百分线也是以客房出租率来表示的,即保本出租率。

一家酒店的保本出租率可根据财务部门提供的数据进行计算。其计算方法如下

$$保本出租率 = \frac{保本营业额 \div 平均房价}{可供出租客房间天数} \times 100\%$$

其中:

$$保本营业额 = \frac{固定成本总额}{1 - 变动成本率 - 税率}$$

例如,某酒店拥有客房200间,年固定成本1 000万元,变动成本率12%,营业税税率

5%,当年每间客房平均房价为 300 元,则

$$客房保本营业额 = \frac{1\,000}{1-12\%-5\%} = 1\,204.82(万元)$$

$$保本出租率 = \frac{12\,048\,200 \div 300}{200 \times 365} \times 100\% = 55\%$$

计算结果表明,这家酒店的保本出租率是 55%,如果出租率低于 55%,酒店会处于亏损性经营;反之,高于 55%,酒店就能盈利。

保本出租率的掌握,对酒店的经营管理有着重要的指导作用,如果本酒店的保本出租率高于竞争对手,则要考虑如何降低成本;如果本酒店的保本出租率低于竞争对手,则可适当考虑利用价格优势争夺客源市场。

显而易见,酒店要获得更多的盈利,必须扩大客房销售,提高客房出租率。但是,这并不是说客房出租率越高越好。因为酒店要想严格控制质量,在市场竞争中保持长久的实力,就须有意识地控制客房使用,为客房维修和全面质量控制创造机会。若一味地追求高出租率,一方面设施设备超负荷使用,长此下去,必然会出现设施设备得不到必要的保养维修,用具功能失灵、建筑物使用寿命缩短等问题。另一方面,常年过高的出租率必然使客房服务人员被牢牢地固定在服务工作岗位,无暇参加培训教育,加之工作疲劳,使服务质量下降,造成管理工作的极大困难。除此之外,酒店还要考虑一些具体的经营安排。例如,酒店要留有用于交际往来使用的免费房间,要留有房间以保证临时光临宾客的需要,还要留有房间作紧急情况下调剂使用等。为此,一些专家提出了较为理想的年平均客房出租率是在 80% 左右,最高不能超过 85%。

(二) 客房销售效率

客房销售效率是实际客房出租所得销售额占全部可出租房间的全价出租的销售总额的百分比。其计算公式为

$$客房销售效率 = \frac{客房实际销售额}{全部客房牌价出租的总销售额} \times 100\%$$

例如,某酒店拥有可出租客房 280 间,其中:单人间 50 间,房价 300 元;标准间 180 间,房价 400 元;普通套间 30 间,房价 600 元;豪华套间 10 间,房价 800 元。某日的客房收入额合计为 80 000 元。试计算客房销售效率。

$$客房销售效率 = \frac{80\,000}{50 \times 300 + 180 \times 400 + 30 \times 600 + 10 \times 800} \times 100\% = 64\%$$

客房销售效率实际是以价值量表示的客房出租率,在客房经营统计分析中,它比单纯以数量变化得出的出租率更完善、更准确。它不仅能反映客房销售数量的多少,还反映了客房平均销售价格的大小,以及客房销售类型结构的变化等因素,因而衡量出客房销售的实际效果。为了更好地确定销售目标,准确分析并预测销售状况,可以将客房销售效率与客房出租率结合运用。

(三) 双开率

双开率即双倍客房出租率,是指两位客人同住一个房间的房数占所出租房间总数的

百分比。其计算公式为

$$双开率 = \frac{客人总数 - 已出租客房数}{已出租客房数} \times 100\% = \frac{双人房占用数}{已出租客房数} \times 100\%$$

例如,某酒店下榻客人数为 390 人,当日出租客房数 280 间,其客房双开率为

$$双开率 = \frac{390 - 280}{280} \times 100\% = 39.3\%$$

双开率还有一种表示方法,是以房间为单位,双开率表示每一间已出租的房间所住的客人数

$$双开率 = \frac{客人总数}{已出租客房数}$$

带入上列的数据,则双开率为 1.393(=390÷280),即每个房间平均住 1.393 人。

双开率指标可以反映客房的利用状况,是酒店增加收入的一种经营手段,其前提是一个房间(单人间除外)划出两种价格。比如,一个标准间住一位客人时,房价 450 元;住两位客人时,每位只收 300 元。这样客人可节省 1/3 的房费开销,而酒店又增加了 1/3 的收入,同时,酒店增加的劳动成本却很小。但是客房双开率只有与客房出租率配合使用才有意义。在客人有限的情况下,前厅接待员应首先考虑多销售客房,提高客房出租率,而不是有意提高双开率。

(四) 实际平均房价

实际平均房价是酒店经营活动分析中仅次于客房出租率的第二个重要指标,它是客房总收入与实际出租客房数的比值。其计算公式为

$$实际平均房价 = \frac{客房总收入}{出租客房数}$$

例如,某酒店某日客房总收入为 45 000 元,当日出租的客房总数为 150 间,则实际平均房价为

$$实际平均房价 = \frac{45\ 000}{150} = 300(元)$$

实际平均房价的高低直接影响酒店的经济收益。影响实际平均房价变动的主要因素是实际出租房价、客房出租率和销售客房类型结构。酒店的实际出租房价与门市价有较大的差别,由于优惠、折扣、免费住宿等,实际出租房价会低于门市价,有时会低得多。只有在经营旺季执行旺季价时,才会接近甚至高于门市价。

实际平均房价与客房出租率密切相关。一般来说,要提高客房出租率,会使平均房价降低;反之,要保持较高的平均房价,会使客房出租率下降。所以,处理好客房出租率和平均房价的关系,既得到合理的平均房价,又要保持较高的客房出租率,使客房收益最大,这是酒店经营管理的艺术。片面追求某一方面,都是不正确的。

销售客房类型结构的变化也是影响实际平均房价高低的一个重要因素。目前大多数酒店都确定四至五个等级的房间。房间等级不同,价格也不相同。一般来讲,

酒店标准间占酒店客房数的大部分,其价格基本上趋于平均房价,是酒店前厅部、营销部向客人推销的主要客房种类。在其他因素不变时,高档客房销售量增加,则平均房价就会提高,所以前厅接待员应掌握一定的推销技巧,以便成功地推销较高档次的客房。

(五)理想平均房价

如前所述,理想平均房价是指酒店各类客房以现行牌价、按不同的客人结构出租时可达到的理想的平均房价,它是一定时间内从出租客房的最低价和最高价中得出的平均值。计算理想平均房价时,要结合客房出租率、双开率及客房牌价进行。

例如,某酒店共有客房400间,其类型及出租牌价如表6-15所示。预计未来酒店客房出租率可达80%,双开率30%,求其理想平均房价。理想平均房价计算如下。

表6-15 某酒店客房类型、数量及牌价

客房类型	数量(间)	牌价(元)	
		1人住	2人住
单人间	50	140	—
标准间	300	200	260
普通套房	40	300	400
高级套房	10	450	600

1. 从低档到高档,计算平均房价

即为客人排房时,先从最低档的单人房开始,依次向高一档的客房类型递进,直到把客人全部安排完为止[酒店平均每天开房数为320间(=400×80%)]。由此计算出的平均房价为低价出租客房时的平均房价。

(1)每日客房收入为

50间×140元/间=7 000(元)

270间×200元/间+96间×60元/间=59 760(元)

每日客房收入总计

7 000元+59 760元=66 760(元)

(2)平均客房价格为

平均客房价格=66 760÷320=208.6(元)

2. 从高档到低档,计算平均房价

即为客人排房时,先从最高档的高级套房开始,依次向低一档的客房类型递进,直到把客人安排完为止。由此计算出的平均房价为高价出租客房时的平均房价。

(1)每日客房收入为

10间×450元/间+3间×150元/间=4 950(元)

40间×300元/间+12间×100元/间=13 200(元)

270间×200元/间+81间×60元/间=58 860(元)

每日客房收入总计

4 590＋13 200＋58 860＝77 010(元)

(2) 平均房价为

$$平均房价 = \frac{77010}{320} = 240.7(元)$$

3. 将低价出租客房平均房价与高价出租客房平均房价加以简单平均,即得理想平均房价

$$理想平均房价 = \frac{208.6 + 240.7}{2} = 224.7(元)$$

理想平均房价为224.7元,即酒店在未来一个时期内的平均房间标准收益是224.7元。将实际平均房价与这个标准收益进行比较,可以较为客观地评价客房经营的收益程度。如果实际平均房价高于理想平均房价,说明经济效益好,酒店可获得较为理想的盈利。这种比较也可以在一定程度上反映牌价是否符合市场情况:如果二者相差甚远,说明牌价可能过高或过低,不符合市场状况,需要调整。

本章小结

前厅部是酒店的信息传输中心,其信息量大,且变化快,要求高效率地运转。同时,前厅部对前厅报表的制作与文档管理、客史档案的管理以及经营统计数据分析的效果将直接影响酒店其他部门的对客服务效率。因此,前厅部管理人员应注重前厅报表的制作、客史档案的建立和管理、文书档案的管理和经营统计数据分析等工作,为酒店提供全面优质服务打下基础。

【专业知识训练】

一、选择题

1. 设计前厅报表时应考虑的因素有(　　)。

A. 明确目的　　　　　　　　　　B. 确定内容

C. 确定格式与尺寸　　　　　　　D. 确定纸张与印刷

2. 在前厅文书档案管理中属于永久归类文档的是(　　)。

A. 住店客人登记表　　　　　　　B. 取消预订

C. 客史档案　　　　　　　　　　D. 预订未到客人的订房资料

3. 客史档案的内容包括有(　　)。

A. 宾客基本资料　　　　　　　　B. 宾客消费资料

C. 宾客预订资料　　　　　　　　D. 反馈意见资料

4. 客史档案建立的原则有(　　)。

A. "一客一档"　　　　　　　　　B. 便捷规范

C. 连续完整　　　　　　　　　　D. 美观大方

5. 酒店管理者及前厅部人员应掌握的客房商品经营主要分析指标有（　　）。
A. 客房出租率　　　　B. 客房销售效率　　　C. 双开率　　　　D. VIP接待量

二、判断题

1. 前厅应在预订客人抵店时，将具体的接待要求通知相关接待部门。（　　）
2. 确定表格的内容时，要考虑表格所提供的信息越全面、越完整越好。（　　）
3. 预订资料应存放在永久归类文档里。（　　）
4. 客房出租率越高，酒店的客房收益率一定随之增高。（　　）

三、简答题

1. 如何进行文书档案管理？
2. 建立客史档案有何意义？

四、案例分析

环环相扣方保万无一失

暮秋的一天上午，海天大酒店的总台人员和往常一样，进行着交接班工作。

8点20分，一位中年男子走到总台对服务人员说："小姐，我要退房。"说着把钥匙放到总台。总台收银随即确认房间，电话通知服务中心查房，并办理客人的消费账单。但是客人没有停在总台而径直走向商场，商场部服务员小张面带微笑询问客人："先生，您需要什么？"客人说："要两小包金芒果香烟。"小张对客人说："麻烦问一下，您在海天酒店住吗？"客人说："是的，在501房，可挂账吧！"细心的小张刚刚看到客人把钥匙放在总台，不知客人是否要退房，如是退房，客人就有逃账的可能。职业习惯和强烈的责任感使小张对客人说："先生，您稍等，我到总台问一下您能否挂账。"说着便走向总台，客人急切地问："能否开发票？"小张说："商场不能开，但我可以在总台为你开发票。"客人说："那算了。"话语间，客人和小张已经走到总台，小张从总台接待那里了解到客人正在结账，此时收银员小高接到服务中心电话说，501房间内两条浴巾不见了。小高看到客人从商场走过来便问道："先生，您见没见501房间内的两条大浴巾？"客人面带不悦高声说道："昨天晚上你们根本没有给我配，我还没有投诉你们，昨天我回来得晚，还没找你们的事呢。"小高对着话筒说："客人说昨天没有配，再查查。"服务中心小徐在电话里说："可能没有配吧，让客人先走吧。"与此同时，商场部小张对客人说："总台可以为您开具发票，您是否还需要烟？"客人看上去一反常态，极不高兴而又无奈地拿出100元给了小张，小张很快为客人找零拿烟，并将消费小票给了总台，以便开发票。

这一切都被质检部人员看在眼里，便到五楼服务中心了解501房情况，服务中心小徐说："昨天有一个房间里没有配毛巾，501房间里找不到大浴巾，我想可能是没有配。"这时，服务中心领班说："501房间客人住了好几天，查一下房态以及物品配备情况记录。"经过查证，501房间客人从13号入住到18号早上退房，在这5天内，每天都有配备大浴巾的记录，服务中心领班又打电话到清洁班服务员家，结果回答是大浴巾配了。质检人员说再到房间查查，发现501房间除了大浴巾不在，所有物品配备齐全，因此推断，是客人拿走了大浴巾，服务中心人员打电话到总台，收银员小高告知客人已经离店。

服务员工作的疏忽，给酒店造成了损失。

（资料来源：http://www.dake21.net。）

问题:该酒店前厅部在信息管理中存在哪些漏洞？应如何解决？

【职业技能训练】

一、实训目的

了解客史档案建立的原则,掌握客史档案的内容,提高学生客史档案的整理能力。

二、实训内容

建立客史档案。

三、实训时间

现场教学1课时。

四、实训材料

教师提供素材和学生搜集材料相结合。

五、实训方法

以3~5人为一组,课前制作、搜集相关资料结合教师提供的客史档案素材相结合,建立客史档案。

六、评分标准

考核要点	分 值	扣 分	得 分
客史档案的完整程度	30		
客史档案的连续程度	20		
客史档案的规范程度	30		
操作的熟练程度	20		
总　计	100		

项目七　信息沟通与宾客关系管理

> **学习目标**
>
> ➤ 熟悉前厅部与其他部门及部门内部沟通协调的内容和程序；
> ➤ 了解顾客让渡价值的含义；
> ➤ 掌握与宾客沟通的方法和技巧；
> ➤ 理解宾客投诉的原因；
> ➤ 掌握宾客投诉处理的原则及程序。

任务一　前厅部部际沟通

一、前厅部部际沟通的内涵

(一)沟通的定义和目的

1. 沟通的定义

管理学中的沟通，是指相关岗位之间信息传递和反馈的过程。有效的沟通包括信息传递，即把信息全部传递出去和信息接收者及时、准确、充分地获取全部信息并在必要时反馈信息两个方面。

2. 沟通的目的

沟通协调是一种管理活动，这种管理活动是以酒店的决策目标为基本出发点，通过对不同业务部门的调整、联络等活动，使酒店各部门之间、员工之间、酒店与客人之间、酒店与社会公众之间和谐统一，充分发挥各部门的工作潜能，以实现酒店的经营目标。

酒店是一个多部门、多功能，为社会提供综合性服务的行业。众多的部门和功能在自行运行和发挥作用的同时，一方面要保持自身的有效性，另一方面各部门之间只有做到协调一致，和谐统一，才能实现酒店的总体目标。

【情景模拟】

一天下午,一位香港客人来到上海一家他几天前曾住过的酒店总台问讯处,怒气冲冲地责问接待员:"你们为什么拒绝转交我朋友给我的东西?"当班的一位大学旅游管理系的实习生小黄,连忙查阅值班记录,不见上一班有此事的记载,便对客人说:"对不起,先生,请您把这件事的经过告诉我好吗?"客人便讲述了事情的原委。

小黄听了香港客人的陈述,对这件事的是非曲直很快有了一个基本判断,马上对客人说:"很抱歉,先生,此事的责任在我们酒店。当时,值台服务员已经答应了您的要求,但他没有把此事在值班簿上记录留言,造成了与下一班工作的脱节。另外,下一班服务员虽然未得到上一班服务员的交代,但也应该根据实际情况,收下您朋友带来的东西。这是我们工作中的第二次过失。实在对不起,请原谅!"

说到这里,小黄又把话题一转,问道:"先生,您能否告诉我,您朋友送来让寄存的东西是何物?""唔,是衬衫。"

小黄听了马上以此为题缓解矛盾:"先生,话又得说回来,那位服务员不肯收下您朋友的衬衫也不是没有一点道理的,因为衬衫一类物品容易被挤压而受损伤,为了对客人负责,我们一般是不转交的,而要求客人亲自交送。当然您的事既然已经答应了,就应该收下来,小心保存,再转交给您。不知现在是否还需要我们转交,我们一定满足您的要求。"

"不必啦,我已经收到朋友送来的衬衫了。"

客人见小黄说得也有点道理,况且态度这么好,心情舒畅多了,随之也打消了向酒店领导投诉的念头。

(二) 沟通的原则

1. 沟通目的

为了有效地进行沟通和协调,事先要明确沟通协调的目的,即为什么要进行沟通协调,需要沟通协调的内容到底是什么。然后将需沟通协调的内容仔细、慎重地计划一下,清晰、明了地进行。

2. 注重对象和时机

同谁进行沟通协调,为什么?这时,需要考虑进行沟通协调对象的权限、能力、背景、经历以及对方人际关系情况等。在什么时候进行协调,为什么?此时,应考虑什么时间进行沟通协调,才能做到准确及时,保证正常的服务工作效率。

3. 选择正确的渠道

在需要进行沟通协调时,要采用何种渠道来传递?利用何种渠道,才能使对方对你所进行的沟通协调引起重视,为什么?

4. 注重信息的接受及反馈

尽管进行沟通及协调,但我们并不能肯定对方是否已正确理解及接受,因此,需要进一步核查沟通协调的内容及对方的反应情况,以此完善沟通协调过程,保证沟通协调效果。

（三）沟通的方式

1. 会议沟通

会议是一种面对面的最明朗、最直接的联系和交流方法，如由前厅部经理召集的部门例会、晨会，前厅部各工种进行的班前会等。当然，会议的次数和时间都不能影响到酒店的正常业务运行。

2. 函件沟通

（1）报纸、杂志和内部简报。酒店的刊物在酒店创建企业文化过程中起着最重要的作用。酒店刊物通常采用店报形式，也有店刊、内部简报等。店报以月报形式多见，主要登载酒店的要闻，宣传酒店的理念和宗旨，发表员工的习作。

（2）互致的信函。前厅部员工给前厅部经理写信，前厅部经理给前厅部员工发公开信，可以交流信息，加强沟通与理解，探讨前厅部的有关业务，也是一种有效的联系手段。这种方法花费不多，却比较容易为员工所接受，可以收到很好的效果。

（3）备忘录。备忘录是酒店上下级、部门之间沟通协调的一种有效形式，包括工作指示、接待通知单、请示、建议、汇报、批示等。

（4）员工手册。酒店经营管理的一个常见方法是编印《员工手册》。《员工手册》人手一册，内容包括规章、政策、权利、禁止事项以及有关酒店或服务、历史和组织等介绍。这一方法对员工内部协调是非常有效的。

（5）日志/记事本。日志/记事本是酒店对客服务过程中各班相互沟通联系的纽带，主要用来记录本班组工作中发生的问题、尚未完成而需要下一班组继续处理的事宜等。酒店各部门、各环节、各班组均需建立此制度，确保信息传递渠道畅通、迅速、有效。

（6）报表和报告。报表和报告，既是酒店内部各项工作衔接的手段，也是内部沟通和传递信息的方法。报表包括各种营业统计报表、营业情况分析表、内部运作报表等；报告则包括按组织机构管理层次逐级呈交的季度、月度工作报表。报表和报告可以使酒店的经营状况一目了然，可以使管理者掌握基层工种和班组员工的思想状况和服务水平。

许多酒店发现员工对酒店状况，尤其是对切身利益有影响的问题特别关心，因此特别编印真实而具体的有关本酒店收支及发展状况的财务报表发给员工阅读。这种方法可以有效地调动员工关心酒店、参与民主管理的积极性。

3. 活动沟通

多种形式的团体活动是消除误解隔阂、加强沟通交流的较理想的方式。酒店应定期不定期地举行这类活动，如联谊会、茶话会、酒会、歌舞会、郊游等。去别的酒店考察、外出参观等也是较好的团体活动。

4. 培训沟通

酒店开展内部员工培训，如前厅部员工的培训、前厅部主管和领班对员工的培训、前厅部员工对员工的培训等。通过培训既能提高前厅部员工和各级管理人员的业务水平和语言表达能力，又能加强员工之间与管理人员之间的沟通和理解，还能有助于管理人员准确评估员工水平，进而合理安排员工的工作和提拔任用优秀员工。

5. 其他形式的沟通

公告牌是简单也是最常见的沟通方法之一。它能告知有关事项，提供有关信息、提供当日的工作要点。前厅部日常工作中还可大量使用电话、电脑、传真、电子邮件等通信方式进行沟通，可以大大提高沟通效率和沟通的准确性。

二、前厅部内部员工之间的沟通、协调

前厅内部沟通是指前厅内部各环节之间的相互沟通，主要包括客房预订、入住接待、问讯、前台收银（有些酒店已实行"四合一"）、礼宾行李服务、商务中心以及电话总机等部门之间的沟通。酒店的服务经常涉及多个部门，部门之间的沟通与协调非常重要，在服务规程中应该有明确的规定，否则难以提供令客人满意的服务。

（一）接待处与客房预订处

(1) 预订处要及时把有关客人的订房要求及个人资料移交接待处，接待处把预订没到的客人情况返回预订处，以便预订处进一步查找有关资料，做出处理。

(2) 对预订客人抵店当天的订房变更或订房取消信息，预订处应及时通知接待处做出相应处理。

（二）预订处与礼宾部的沟通协调

(1) 预定处把预计翌日抵店的客人资料及有关接待要求，详细列表交礼宾部。

(2) 礼宾部根据资料情况，安排酒店代表和行李员为客人提供接站和行李服务。

（三）接待处与礼宾部的沟通协调

(1) 客人抵店时，行李员协助客人照看行李，引导客人到接待处。

(2) 行李员协助总台为客人传递留言条、换房通知单等资料。

（四）接待处与前台收银处的沟通协调

(1) 接待处应及时把客人的入住登记资料交给收银处，以便收银处管理客账。

(2) 换房时，接待处应迅速通知收银处。

(3) 双方在夜间都仔细核账，以免漏账、错账，确保正确显示当日营业状况。

三、前厅部与酒店其他部门的沟通、协调

（一）与总经理室沟通

前厅部除及时向总经理请示、汇报前厅运行与管理过程中的重大事件外，平时还应与总经理室沟通下列信息：

(1) 定期呈报"客情预报表"。

(2) 每日递交"客情预测表"、次日抵离店客人名单。

(3) 递交贵宾接待规格审批表，报告已订房贵宾的具体情况；贵宾抵店前，递交贵宾

接待通知单。

(4) 每月递交房价与预订情况分析表、客源结构分析表以及客源地理分布表。

(5) 制定房价与修改条文。

(6) 客源销售政策的呈报与批准。

(7) 免费、折扣、定金及贵宾接待规格的审批。

(8) 每日递交客房营业日报表、营业情况对照表等统计分析报表。

(9) 转交有关留言与邮件。

为了沟通的及时、顺畅,应准确了解酒店正、副总经理的值班安排和去向,并为其提供呼叫服务。

(二) 与营销部沟通

前厅部与营销部应协调销售酒店的产品。通常,前厅部主要负责零星散客以及当日的客房销售工作,而营销部则主要负责酒店长期的整体的销售工作,尤其是团体和会议的客房销售工作。

(1) 为避免用房紧张时超额预订,双方应确定团体客人和散客的接待比例。

(2) 双方核对月度、年度客情预报信息。

(3) 每日递送"客情预测表""客源比例分析表""房价与预订情况分析表""贵宾接待通知书""次日抵店客人名单"等。

(4) 营销部将已获总经理室批准的各种订房合同副本交前厅部客房预订处。

(5) 营销部将团队、会议客人的订房资料送达客房预订处。

(6) 与营销部共同磋商来年客房销售的预测。

(7) 团队/会议客人抵店前,将用房安排情况书面通知营销部。

(8) 团队/会议客人抵店后,营销部团队联络员将客人用房变更等情况书面通知前厅部接待处。

(9) 向营销部了解离店团队客人最新的发出行李时间以及离店时间。

(10) 了解团队/会议客人需提供的叫醒服务时间。

(11) 了解团队活动的最新日程安排。

为了减少营销工作中的矛盾,提高酒店客房利用率与平均房价,前厅部与营销部应加强信息沟通,应注意酒店整体销售形象的树立。

(三) 与客房部沟通

前厅部与客房部都是围绕客房而展开工作。前者负责客房销售,后者负责客房管理,两者相辅相成。

(1) 每日递交"客情预测表"。

(2) 贵宾团队抵店前,递交"贵宾接待通知单""团队用房分配表"。

(3) 贵宾抵店当天,将准备好的欢迎信、欢迎卡送入客房部,以便客房部布置好贵宾房。

(4) 递交"鲜花通知单",以便布置客房。

(5) 书面通知订房客人的房内特殊服务要求。
(6) 将入住与退房信息及时通知客房部。
(7) 递交"客房/房价变更通知单",将客人用房变动情况通知客房部。
(8) 递交"在店贵宾/团队/会议一览表""待修房一览表"。
(9) 客房中心每日递交"楼层报告",以便前厅接待处核对房态,确保其准确性。
(10) 将客房遗留物品情况通知前厅部。
(11) 前厅递交"报纸递送单"由客房部发放各种报纸。
(12) 客房部应安排楼层员工协助行李员运送抵店的团队行李。
(13) 客房部应派楼层员工前去探视对叫醒无反应的客人。
(14) 客房部应及时向总台通报客房异常情况。
(15) 前厅部应积极参与客房打扫保养质量的检查。
(16) 前厅部与客房部进行交叉培训,以利于沟通。

前厅部与客房部间的信息沟通最频繁。目前,很多酒店将二者合二为一,组成房务部,以实行归口管理。

(四) 与餐饮部沟通

餐饮收入是酒店营业收入的两大主要来源之一,前厅部应重视与餐饮部的信息沟通。
(1) 每月递交"客情预报表"。
(2) 每日递送"客情预测表""贵宾接待通知单""在店贵宾/团队/会议一览表""预期离店客人名单""在店客人名单"。
(3) 发放团队用餐通知单。
(4) 书面通知餐饮部客房的相关布置要求,如房内放置水果、点心等。
(5) 每日从宴会预订处取得"宴会/会议活动安排表",以方便解答客人的询问。
(6) 向客人散发餐饮部的促销宣传资料。
(7) 更新每日宴会/会议、饮食推广活动的布告牌信息。
(8) 随时掌握餐饮部各营业点最新的服务内容、服务时间以及收费标准的变动情况。

(五) 与财务部沟通

为确保酒店的经济利益,前厅部应加强与财务部(包括前厅收银处)之间的信息沟通,以防止出现漏账、逃账等现象。
(1) 双方应就定金、预付款、住店客人信用限额以及逾时退房的房费收取等问题及时通知。
(2) 每日向财务部递送"客情预测表""贵宾接待通知单""在店贵宾/团队表""在店客人名单""预期离店客人名单""长途电话收费单""长途电话营业日报表"等。
(3) 递交抵店散客的账单、团队客人的总账单与账单、信用卡签购单。
(4) 递送邮票售卖记录,交财务部审核。
(5) 客房营业收入的夜审。
(6) 双方应就已结账的客人再次发生费用而及时沟通,以采取恰当方法提醒客人付账。

（六）与其他部门沟通

（1）了解各部门经理的值班安排与去向。
（2）出现突发事件时的信息沟通。
（3）递送工程部"维修通知单"。
（4）与工程部、安全部就客房钥匙遗失后的处理进行沟通。
（5）与人力资源部就前厅部新员工的招聘、录用、培训、上岗等进行沟通。

【情景模拟】

7月上旬某一天，有一个很重要的会议计划上午9:00开始，负责会务工作的黎向上早上8:00就搬着一箱会议资料来到酒店，并想最后再查看一下会议室有没有问题。

当黎先生来到酒店门口时，发现门边正好站着一个行李员，就对行李员说："请你帮我把资料搬到会议室。"

行李员微笑着对他说："对不起！先生，我们不为会议客人搬资料。"

黎先生顿时很不高兴，将手中的资料往地上一放，对行李员说："行李员不搬，谁搬？"

然后走向总台，总台服务员微笑地询问："请问我能为您做点什么？"

黎先生说："我想再查看一下会议室，麻烦你们开一下门。"

服务员非常客气地说："对不起，先生，会议室不归我们管，您打个电话到营销部问问吧。"

黎先生压住心里的火气，板着脸对服务员说："那么，请你打电话通知他们开门。"

服务员看黎先生满脸怒气的样子，只得打了电话到营销部，然后告诉客人："请您稍等一下，掌管会议钥匙的人吃早餐去了。"

黎先生再也按捺不住心头的火气，愤然责问服务员："那么，我来这么早干什么？3分钟之内，让他到会议室门口，否则……"说完朝会议室走去。

看着离去的黎先生，总台服务员连忙打电话叫同事去员工食堂找人。当拿着钥匙的服务员赶到会议室门口时，黎先生正看着自己的手表，对气喘吁吁的服务员说："开门。"然后进会议室仔细检查起来。

会议之后，黎先生代表会议主办单位向酒店投诉，声称再也不会把会议放在如此糟糕的酒店。

评析 作为一个酒店，每一个部门之间的协助关系是很紧密的，很多情况下，都要部门之间密切合作，才能为客人提供优质的服务，而不能互相推诿，认为这项工作不归本部门负责，就摆出一副漠不关心、事不关己的态度。殊不知，酒店的服务是一个整体，只要有一个部门发生了失误，都可能引起客人的投诉，甚至失去这个客人。本案例中，行李员对黎先生要求他帮助搬会议资料的处理令客人生气，他显然忘记了自己的职责和义务，也是没有协助意愿的表现。总台服务员的表现也令人失望，她不仅怠慢了客人，而且还要求黎先生自己打电话询问。这种部门沟通意识薄弱，不替客人着想的做法必然会使客人气愤，黎先生的投诉是必然的。

四、前厅部内外沟通常见问题

（一）为了竞争互相拆台

酒店是一个晋升相对比较缓慢的行业，特别是单体酒店在职位上升方面存在着较大的"瓶颈"。同时，酒店基层工作相对来说也具有很强的重复性。因此，在一定程度上难免出现员工为竞争晋升以及表彰机会而相互拆台的现象。酒店在人员职业道德以及职业素质方面如果缺乏较好的培训、监督机制，就会影响部际之间信息沟通的效果。

（二）彼此缺乏尊重与体谅

酒店处处强调对客服务的整体配合效果，但在日常工作中，不少管理人员在设计服务流程时首先考虑的是自己是否方便，或在推出一项计划时没有考虑其他部门的实际情况，从而造成客人的投诉和项目实施的失败。

（三）想当然而意气用事

在酒店前厅部际沟通中，存在着员工之间或部门之间认为对方应该知道自己想要传达的信息的现象。例如，猜想对方能够清楚理解自己的口头表达而不按操作流程用书面表格表明客人的订单和变更内容；再如认为对方应该会收到书面重要通知，而不去跟进一个电话确认。这些主观的臆测和猜想经常造成事故和客人投诉。

（四）酒店管理能力薄弱

酒店管理能力较薄弱对部际之间信息沟通效果的影响主要体现在以下几个方面：酒店内部沟通渠道不通畅，不同部门对沟通态度、内容和意义理解不同，对实施效果的衡量标准不统一；沟通过程中由于业务流程过于复杂，运转效率低下，使沟通时效性无法体现；沟通过程中各部门业务分配不合理，部门间职能分配模糊，没有贯彻最大化提高沟通效率的原则，妨碍沟通落实有效执行；沟通过程中需要审批环节过多，一方面造成沟通内容扭曲和信息的丢失，另一方面影响人员沟通的积极性、主动性和灵活性。

任务二　建立良好的宾客关系

前厅部作为联系酒店与宾客的桥梁和纽带，在宾客关系管理中起着非常重要的作用。所谓宾客关系管理，是指通过对客人行为有意识地、长期施加某种影响，以强化酒店与客人之间的合作关系。宾客关系管理旨在通过培养客人对酒店产品或服务的更加积极的偏爱和偏好，留住他们并以此作为提升酒店营销业绩的一种策略与手段。宾客关系管理的目的已经从传统的以一定的成本争取新客源，转向想方设法地留住老顾客，从获取市场份额转向获取顾客份额，从追求短期利润转向追求顾客的终身价值。

前厅部员工要与客人建立良好的关系，就要树立"宾客至上"的服务意识，正确看待客人,了解宾客对酒店服务的要求,正确认识宾客价值,掌握与客人沟通的技巧。

一、正确认识客人

就与客人之间的关系而言,正确认识客人是做好服务工作的基本保证。

(一)客人也是人

酒店服务是以人为对象的工作。把客人当人对待,包括以下几层意思。

1. 要把客人当作"人"来尊重,而不能当作"物"来摆布

"你希望别人怎样对待你,你就应该怎样对待别人""己所不欲,勿施于人"说的就是这个道理。服务人员要时时提醒自己,一定要把客人当作人来尊重。否则,一不注意就会引起客人的反感。例如,一位心情烦躁的服务员,觉得客人妨碍了自己的工作,于是就很不耐烦地对客人说"起来!""让开点!"像这样去对待客人,就会使客人觉得好像不是把他当作一个人,而是在把他当作一件物品来随意摆布。

有时候,在一些细节问题上不加注意,也会引起客人的不满。例如,服务人员用食指对着客人指指点点地查人数,客人很可能就要质问:"你这是干什么?数板凳吗?"

2. 要充分理解、尊重和满足客人作为人的要求

服务人员决不能把客人当作达到某种目的的"工具"来使用,必须考虑到,宾客既然是人,就一定有他自身的需求。因此,把客人当作酒店的"财神"是有道理的,但是,一定要清楚:客人光临酒店,不是为了当"财神",只是为了满足他们自身的需要。如果无视客人的需要,不能使他们得到应有的满足,而只是想从他们那里挣到更多的钱,这只能让客人反感。

3. 要现实地对待宾客的弱点

宾客既然是人,就不可能完美无缺,也会表现出人性的种种弱点。因此,对宾客不能苛求,而要对他们抱有一种宽容、谅解的态度。对于服务人员来讲,有这样的心理准备对做好服务工作、处理好宾客关系是非常重要的。

(二)客人是服务的对象

酒店业是"出售服务"的行业,酒店的客人不是一般的消费者,而是"花钱买服务"的消费者。服务人员是服务的提供者,客人是服务的接受者,是服务的对象。在这种社会角色关系中,服务人员必须而且只能为宾客提供服务,客人理应得到优质服务。

作为服务人员,要扮演好服务提供者的角色,必须时常提醒自己,为客人提供服务——这就是我在与客人交往中所能做的一切。所有与服务不相容的事情,都是不应该去做的。尤其要注意以下几点。

1. 客人不是评头论足的对象

客人中有各种各样的人,服务人员在服务中对宾客的行为、嗜好、生理特征等品头论足是一种极不礼貌的行为。一位客人在写给报社的信中说:"当我走进这家酒店的餐厅时,一位服务员有礼貌地走过来领我就坐,并送给我一份菜单。正当我在看菜单的时候,我听到了那位服务员与另一位服务员的对话:'你看刚才走的那个老头儿,都快骨瘦如柴

了,还舍不得吃,抠抠搜搜的……''昨天那位可倒好,胖成那样了,还生怕少吃了一口,几个盘子全叫他给舔干净了!'听了他们的议论,我什么胃口也没有了。他们虽然没有议论我,可是等我走了以后,谁知道他们会怎样议论我? 我顿时觉得,他们对我的礼貌是假的,假的!"

2. 客人不是比高低、争输赢的对象

服务人员在客人面前不要争强好胜,不要为一些小事与客人比高低、争输赢。例如,有的服务员一听到客人说了一句"外行话",就迫不及待地去"纠正",与客人争起来。这是很不明智的,因为即使你赢了,你却得罪了客人,使客人对你和你的酒店不满意,你实际上还是输了。

3. 客人不是"说理"的对象

在与客人的交往中,服务人员应该做的,只有一件事,那就是为客人服务,而不该对客人去"说理"。服务人员如果把服务停下来,把本该用来为客人服务的时间用去对客人"说理",其结果肯定会引起客人的反感或不满。

在服务中有两种情况,容易使服务人员忍不住要向宾客"说理"。一种情况,是在客人抱怨时,服务人员认为那不是自己的责任,甚至不是酒店的责任,因此,急于为自己或酒店辩解。其实,在这种情况下,辩解是完全没有用的。另一种情况,是服务人员向客人提出建议,客人不听,而服务人员认为"我这都是为你好"。其实,你可以向客人提出建议,但客人是否采纳这个建议,那完全是客人的事,客人也没有必要向你解释,你应该尊重客人的选择,完全没有必要一定要说过明白。

所以,服务人员一定要懂得,客人是服务的对象,不是"说理"的对象,更不是争辩的对象。不管你觉得自己多么有道理,也不应该去和他争辩,争辩就是"没理","客人总是对的"。

4. 客人不是"教育"和"改造"的对象

在酒店各种各样的客人中,思想境界低、虚荣心强、举止不文雅的人大有人在。但服务人员的职责是为客人服务,而不是"教育"或"改造"客人。不要忘了自己与客人之间的社会角色关系。

对那些言行不太文明的客人,也要用"为客人提供服务"的特殊方式进行教育。如果客人说的话并不是一点道理都没有,只是说话的方式不够礼貌,那么服务人员可以采用一种礼貌的方式,去复述客人的意思。这样既能避免冲突,又能对客人起到一种示范作用。例如,在餐厅里,一位先生火气很大地对服务员说:"这是什么破菜! 打死卖盐的了? 还是成心要把人咸死啊?"这是,服务员可以心平气和地对这位先生说:"对不起,先生,您是说这个菜太咸了,是吗?"这就等于是在告诉这位先生"有话好好说嘛"。但是,如果服务员以训斥的口吻对他说"菜咸了,你不会好好说吗?"那就完全是另外一回事了。

二、顾客价值

顾客是企业的生命,酒店若想生存下去就必须向顾客提供比竞争者更高的价值。顾客价值是什么,如何分析顾客价值,如何给顾客提供更高价值,这是现代酒店必须解决的问题。

（一）顾客让渡价值及其构成

菲利浦·科特勒在1994年提出了顾客让渡价值的概念。他认为,顾客将从他们认为能够提供最高顾客让渡价值的公司购买产品或服务。顾客满意度是由其所获得的让渡价值大小决定的。

所谓顾客让渡价值,是指顾客感知的总顾客价值与总顾客成本之差。总顾客价值,是顾客期望从某一特定商品或服务中获得的一系列利益,包括商品价值、服务价值、人员价值和形象价值;总顾客成本,是指顾客为购买某一商品所耗费的时间、精神、体力及所支付的货币量,因此总顾客成本包括货币成本、时间成本、精神成本和体力成本。

（二）顾客让渡价值的决定因素

顾客在购买商品时,总希望以较便宜的价格、较少的时间和精力消耗获取更多的实际利益,以使自己的需要最大限度地得到满足。酒店要使自己获得比竞争对手更多的市场份额,就应尽可能减少顾客在购买过程中的总成本,增加总价值,使顾客在本酒店获得比在竞争对手那里更多的让渡价值。

1. 总顾客价值

使顾客获得更多顾客让渡价值的途径之一,是增加顾客购买的总价值。总顾客价值是由酒店创造的。它包括商品价值、服务价值、人员价值和形象价值。

（1）商品价值,是指由商品的功能、特性、品质、品质与式样等产生的价值。

（2）服务价值,是指酒店以有形设施设备为依托,向顾客提供的各种无形服务。例如:前厅服务、餐饮服务、客房服务等。

（3）人员价值,是指酒店员工的经营理念、业务能力、工作程序和质量、应变能力等因素带给顾客的利益。

（4）形象价值,是指酒店及其产品与服务在社会公众中形成的总体形象所产生的象征性利益。形象价值与产品价值、服务价值、人员价值密切相关,在很大程度上是前三项价值综合作用的反映和结果。

2. 总顾客成本

使顾客获得更多顾客让渡价值的途径之二,是降低顾客购买的总成本。总顾客成本是顾客通过购买获得某种利益时所付出的代价。它包括货币、时间、精神和体力等代价。

（1）货币成本,是指顾客购买商品时支付的价格、交通费等一系列货币支出。一般情况下,顾客购买产品或服务时,首先要考虑货币成本的大小。因此,货币成本是构成总顾客成本大小的主要基本因素。在货币成本相同的情况下,顾客在购买时还要考虑所花费的时间、精力和体力等因素。

（2）时间成本,是指顾客从产生购买愿望到购得商品的全部过程所消耗的时间。在顾客总价值与其他成本一定的情况下,时间成本越低,总顾客成本就越小,从而顾客让渡价值越大。因此提高服务效率,在保证服务质量的前提下,尽可能减少顾客的时间支出,是为顾客创造更大的顾客让渡价值,增强酒店市场竞争能力的重要途径。

（3）精力成本,是指顾客在购买过程中进行选择、判断、购买等各种精神和体力的消耗。精力成本包括精神和体力两方面。顾客购买酒店产品或服务的过程，是一个从产生需求、寻求信息、判断选择、决定购买到实施购买，以及购买后感受的全过程。在这个过程的各个阶段，均需付出一定的精力。因此，酒店采取有效措施，尽可能减少顾客在购买酒店服务产品时的精神消耗和体力消耗，对增加顾客购买的实际利益，降低顾客总成本，获得更大的顾客让渡价值具有重要意义。

三、与客人的有效沟通

（一）提供优质服务

提供优质服务是酒店与客人沟通的根本所在。酒店与客人几乎时时刻刻都在进行沟通，酒店的服务则是与客人沟通的基本载体。以优质服务赢得客人的满意，既是酒店生存发展的基础，也是使酒店价值得以体现的重要途径。

要提供服务质量，向客人提供优质服务，必须经常地、全方位地加强与客人的沟通。这不仅能更好地为客人服务，而且还可向客人了解许多信息，帮助酒店改进服务。客房预订单、住宿登记表、结账单等都可作为客源的信息来源，并以此对客人的需求特点进行系统描述。

前厅部对一些重要客人，如常客、消费额很大的客人或者对酒店声誉影响大的客人，要建立客史档案，来发现这些客人需求的详细特点，以便能更好地对他们提供针对性的服务。

（二）与客人沟通的方式

1. 大堂副理或宾客关系主任的沟通

宾客关系主任代表酒店与客人保持密切的联系。宾客关系主任每天要与有代表性的若干位客人交谈（面谈或打电话），具体了解他们对酒店服务的意见、感受及改进的建议，并以此写成若干份书面报告，每日呈交总经理、副总经理及客人提及的有关部门经理，使服务工作和宾客关系能得到及时改善。

2. 电话沟通

给客人打电话也是一种极好的沟通方式。打电话时细小而富有人情味的行为，有助于巩固与客人之间的关系。

3. 信函沟通

利用信函与客人沟通，会使客人有一种被尊重的感受。信件是更加正规和庄重的沟通方式，是一个电话所不能比拟的，特别是酒店管理者的亲笔信。在日常工作中注重客人的每一封来信，对客人来信提出的问题迅速调查了解并复信告知客人处理结果，对其关系酒店工作表示感谢。慎重地对每一封客人的信件予以回信，是与客人沟通、建立长期稳定关系的有效方式。

4. E-mail 沟通

在计算机信息系统普及应用的今天，人们很少采用纸质的方式进行沟通，而是更多地采用 E-mail 进行沟通交流。E-mail 沟通是一种非常经济的沟通方式，沟通的时间一般不长,沟通成本低。这种沟通方式一般不受场地的限制,因此被广泛采用。这种方式一般在解决比较简单的问题或发布信息时采用。

5. 座谈会沟通

召集客人座谈会有助于和客人的情感沟通,同时又有利于征求客人意见。通过这种形式征求客人意见,深入挖出隐藏的服务质量问题,从而采取有针对性的整改措施,提高服务质量。

6. 其他沟通

如逢重大节假日或酒店周年店庆等,举办酒会或其他活动招待酒店重要客人,以密切与客人关系;定期向长住客、常客赠送鲜花或其他礼品等。

(三) 与客人沟通的技巧

与客人沟通的技巧包括语言沟通、非语言沟通和倾听的技巧。

1. 语言沟通的技巧

语言是人们进行沟通的最主要的工具。运用良好的有声语言与客人保持良好的有效沟通。在说话的时候注意做到言之有物、言之有情、言之有理、言之有度。

(1) 言之有物。即说话力求有内容、有价值。不要信口开河、东拉西扯、胡吹乱侃,给客人以浮华之感。服务人员在为客人服务时,应以热情具体的言谈为客人提供优质的服务。

(2) 言之有情。即说话要真诚、坦荡。只有真诚待客,才能赢得客人的喜欢。服务人员在与客人沟通时,要给客人以亲切感,要善解人意。这就要求服务人员在以热情的态度向客人提供服务时,还能够察言观色,正确判断客人的处境和心情,并根据客人的处境和心情,对客人做出适当的语言和行为反应。

(3) 言之有理。即言谈举止要有礼貌。在与客人沟通时,一要做到彬彬有礼,即使客人无礼,服务人员也要始终保持良好的礼貌修养;二要做到恭谦和殷勤。如果说酒店是一座"舞台",服务人员就应自觉地让客人"唱主角",而自己则"唱配角"。

服务人员要掌握说"不"的艺术,要尽可能用"肯定"的语气,去表示"否定"的意思,将反话正说。比如,可以用"您可以到那边去吸烟"代替"您不能在这里吸烟";"请稍等,您的房间马上就收拾好"代替"对不起,您的房间还没有收拾好"。

(4) 言之有度。即说话要有分寸。什么时候该说,什么时候不该说,话应说到什么程度,这都是很有讲究的。要注意沟通场合、沟通对象的变化。总之,恰如其分地传情达意才能有利于工作的进行。

在与客人沟通中出现障碍时,要善于首先否定自己,而不要去否定客人。比如,应该说"我什么地方没说清楚,您尽管问,我可以再说一遍。"而不应该说"如果您有什么地方没听清楚,我可以再说一遍。"

【情景模拟】

一天,出租车在酒店大门处停了下来,车门开启后下来一位右手不便的残疾客人。行李员一见,连忙热情地对客人说:"先生,您的手不方便,还是让我来帮您吧!"不料,这位客人一听此话,满脸不悦,用左手将行李员的手挡开,一把拎起行李包,怒气冲冲地走进店门。

点评 服务员提供的服务是双重的,既包括功能服务,也包括心理服务。解决客人的实际问题,便是提供功能服务;与客人建立良好的宾客关系,让客人经历轻松愉快的人际交往,就是提供心理服务。心理服务很大程度体现在语言艺术上。

本案例中,残疾人的心理特征与健全人有很大不同,身体上残障使残疾人的心理比较脆弱、敏感。这位残疾人一把拎起行李的表现说明,他是一位自尊心很强、不希望受到他人特别对待与同情的人。行李员虽然好心,但说的话中有两个地方存在失误,一是一开口便点出客人不愿被提及的隐痛,二是用了客人比较敏感的"帮"字。客人因此受到伤害,对行李员表现出强烈的不满。这次与残疾客人的交往无疑是失败的,客人在进酒店大门前情绪便受到影响,这可能会使客人在整个住店期间变得更为敏感与多疑,也给酒店以后的对客服务带来困难。

2. 非语言沟通的技巧

按照表达媒介的不同,非语言沟通可以分为辅助语言、面部表情、肢体语言等几类。

(1) 辅助语言。辅助语言是由伴随着口头语言的有声暗示组成的,表达方式所体现的含义与词语本身所体现的含义一样多。辅助语言包括语速、音调、音量和音质等。

① 语速,即说话的速度。服务人员应该尽可能以正常速度跟客人说话,即 100～150 个字/分钟。不能很好控制说话速度的人,只会给别人留下缺乏耐心或是缺乏风度的印象。

② 音调,即声调的高低。音调可以决定一种声音听起来是否悦耳。一般来讲,当听到高声说话时,不管其内容是否重要,人们都会感到不舒服;这是因为高声调往往使听话人感到紧张,而且听上去更像是训斥,而不像是谈话,所以服务人员应该尽量不要提高讲话的声音。但太低的语调难听到,用低音调说话的人似乎是胆气不足,所以可能被认为没有把握或是害羞。

③ 音量,即声音的响度。通常在彼此沟通时,用得多的是常规声音或是低声,而很少使用洪亮的声音。如果合乎说话的目的,且不说不分场合地在任何时候都使用,声音响亮是美妙的,柔和的声音也有同样的效果。

④ 音质,即声音的总体质量,它是由所有其他声音特点构成的,包括速度、回音、节奏和发音等。音质是非常重要的,因为研究发现,声音有吸引力的人被视为更有权力、能力和更为诚实可靠。

(2) 面部表情。一个人的面部表情同样可以袒露真情。服务人员在与客人沟通时,良好的面部表情有助于与客人的交流。服务人员应注意:

① 要面带微笑,和颜悦色,给客人以亲切感,不能面孔冷漠,表情呆板,给客人以不受欢迎感。

② 当客人向你的岗位走过来时,无论你在干什么,都应暂时停下来,主动与客人打招呼。当客人与你说话时,要聚精会神,注意倾听,给人以受尊重感;不要没精打采或漫不经心,给客人以不受重视感。

③ 要坦诚待客,不卑不亢,给人以真诚感,不要诚惶诚恐,唯唯诺诺,给人以虚伪感。

④ 要沉着稳重,要给人以镇定感,不要慌手慌脚,给人以毛躁感。

⑤ 要神色坦然、轻松、自信,给人以宽慰感,不要双眉紧锁,满面愁云,给客人以负罪感。

⑥ 不要带有厌烦、僵硬、愤怒的表情,也不要扭捏作态,做鬼脸、吐舌、眨眼,给客人以不尊重感。

（3）肢体语言。肢体语言主要是指四肢语言,它是人体语言的核心。通过肢体动作的分析,可以判断对方的心理活动或心理状态。

① 手势。一般来说,掌语有两种,手掌向上表示坦荡、虚心、诚恳；手掌向下则表示压制、傲慢和强制。所以,服务人员在和客人说话时,一切指示动作都必须是手臂伸直,手指自然并拢,手掌向上,以肘关节为轴,指向目标。和客人交谈时手势不宜过大,切忌指指点点。在给客人递东西时,应用双手恭谨地奉上,决不可漫不经心地一扔。

② 身体姿势。

站姿：站立时要端正,挺胸收腹、眼睛平视、嘴微闭、面带微笑,双臂自然下垂或在体前交叉,右手放在左手上,以保持随时想为客人提供服务的状态。女子站立的脚呈 V 字形,双膝与脚后跟靠紧；男子站立时双脚与肩同宽。切忌东倒西歪、耸肩驼背、双手叉腰、插口袋或抱胸,要让客人感觉到你挺、直、高。

走姿：行走应轻而稳,注意昂首挺胸、收腹。肩要平、身要直,女子走一字步（双脚走一条线,不迈大步）要轻、巧、灵；男子行走时摇头晃脑、吹口哨、吃零食、左顾右盼,与他人拉手、勾肩搭背、奔跑、跳跃。当工作需要必须要超过客人时,要礼貌道歉。

3. 学会倾听

倾听,是一种非常重要的沟通技能。卡耐基曾说："专心地听别人讲话,是我们所能给予别人的最大赞美。"作为服务人员,学会倾听,将极大地有助于你与客人及组织成员之间保持良好的沟通效果。

（1）创造一个良好的倾听环境。倾听环境对倾听质量会造成相当大的影响。在嘈杂的地方,人们说的欲望与听的欲望都会下降。所以,当你需要与客人沟通时,记住应创造一个平等、安全、不被干扰的倾听环境。

（2）学会察言观色。倾听是通过听觉、视觉媒介,接受和理解对方思想、情感的过程。所以,首先要学会听,中国老话说得好,"听话要听音",有时候同样的一句话,因不同的音量、语调、重音等,会产生不同的效果。同时,还要会看,因为有时,仅仅听对方的话,你难以判断对方的真实想法。

（3）使用良好的身体语言。使用良好的身体语言有助于提高倾听效果。在倾听时,要杜绝使用封闭式的身体语言。例如,倾听时身体微微前倾,表示对讲话人的重视与尊重,要面带微笑,和颜悦色、集中精力,与说话者保持良好的目光接触。认真、有诚意、很投入,用你的面目表情告诉对方,你在倾听,他是一个值得你倾听的人。

（4）注意回应对方。在交谈时,如果听话者面无表情、一声不吭、毫无反应,会令说话方自信心受挫,使其说话的欲望下降。所以,服务人员在与人沟通时,必须注意用点头、微笑等无声语言,或用提问等有声语言回应对方,参与说话。只有这样,沟通才能畅通,才会愉快。

任务三 宾客投诉处理

酒店服务与管理的目标是为客人提供满意的服务,但由于酒店为客人提供服务是一个复杂的整体运行系统,涉及酒店众多部门和环节,客人对服务的需求又各不相同,因此,无论酒店经营多么出色,都不可能百分百地让客人满意,客人投诉也是不可能完全避免的。对于客人的投诉,酒店应采取积极的态度进行处理。正确有效地处理客人的投诉,能够帮助酒店重新树立信誉,提高客人满意度。

一、投诉的含义

投诉,是客人对酒店提供的服务包括服务设施、设备、项目及服务态度等感到不满或失望,而向酒店的有关部门提出的批评、抱怨、或控告。

客人投诉反映了酒店经营管理中的弱点,虽然不是一件令人愉快的事情,但却是改进和提高酒店服务质量和管理水平的重要途径。值得注意的是,并不是所有不满意的客人都会投诉。据一项调查表明:在所有不满意的客人中,有69%的客人不提出投诉,有26%的客人向身边的服务人员口头抱怨,而只有5%的客人会向企业正式提出投诉。他们中的绝大多数会把不满留在心里,拒绝再次光顾,而且还会向其他亲友、同事宣泄不满,这就意味着酒店失去的不仅仅是这一位客人。因此,酒店对客人的投诉应持积极态度,感谢客人给自己道歉和弥补的机会。同时,通过对宾客投诉的处理,可以加强酒店与客人之间的交流和沟通,进一步了解客人的需求,提高客人的满意度,建立客人的忠诚度。

二、投诉产生的原因

客人投诉的最根本的原因是酒店提供的服务没有达到客人的期望值,即客人感觉到的服务与客人所期望的服务之间有差距。产生这种差距的原因主要有两个方面。

(一)酒店方面的原因

酒店客人投诉的原因涉及方方面面,但最基本的原因,是酒店的某些设施和服务未能达到应有的标准,不能给客人以"物有所值",即客人感知到的服务与其所期望的服务有差距。当客人光临酒店,消费酒店服务产品时,对酒店的服务都抱有良好的愿望和期望值。如果这些愿望和要求得不到满足,就会失去心理平衡,由此产生的抱怨和想讨个说法的行为,就是投诉。

1. 硬件设施设备出现故障

此类投诉,一般在顾客投诉内容中占很大的比重。例如,空调不灵、电梯夹伤客人、卫生间水龙头损坏,还有照明、供电、家具、门锁、电器等不能正常运行和使用等。

酒店设施设备是为客人提供服务的基础,设施设备出故障,服务态度再好,也无法弥补,还会使客人对酒店逐渐失去好感。我国酒店与国际酒店相比,存在的突出问题之一就是设施设备保养不善,"未老先衰",老酒店更是"千疮百孔""老态龙钟"。常引起客人不满和投诉。

减少此类投诉的方法是酒店建立完善的设施设备保养、维修、检查制度,尽量减少设施设备故障的发生。

当然,即使酒店采取了全方位最佳的预防性维修与保养,也很难杜绝所有运转中的设施设备出现的故障。

2. 软件服务质量不佳

此类投诉,如服务员在服务态度(如不尊敬客人、缺乏礼貌、语言不当、用词不准、形体语言不当)、服务礼仪(如不懂礼仪、无意间触犯宾客的忌讳、当着客人面用方言交谈)、服务技能(如缺乏专业知识、无法回答客人提出的问题或答非所问、叫醒服务失误、账单出错)、服务效率(如上菜、结账时间过长、递送邮件不及时)、服务时间、服务纪律(如索要小费)等方面达不到酒店规定的标准或客人的要求与期望。减少这类投诉的方法是建立健全酒店的管理制度,提高整体管理水平。

3. 食品及饮料的出品质量与卫生问题

食品及饮料出品,是酒店向宾客提供的重要的有形产品。由此出现的卫生与质量问题常引起客人的不满,如餐具不清洁、菜品有异物、出品过期变质、口味不佳等。

4. 酒店安全秩序问题

此类问题,如住店客人在房间内受到骚扰、客人的隐私不被尊重、财物丢失等。

5. 关于异常事件的投诉

此类投诉往往是由于酒店难以控制的原因所引起的投诉,如城市供电、供水系统出现障碍,无法购到机票、车船票等。此类投诉应在力所能及的范围内帮助客人解决,如实在没有办法解决,尽早向客人解释,取得客人的谅解。

(二)客人方面的原因

酒店的客人来自五湖四海、各个层次,他们的生活习惯、身份地位、文化修养、兴趣爱好等各不相同,对酒店服务的要求也不一样,同样的服务往往会得到客人不同的评价。客人自身有很多因素会导致其对酒店的不满,其中最主要的原因是客人对酒店的有关政策、制度不了解或不理解。例如,客人对截房、退房时间的规定不了解,对办理登记手续、会客制度感到不方便等,都会引起客人的投诉。因此,前台服务员要努力为客人做好解释工作,多方面帮助客人,消除客人疑虑。酒店应针对此类客人投诉,不断完善和调整相应政策或制度,为客人提供更好的服务。

客人投诉也可能会是其他原因,如客人在店外其他场合遇到不顺心的事,迁怒于酒店服务员。这纯粹是客人的"无名火"。这类投诉是把酒店及其员工当作"出气筒",责任不在酒店,但处理好这类投诉,正是表现酒店优质服务的大好机会。反之,"处理不当",就会成为质量问题。此外,有的客人对酒店整体不满而迁怒于某个服务员;还有的客人个性孤僻或性格暴躁,对无差错服务百般挑剔等。此类投诉的处理要求员工要有很强的灵活应变能力和心理承受能力。

三、投诉处理的基本原则

酒店在处理客人投诉时,应注意遵守以下原则。

(一)真心诚意帮助客人

酒店在处理客人投诉时,应当用"换位"的方式,从客人角度出发,理解客人的心情,同情其所处环境,真心诚意地帮助客人解决问题。只有这样,酒店才能重新赢得客人的信任和好感,才能有助于问题的解决,满足客人的要求。

(二)不与客人争辩

很大客人投诉时,会使用过激的语言和行为,一旦发生争辩,只会火上浇油,适得其反。在这种情况下,一定要注意礼貌,保持冷静,认真聆听客人的投诉,给客人更多的时间申诉,想方设法使客人平息抱怨,消除怒气。如果无法平息客人的怒气,应请管理人员来处理投诉,解决问题。同时,在处理客人投诉时,应选择合适的地点,尽可能减少对其他客人的影响。

(三)维护酒店应有的利益

酒店服务人员或管理人员在处理酒店投诉时,要注意兼顾客人和酒店双方的利益,一方面,调查事件的真相,给客人以合理的解释,保护客人的利益;另一方面,也不能为了讨好客人,轻易表态,给酒店造成不该有的损失,应当保护酒店的利益,维护酒店的形象。

(四)及时处理

著名的酒店集团里兹酒店有一条"1∶10∶100"的黄金管理定理。也就是说,如果在客人提出问题当天就加以解决,所需成本为1元,拖到第二天解决则需10元,再拖几天则可能需要100元。及时处理投诉一方面可以使酒店减少损失,同时又能体现酒店对客人的关心与尊重,得到客人的谅解,提高客人的满意度。

四、投诉处理的基本程序

对于客人的投诉,首先要持欢迎态度,注意维护客人的利益,满足客人"求尊重、求补偿、求发泄"的心理。正确处理好客人的投诉,有利于酒店改善服务质量,提高管理水平,增加经济效益,树立良好形象。处理投诉的基本程序主要有以下几个步骤。

(一)认真倾听客人的投诉意见

对待任何一位客人的投诉,接待人员都要仔细、冷静、耐心地倾听客人的意见,对客人表示礼貌与尊重。

1. 保持冷静

客人往往是怀着极大的不满进行投诉的,情绪一般比较激动。在这种情况下,接待人员要冷静、理智,保持"心平气和"的状态,不急于争辩,用真诚的态度,认真倾听,不要打断客人,先请客人把话说完,满足他们发泄的心理,必要时把客人请到安静的地方处理客人投诉,这样更容易使客人安静下来。

2. 表示同情和理解

酒店在没有核实客人投诉的内容之前,既不能推卸责任,也不能急于承认酒店存在过失,匆忙做出承诺,要尊重客人的意见,同情客人的处境,以诚恳的态度对客人的遭遇表示理解和抱歉,使客人感觉到你在设身处地地为他着想,从而减少对抗情绪,有利于问题的解决。

3. 真诚致谢

客人的投诉有利于酒店发现经营管理中存在的不足,提高和改进酒店服务工作。所以当客人投诉时,要真诚地向客人表示感谢。

(二) 做好投诉记录

一般倾听客人投诉一边做好记录,记录过程中可以适时复述,这样不仅可以使客人的讲话速度放慢,缓和客人的情绪,同时还表示了酒店对客人的尊重,使其确信酒店对他反映的问题是受重视的,也为酒店处理提供了重要线索和原始依据。记录的要点包括客人的房号、姓名、投诉的时间、内容等。

(三) 将要采取的措施和解决问题所需要的时间告诉客人

如有可能,可以让客人选择解决问题的方案和措施,以表示对客人的尊敬。要充分估计解决问题所需要的时间,最好能告诉客人具体的时间,不能含糊其词。但也不要把话说死,一定要留有余地。

(四) 立即行动,解决问题

对在自己权限范围内能够解决的问题,应迅速回复客人,并告诉客人处理措施;明显属于酒店方面过错的问题,要耐心向客人解释,取得客人谅解,请客人留下联系方式,以便将解决问题的进展和最终的处理结果告诉客人。

(五) 追踪检查处理结果

主动与客人联系,检查落实问题是否已获得解决,客人是否满意。如果客人不满意,在维护酒店利益的前提下,可采取额外措施进一步解决问题,达到让宾客满意的目的。

(六) 统计分析,记录存档

处理完投诉后,对投诉产生的原因及后果进行反思和总结,将整个过程加以汇总,写出报告,并记录存档,为今后处理类似投诉问题提供借鉴,同时作为案例对员工进行培训,改进员工的服务质量。管理人员还应当定期进行统计分析,吸取教训,采取相应措施,不断改进、提高服务质量和管理水平。

本章小结

部门沟通:是指相关岗位之间信息传递和反馈的过程。有效的沟通包括信息传递,即把信息全部传递出去和信息接收者及时、准确、充分地获取全部信息并在必要时反馈信息两个方面。

前厅内部沟通:是指前厅内部各环节之间的相互沟通,主要包括客房预订、入住接待、问讯、前台收银、礼宾行李服务、商务中心以及电话总机等部门之间的沟通。

前厅外部沟通:即前厅部与酒店其他部门的沟通、协调,主要包括前厅部与酒店总经理室、营销部、客房部、餐饮部、财务部及酒店其他部门的沟通。

投诉:是客人对酒店提供的服务包括服务设施、设备、项目及服务态度等感到不满或失望,而向酒店的有关部门提出的批评、抱怨、或控告。

客人投诉的原因:最根本的原因是酒店提供的服务没有达到客人的期望值,即客人感觉到的服务与客人所期望的服务之间有差距。产生这种差距的原因主要有两个方面,即酒店方面的原因或客人方面的原因

投诉处理的基本原则:酒店在处理客人投诉时,应注意遵守真心诚意帮助客人、不与客人争辩、维护酒店应有的利益和及时处理四大原则。

投诉处理的基本程序:包括认真倾听客人的投诉意见,做好投诉记录,将要采取的措施和解决问题所需要的时间告诉客人,立即行动、解决问题,追踪检查处理结果,统计分析、记录存档六个步骤。

【专业知识训练】

一、选择题

1. 进行有效的沟通前要明确要同谁进行沟通协调,并且要考虑进行沟通协调对象的权限、能力、背景、经历以及对方人际关系情况等,这项工作是遵循了沟通中的(　　)原则。

　　A. 沟通目的　　　　　　　　　　B. 注重对象和时机
　　C. 选择正确的渠道　　　　　　　D. 注重信息的接受及反馈

2. 前厅部与客房部的沟通包括(　　)。

　　A. 每月递交房价与预订情况分析表、客源结构分析表以及客源地理分布表
　　B. 共同磋商来年客房销售的预测
　　C. 递交"鲜花通知单",以便布置客房
　　D. 发放团队用餐通知单

3. 下列说法中无法使顾客获得更多顾客让渡价值的是(　　)。

　　A. 增加商品价值　　　　　　　　B. 增加服务价值
　　C. 减少形象价值　　　　　　　　D. 减少货币成本

项目七 信息沟通与宾客关系管理

4. 下列投诉中属于客人方面的原因的是( )。
   A. 房间空调不能正常运行和使用
   B. 服务员服务技能不够熟练,使宾客等候时间过长
   C. 客人在房间内受到骚扰
   D. 客人在店外其他场合遇到不顺心的事,把酒店及其员工当作"出气筒"

5. 下列关于宾客处理原则的说法不正确的是( )。
   A. 及时处理   B. 必要时应据理力争
   C. 维护酒店应有的利益   D. 真心诚意帮助客人

二、判断题

1. 前厅外部沟通是指前厅各环节之间的相互沟通,主要包括客房预订、入住接待、问讯、前台收银(有些酒店已实行"四合一")、礼宾行李服务、商务中心以及电话总机等部门之间的沟通。 ( )

2. 服务人员在客人面前不能争强好胜,不能为一些小事与客人比高低、争输赢,因为即使你赢了,你却得罪了客人,使客人对你和你的酒店不满意,实际上你还是输了。 ( )

3. 给客人打电话是一种极好的沟通方式,沟通的时间一般不长,沟通成本低,这种沟通方式一般不受场地的限制,因此被广泛采用。 ( )

4. 客人投诉的原因涉及方方面面,但最基本的原因是客人对酒店的有关政策、制度不了解、不理解或客人在店外其他场合遇到不顺心的事,迁怒于酒店服务员。 ( )

三、简答题

1. 与宾客沟通的技巧有哪些?
2. 简述宾客投诉处理的程序。

四、案例分析

转怒为喜的客人

正值秋日旅游旺季,有两位外籍专家出现在上海某大宾馆的总台。当总台服务员小刘(一位新手)查阅了订房登记簿之后,简单化地向客人说:"客房已定了708号房间,你们只住一天就走吧?"客人们听了以后就很不高兴地说:"接待我们的工厂有关人员答应为我们联系预订客房时,曾问过我们住几天,我们说打算住三天,怎么会变成一天了呢?"小刘机械呆板地用没有丝毫变通的语气说:"我们没有错,你们有意见可以向厂方人员提。"客人此时更加火了:"我们要解决住宿问题,我们根本没有兴趣也没有必要去追究预订客房的差错问题。"正当形成僵局之际,前厅值班经理闻声而来,首先向客人表明他是代表宾馆总经理来听取客人意见的,他先让客人慢慢地把意见说完,然后以抱歉的口吻说:"你们所提的意见是对的,眼下追究接待单位的责任看来不是主要的。这几天正当旅游旺季,双人间客房连日客满,我想为你们安排一处套房,请你们明后天继续在我们宾馆做客,房金虽然要高一些,但设备条件还是不错的,我们可以给你们九折优惠。"客人们觉得值班经理的表现还是诚恳、符合实际的,于是应允照办了。

过了没几天,住在该宾馆的另一位外籍散客要去南京办事几天,然后仍旧要回上海出境归国。在离店时要求保留房间。总台服务员的另外一位服务员小吴在回答客人时也不

够灵活,小吴的话是:"客人要求保留房间,过去没有先例可循,这几天住房紧张,您就是自付几天房金而不来住,我们也无法满足你的要求!"客人碰壁以后很不高兴地准备离店,此时值班经理闻声前来对客人说:"我理解您的心情,我们无时无刻不在希望您重返我宾馆做客。我看您把房间退掉,过几天您回上海后先打个电话给我,我一定优先照顾您入住我们宾馆,否则我也一定答应为您设法改住他处。"

数日后客人回上海,得知值班经理替他安排了一间楼层和方向比原先还要好的客房。当他进入客房时,看见特意为他摆放的鲜花,不由得翘起了拇指。

问题:

1. 前台服务员小刘和小吴在对客服务时存在哪些问题?
2. 通过这个案例你得到什么启示?

【职业技能训练】

一、实训目的

掌握宾客投诉的处理方法、程序。

二、实训内容

宾客投诉的处理。

三、实训时间

2 学时。

四、实训材料

1505 房客人的投诉

某酒店,魏先生持朋友帮他开的房的房卡和钥匙去开 1505 的门,门打不开,即找来服务员。服务员看完房卡,也试开了房门仍未打开(主要是看错房卡,接待员填写房卡时字迹潦草,把"1525"写得像"1505")。该服务员询问总台 1505 房押金是否够,总台人员回答押金够,该服务员就用楼层总钥匙帮客人打开了 1505 房门。客人进房后发现房间凌乱,提出异议。服务员答复卫生肯定做过了,会不会是您的朋友使用过?客人当即打电话询问朋友,答复是在房内休息过,客人也就无异议了,当晚在该房住下。原 1505 的客人已经住了三天,由于是陪家人来治病,当晚在医院陪护,恰巧没有回房休息。第二天 9:00,原 1505 的客人回房时发现房内有人,即报保安部。当保安赶到现场了解情况后才知道 1525 的客人住进了 1505 房。原 1505 客人非常生气,表示要叫媒体来曝光,并要求酒店就此事给予满意的处理结果。大堂副理赶到现场后当即向 1505 客人道歉,并表示马上着手调查,尽快答复,请 1505 房的客人平息怒气,先回房休息。了解情况后大堂副理与值班经理携带鲜花、水果前往 1505 房,由大堂副理向其说明事情的经过,然后值班经理诚恳地说:"对不起,先生。发生这样的事我们感到非常抱歉,由于服务员没有认真核对房卡,结果开错了房门,责任人我们会按制度严肃处理。"值班经理还表示免去该客人当天的房费,并征求客人对处理结果的意见,如果还有要求,可以协商解决。1505 房客人怒气渐消,大度地表示谅解,他希望酒店以后杜绝此类事件再次发生。值班经理和大堂副理对客人的大度表示感谢。

五、实训方法

1. 仔细阅读案例"1505房客人的投诉",尝试扮演大堂副理及客人,把它变成一个情景模拟对话进行练习。

2. 思考若1525房的魏先生也向大堂副理提出投诉,作为大堂副理的你该怎么处理?试将1525房投诉的处理过程设计为一个情景对话进行练习。

六、评分标准

考核要点	分 值	扣 分	得 分
个人仪表	10		
语言表达技巧	30		
非语言表达技巧	20		
1525房投诉处理的情景设计	40		
总 计	100		

项目八　前厅服务质量管理

> **学习目标**
>
> ➢ 了解前厅部服务质量的内涵；
> ➢ 理解酒店前厅服务质量的特点和原则；
> ➢ 掌握酒店前厅服务质量管理的方法和程序。

酒店市场的竞争，归根结底是酒店服务质量的竞争，服务质量是酒店市场竞争的基础。任何酒店要生存和发展，就必须在激烈的市场竞争中取得胜利；要取得市场竞争的胜利，就必须向市场提供高质量的酒店产品；要提供高质量的酒店产品，就必须完成一系列与质量有关的工作。这些工作就属于质量管理的范畴，前厅服务质量管理是酒店前厅管理的核心内容之一，也是体现酒店整体服务质量管理水平的重要内容。

任务一　前厅部服务质量内容

酒店为宾客提供的主要是服务产品，其最大特征便是无形性，这对酒店的服务质量管理提出了更高的要求。服务是酒店为宾客提供良好产品的基础，酒店对客服务的"急先锋"——前厅部门，时刻都在为宾客提供各式各样的服务，如预订服务、门童服务、礼宾服务、前台接待服务、总机服务、问询服务、结账服务等。前厅服务质量情况直接关系到宾客体验价值的高低、满意度以及对酒店形象的评价。

一、前厅服务质量内涵

服务质量是酒店在竞争中制胜的法宝。服务质量的内涵与有形产品质量的内涵有区别，宾客对服务质量的评价不仅要考虑服务的结果，而且要涉及服务的过程。前厅服务质量应被消费者所识别，宾客认可才是质量。前厅服务质量的构成要素、形成过程、考核依据、评价标准均有别于有形产品的内涵。

(一) 服务质量的含义

国际标准化组织 ISO 9000 族标准认为,质量是能够满足显性或潜在需求的产品或服务特性与特点的总和。所谓酒店服务质量,表现为宾客对酒店的服务活动和服务结果的满足程度。酒店的服务能否满足宾客需要,既取决于服务活动的最终结果,也取决于服务活动的全部过程以及每一个环节。同样道理,服务质量既取决于宾客的显性消费需求的满足程度,也取决于宾客对隐含或潜在需求的满足程度。

【知识链接】 ISO 是 International Organization for Standardization 的英语简称,译成中文就是"国际标准化组织"。国际标准化组织成立于 1947 年 2 月 23 日,其前身是 1928 年成立的"国际标准化协会国际联合会"(简称 ISA)。ISO 负责除电工、电子领域之外的所有其他领域的标准化活动。ISO 的宗旨是:在世界上促进标准化及其相关活动的发展,以便于商品和服务的国际交换,在智力、科学、技术和经济领域开展合作。ISO 现有成员 117 个,其日常办事机构是中央秘书处,设在瑞士的日内瓦。

(二) 前厅服务质量的含义

前厅服务质量是指酒店前厅以其所拥有的设备设施为依托为宾客提供的服务,在使用价值上适合和满足宾客物质和精神需要的程度。所谓适合,是指前厅为宾客提供服务的使用价值能为宾客所接受和喜爱;所谓满足,是指该使用价值能为宾客带来身心愉悦和享受,使得宾客感觉到自己的愿望和企盼得到了实现。因此,前厅服务质量的管理实际上是对前厅提供服务的使用价值的管理。前厅所提供服务的使用价值适合和满足宾客需要的程度高低即体现了前厅服务质量的优劣。

前厅向宾客提供的服务通常由前厅的设施设备、劳务服务的使用价值共同组成。从整体来说,前厅所提供的服务带有无形性的特点,但局部具体服务的使用价值带有物质性和有形性的特点。因此,前厅服务实际上包括有形产品质量和无形产品质量两个方面(见表 8-1)。国际标准化组织 ISO 9000 族标准规范是企业的质量管理体系,对服务及质量的描述,也反映了前厅服务产品有形及无形的联系。

表 8-1 酒店前厅服务质量

有形服务质量	无形服务质量
安全	规范
方便	友好
舒适	个性
品味	超前

二、前厅服务质量的内容

前厅服务是有形设施和无形劳务的有机结合,前厅服务质量则是有形产品质量和无形劳务质量的完美统一,有形产品质量是无形产品质量的凭借和依托,无形产品质量是有形产品质量的完善和延伸,两者相辅相成,构成前厅服务质量的整体。

(一)有形产品质量

有形产品质量是指前厅提供的设施设备和实物产品以及服务环境的质量,主要满足宾客物质上的需求。

1. 前厅设施设备质量

前厅是凭借其设施设备为宾客提供服务的,所以,前厅的设施设备是前厅赖以运作的基础,是前厅劳务服务的依托,反映出一家酒店的硬件条件和接待能力。同时前厅设施设备质量也是服务质量的基础和重要组成部分,是前厅服务质量高低的决定性因素之一。

前厅设施设备包括客用设施设备和供应用设施设备。

客用设施设备也称前台设施设备,是指直接提供给宾客使用的那些设施、设备,如大堂电梯、电脑设备、商务办公桌椅、沙发、茶几、干手器、擦鞋机等。客用设施设备的性质要求做到各项设施设备的设置科学,结构合理;配套齐全,舒适美观;操作简单,使用安全;完好无损,性能良好。

供应用设施设备也称后台设施设备,是指酒店及前厅经营管理所需的,但不直接和宾客见面的生产性设施设备,如锅炉设备、制冷供暖设备、电话总机设备、客房状况显示架、钥匙邮件架等。供应用设施设备的性质,要求做到各项供应用设施设备能安全运行,保证供应。

前厅只有保证设施设备的质量,讲究设施设备的配置,注重设施设备的维护与保养,才能为宾客提供多方面的感觉舒适的服务,进而提高前厅及整个酒店的声誉和服务质量。

2. 前厅服务环境质量

前厅服务环境质量是指前厅的服务气氛给宾客带来的美感和心理上的满足感。前厅服务环境质量主要包括三个方面内容:独具特色、符合酒店等级的装饰风格;布局合理且便于使用的服务设施和服务场所;洁净无尘、温度、湿度适宜的大堂环境。

通常,对前厅服务环境质量的总体要求是:整洁、美观、安全、舒适、有秩序、效率高。在此基础上,还应充分体现出一种带有鲜明个性色彩的文化品位。从心理学角度讲,宾客对酒店第一印象的形成是从前厅部开始的,前厅是留给宾客第一印象和最后印象的地方。由于第一印象的好坏在很大程度上,是受前厅环境氛围影响而形成的,为了使前厅产生"先入为主,先声夺人"的效果,管理者应格外重视前厅环境质量的管理与控制。

(二)无形产品质量

无形产品质量是指酒店前厅提供的劳务服务的使用价值,即劳务服务质量。劳务服务的使用价值使用以后,其劳务形态便消失了,仅给宾客留下不同的心理感受和满足程度。劳务服务质量也是前厅服务质量的重要内容之一,主要包括以下几方面。

1. 职业道德与服务态度

职业道德是指从事一定职业的人,在职业活动整个过程中应该遵循的行为规范和行为准则。职业道德是在为他人提供产品、服务或其他形式的社会劳动时才发生的。职业道德一方面调整前厅内部人员之间的关系,要求每个前厅服务人员遵守职业道德准则,做好本职工作;另一方面,职业道德调节前厅部服务人员同酒店其他部门员工之间以及同宾客之间的关系,以维护职业的存在,并促进其职业和酒店的发展。因此,热爱本职工作,有强烈的事业心、进取心和责任心是一个前厅服务员必须具备的首要条件,是做好前厅接待服务工作的坚实基础。精通业务、开拓创新是爱岗敬业的根本,也是与时俱进的职业道德要求。

前厅服务人员服务态度是指前厅服务人员在接待宾客和对客服务中所体现出来的主观意向和心理状态。其好坏程度是由前厅服务人员的责任感和综合素质决定的,并与服务人员的主动性、积极性、创造性密切相关。微笑、主动、细致、快捷、讲礼貌、懂礼节构成前厅服务产品的主要内容,也是前厅服务员服务态度的一种外显形式。前厅服务员直接面对宾客进行接待和服务的特点,使服务态度在前厅服务质量管理中备受重视,它直接关系着宾客满意度,是前厅提供优质服务的基本点,是前厅无形产品质量的关键所在,直接影响前厅乃至整个酒店的服务质量。

2. 服务技能与服务效率

前厅服务技能是指前厅服务人员在不同时间、不同状态下对不同宾客提供服务时,能适应具体情况而灵活恰当地运用其操作方法和作业技能以取得最佳的服务效果,从而显现出来的技巧和能力。前厅服务技能的高低取决于前厅服务人员的专业知识和操作技术,要求其掌握丰富的专业知识,具备娴熟的操作技术,并能够根据具体情况灵活多变地运用,从而达到具有艺术性、给宾客以美感的服务效果。

前厅服务效率是指前厅员工在其服务过程中对时间概念和工作节奏的把握。它应根据宾客的实际需要灵活掌握,要求员工在宾客最需要某项服务的前夕提供。因此,服务效率不仅指快速,而且强调适时和超前服务。作为宾客信息和接待服务信息集散地的酒店前厅,服务人员的时间观念可以反映出整个前台接待系统中各部门、各岗位及各班次在协调合作上的一致性特点。在时间一致性方面,出现不协调的现象是在前厅服务过程中不允许的,它将使宾客期待的相关服务得不到实现,很容易引起宾客的不安定感和不满情绪,影响宾客对前厅及整个酒店的印象和对服务质量的评价。

前厅劳务服务质量除上述内容外,还包括前厅的安全氛围、员工的劳动纪律、服务的主动性、服务的方式方法、操作的规范化和程序化等内容,同样应为前厅管理者所关注。

上述有形产品质量和无形劳务质量的最终结果是宾客满意程度。宾客满意程度是指宾客享受前厅服务后得到的感受、印象和评价,它是前厅服务质量的最终体现,也是前厅服务质量管理和控制的努力目标。

三、前厅服务质量的特点

前厅服务所呈现出的人与人、面对面、随时随地提供服务的特点以及前厅服务质量特殊的构成内容使其质量内涵与酒店其他部门和岗位有着较大的差异。为了更好地对前厅服务质量进行控制,管理者必须正确认识和掌握前厅服务质量的特点。

(一)构成的关联性和综合性

前厅服务质量的构成内容既包括有形的设施设备和服务环境质量,又包括无形的劳务服务质量等多种因素,且每个因素又有许多具体内容和行为构成而贯穿于前厅服务的全过程。只要有一个环节出现质量问题,就会破坏宾客对前厅乃至酒店的整体印象。所以,无论是电脑显示器、打印机、钥匙、信函架及其摆放位置,大厅光线、色彩、卫生、人体感受等有形产品,还是客房预订、行李服务、总机服务、商务接待、问询留言、职业道德、礼节礼貌等无形劳务服务,都要求前厅部服务人员利用安全有效的设施设备、洁净宜人的环境,以及友好礼貌的语言、热情周到的态度、连贯娴熟的技能、方便宾客的手段,确保每项服务优质、高效,使宾客获得物质上的满足和精神上的愉悦。

(二)评价的依赖性和主观性

前厅服务质量是在有形产品的基础上通过员工的劳务服务创造并表现出来的。前厅员工的表现又很容易受到多方面因素的影响,如员工个人的情绪和能力、设施设备的好坏和效能、宾客的修养和素质、员工与宾客之间的情感和关系等,具有很大的不稳定性。所以,通过员工的劳务服务创造并表现出来的前厅服务质量对诸多方面有较强的依赖性。

尽管前厅自身的服务质量水平基本上是一个客观的存在,但由于前厅服务质量的评价是由宾客在享受服务的过程中根据其物质和心理满足程度进行的,因而带有很强的个人主观色彩。前厅管理者无法也无理由要求宾客对前厅服务质量做出与酒店的认识相一致的评价,更不能指责宾客对前厅服务质量的评价存在偏见。这就要求前厅员工在服务的过程中提供细致入微的观察和准确适时的判断,了解并掌握宾客的物质和心理需要,注重每项服务细节到位,提供有针对性的个性化服务,重视每次服务的效果。前厅管理者应积极采取妥当措施,将出现的服务质量问题的后果对宾客的影响降到最小,通过对下属和宾客的真诚服务,避免矛盾扩大化,建立良好和谐的关系。

任务二　前厅服务质量管理

在现代酒店管理中,质量管理已经成为最基本和最重要的管理方法。对酒店业这一劳动密集型服务性行业来说,质量管理的重点是对服务质量的管理。前厅部作为酒店对客服务的中心部门,对服务质量则有着更高和更严格的要求。

一、前厅服务质量管理的原则和方法

(一)前厅服务质量管理的原则

1. 员工第一,宾客至上

宾客是服务质量的裁判,而员工是服务质量的提供者和保证者,是前厅管理中最重要的因素。前厅服务设施设备和服务环境的安全、方便、洁净、舒适、高雅,以及服务人员的精神面貌、礼节礼貌、服务举止、服务感情、服务态度、服务效率、服务效果等氛围都是由员工表现出来的,并再传递或服务给宾客的。上述服务产品的种种表现形式均需要前厅员工处于精神最饱满、心情最舒畅的状态下才能生产出一种另宾客最为满意的优质服务产

品。所以,前厅服务质量管理中,管理者应树立没有满意的员工就没有满意的宾客这一基本管理理念。

【情景模拟】

被誉为超五星级的福建悦华酒店规定:管理者见到员工时必须首先向员工打招呼或问好,从总经理到部门经理概莫能外。总经理数十年如一日,几乎每天早晨坚持在酒店门口迎候员工上班。

北京建国酒店的总经理连续两个钟头站在员工餐厅门口,一次又一次地拉开大门,向前来参加春节联欢会的员工点头致意,说:"您辛苦了!"中外方经理们头戴白帽,腰系围裙,排成一溜站在自助餐台后,微笑着为员工们盛菜打饭。

追求利润是所有经营者的共同目标,这一目标驱使经营者把消费者作为自己的"上帝",提出了"宾客至上"的经营口号。对酒店经营者,尤其是前厅部各级员工来说,服务产品质量的评判者是自己所面对的宾客。只有令宾客满意的服务,其质量才是优质的,而只有靠优质的服务才能吸引更多的宾客。因此,在前厅部服务质量管理中,首先关注、理解、信任员工,进而要求员工从宾客的角度出发,时刻把宾客的利益放在首位,以宾客的身份来体验自己的服务,慎重处理宾客投诉,并不断调整服务的程序和做法,使之适应不断变换的宾客及不断变化的宾客需求和偏好。

"员工第一,宾客至上",就是要求前厅管理者首先要承认前厅员工的工作价值,承认他们在酒店企业中的地位和作用,从物质生活和思想情感上主动关心他们;其次能够经常指点他们的工作,传授个人的工作经验;还要多多指教他们如何获得服务程序及其质量标准、成本控制及经营管理参数、部门之间的协调等管理职能方面的知识和技能。这样,员工就会在工作或服务中把上级对自己的关心、培养的心情愉快地传递给宾客,就会向宾客提供一种热情、细致、周到的服务,同时愿意多做一些额外的超常服务,宾客就会因此心存一种愉悦和感激之情,愿意再来。

2. 教育为先,预防为主

根据前厅不同岗位要求和前厅服务质量标准,按照酒店人力资源管理计划,有步骤、主动、合理灵活地向员工灌输正确的政治思想、职业道德及酒店的各种观念和意识。教育员工热爱本职工作,保持和发扬良好的工作态度,破除各种旧观念,正确认识旅游业和酒店业,明确自己工作的目的和意义,明确前厅部工作的重要性,遵守劳动纪律,自洁自律,廉洁奉公,坚持集体主义。教育员工要有严格的组织纪律观念、团结协作的精神以及诚恳待客、知错就改、一视同仁等职业操守。传授有关前厅工作、服务、管理的知识,训练员工适应前厅服务要求的各种技能,并积极开展旨在增强员工相应管理能力的活动,以便较好地控制前厅服务质量,降低前厅损耗和劳动力成本,为员工提供发展机会。

由于前厅部业务具有全天候不间断服务、接待服务范围广、原则性和灵活性要求高等特点,加上前厅服务产品生产与消费具有同步性,这就要求前厅服务产品100%的一次成功率,也同时决定了前厅服务产品质量控制必须以预防为主。在前厅部质量控制中,所有员工都要全力以赴,把服务质量放在最重要的位置,认真对待每一项工作的每一个细节,并充分考虑可能遇到的各种困难,时刻准备应对每一种突发情况,宁可事先预防,决不事后补救。

对酒店而言,事后补救所花的"纠错成本"常常数倍于事先预防的投入,而且还得不到期望的效果。再小的服务差错或者失误都会使宾客的满意度由100%降至零,而任何补偿都不能100%地抵消宾客已经形成的不良印象。

(二)前厅服务质量管理的方法

1. 强化意识,明确标准

(1) 树立质量时空意识。

前厅是宾客信息和接待服务信息集散地,服务人员的时间意识反映着前台接待系统中各部门、各岗位及各班次在协调合作上的一致性特点。在时间一致性方面,出现不协调的现象是在前厅服务中不允许的,否则将使宾客期待的相关服务不能实现。例如,礼宾部在安排行李员运送已离店团队行李时记错了时间,延误了行李运送,结果将会非常严重,且无法弥补。

空间的特点是三维性,反映在前台接待服务过程中的空间观念突出表现为"服务链条效应",即各部门、各岗位及各项具体工作环节之间的关联性和协调性。例如,如果总台接待员将次日离店团队提前用早餐的安排疏漏了,其后果的严重性可想而知。

(2) 坚持全面质量管理意识。

要对前厅服务质量进行有效管理,保证和提高服务质量,就必须组织前厅全体员工共同参与,综合运用现代管理科学,建立一个能够控制影响服务质量的全过程和各种因素,全面满足宾客需求的系统。

从这种系统观念出发,有效管理前厅服务质量,主要包含四个方面的意识:对前厅所有服务质量进行管理,即全方位的管理,而不是只关注局部的控制;对服务前的组织准备、服务中的对客服务、服务后的善后处理的服务过程进行全程管理;全体员工都参加质量管理与控制工作,并把每一位员工的工作有机地结合起来;管理者能够针对具体情况,灵活运用各种现代管理与控制方法。

(3) 明确服务质量标准。

树立了明确的质量意识,还需要让前厅员工了解并掌握明确的质量标准,应在广泛征求宾客和一线员工意见的基础上进行服务质量标准的制定。遵服务质量标准制定的基本过程:结果信息搜集—需求预测—标准拟定—标准试行—信息反馈—标准确定的步骤,逐步制定针对性强、实施性高的服务质量标准。再通过结合对员工进行职业道德、业务技能的教育、培训和激励,使全体员工充分了解并掌握这一标准,严格按照标准中规定的劳动力调配、服务程序、设施设备维护保养、细节事项、服务态度等,利用规定的设施设备在标准服务时限内准确无误地加以落实,从而实现优质的对客服务。

2. 规范操作,完善制度

在前厅接待服务中,规范化、制度化的完善主要包括问询、接待、收银等岗位工种在接待服务过程中每一项具体的操作步骤、要求、操作质量原始记录、反馈意见、分析总结和修订实施等内容。将服务人员重复性操作行为予以规范化,并进一步制度化,是前厅服务质量过程管理的关键。把规范化的服务标准上升为制度化，从很大程度上能够消除服务人员因个人主观臆断而造成的操作随意性，从而确保服务质量；也有利于服务人员在今后的工作实践中不断地进行自我完善和提高；更使得管理者有了检查和监控前厅服务质量的依据，以便促进酒店前厅服务工作达到规范化、程序化、标准化和制度化的要求。

比如，酒店要确保"叫醒服务"话务工作质量，首先就要制定话务工作的各项操作规范，如怎样保证叫醒服务有效、怎样保证叫醒服务时间的准确、要讲究哪些叫醒服务技巧等；同时，完善电话接听及叫醒服务工作制度。只有这样，才能消除"未设定叫醒时间""没有实施"或"忘记叫醒服务"的可能，从而保证酒店话务工作的质量，达到完成前厅话务工作质量管理的目的。

3. 细分过程，严格控制

前厅服务过程中每一次"客我双方活动"，由于时间、对象、心理、环境、标准等多方面因素的影响，其服务的质量和结果是不尽相同的。所以，服务人员应从每一次服务的"准备—开始—进行—结束"的固定模式中解放出来，不断创造新的、更好的服务，减少中间环节，缩短过程时间，更加耐心细致地为宾客提供诸如反复查询、解决疑难问题、委托代办、联系协调等超常服务，以满足宾客各种合理的消费需求，达到既定的服务标准，实现既定的服务质量目标。

4. 剖析信息，科学评定

服务质量信息是酒店进行服务质量决策的基础和前提，是计划、组织服务质量活动的依据，更是质量管理的有效工具。对前厅服务质量评定，是在收集宾客反馈信息的基础上，对前厅服务规范化、程序化、标准化和制度化执行状况做出的整体评价。评价服务质量的主要方法是检查，主要包括以下3个方面的内容：

（1）宾客评价。

微笑、主动、细致、快捷、协调等构成了前厅服务产品的主要内容，它们除了应该满足宾客住店期间各种明确需求以外，同时还要满足宾客在各种情况下隐含的潜在需求。前厅服务人员利用设施设备、环境及自身行为向宾客提供令其满意的产品，使宾客在享受每一次服务后得到心理满足。前厅服务质量管理就是紧紧围绕使宾客满意这一中心所进行的一系列有效活动，因而，前厅质量评定必须以宾客对服务的满意度为主要标准。

（2）外部质量检查机构评价。

对酒店行业主管部门及质量认证机构所做出的重要的专业评价，特别是酒店星级评定和星级复查所进行的评价内容，管理者应对照检查结果，及时找出存在的质量问题，更应分析其产生的原因，进而提出有针对性的改进措施，以不断提高前厅服务质量。

（3）内部质量检查机构评价。

为了测试宾客对服务效率和服务效果的满意程度，为了实现前厅服务工作要达到的几个重要指标（客房出租率、双倍开房率、宾客回头率、客房收入年递增率），前厅管理者要制定严格的服务质量及其服务效果鉴定检查单，以便确保宾客的全面满意及实现前厅服务的工作目标；酒店服务质量管理机构还可以在组织随机抽样调查、直接征求宾客意见、定期分析统计资料等质量管理活动中对前厅部服务质量做出重要的职能评价。

二、前厅服务质量管理的程序

（一）制定标准

无系统成文的质量标准会造成巨大危害，如凭经验管理质量，无法指导员工工作，无法为员工的绩效考核提供依据。所以，前厅部应根据被服务者需求信息，设计服务的过程及标准，并根据顾客和员工的反馈信息，经过科学分析后进行完善和改进。改进的速度要及时快捷。

有效的前厅服务质量标准应符合以下要求：能满足顾客的期望；明确具体；员工可接受；强调重点；及时修改；既切实可行又有挑战性。

为此，前厅部应采取以下措施保证服务质量标准的有效性：明确制定及修改质量标准职责归属；借鉴行业标准或其他企业标准，并根据酒店实际制定标准；根据顾客的需求信息修改标准，以满足顾客需求；征求员工意见，听取操作者对标准的合理化建议，在满足顾客的前提下，尽可能地方便操作者；聘请有关专家，结合新形势、新理论、新方法、新技术给予修正。

（二）学习标准

传统的口传身授的"师父带徒弟"式的学习机制，会导致前厅服务质量一代不如一代。而形成这种局面的原因往往集中在以下方面：没有规范的工作标准与程序，所以只能代之以口头经验传授；师父通常不会尽授所会，以防徒弟超过，"饿死"师傅；培训工作没有计划；培训力量薄弱；入店培训考试只是走过场。

因此，前厅部应根据标准化要求，通过组织知识竞赛、技术比赛等方式不断地强化前厅员工和各级管理人员对工作职责、程序与标准的掌握。

前厅部在制订服务质量标准学习计划时应形成有效的培训机制，讲求一定的培训原则：以帮助员工进步为目的；个人学习与团队学习相结合；学以致用。同时采取一些必要措施保证标准学习的成果，如建立健全培训制度，并严格执行；完善工作标准与程序；通过竞赛等方式进行团队学习等。

（三）组织实施

前厅服务质量标准在不断变化，实现的服务质量永远与宾客的期望有差距，而前厅部甚至整个酒店都以不变应万变来对付这种局面，将会造成大量宾客的流失。对于酒店而言，"铁打的服务流水的宾客"是其常态，但不能因为宾客的暂时光顾而不重视服务质量标准的更新和实施，降低顾客满意程度，从而导致市场占有率下降。

为了保证前厅服务质量标准的有效实施和及时更新，前厅部应明确各级人员在质量工作中的基本职责，将质量结果与个人利益连接，组织人员落实质量管理部发出的质量整改通知中的内容，以及应环境变迁和宾客偏好的改变而更新标准和及时落实。

（四）检查督导

前厅服务质量标准在实施过程中，要保持对标准实施过程的监控，发现偏差，及时纠正。前厅质量管理部人员应对各环节的质量工作进行常规监督检查和指导。检查督导的过程,主要是检查质量工作落实情况,帮助解决质量工作中遇到的问题,通过检查发现偏差,指导员工改进工作质量。

在检查督导中应运用质量激励机制,以表扬、奖励为主、批评为辅、慎用惩罚。应避免出现"检查多,指导少;惩罚多,奖励少"的问题,否则会极大地挫伤员工的积极性和主动性,导致人员流动率偏高,增加培训成本,有时会造成人员紧张,新手单独上岗,严重影响服务质量。所以在检查督导中应有专业的质量管理观念:事前指导—检查督促—提供帮助—合理激励。

(五)总结提高

前厅部应注意随时搜集整理服务质量管理工作中发现的新问题及新方法,及时组织人员进行分析研究,并制定解决方案。

那种只对检查结果做"流水账"式的初级整理,找不出质量差距和没有质量改进计划的服务质量管理,必然导致前厅服务质量水平的停滞不前,酒店竞争力亦会随之下降。

因此,前厅部应在有效总结经验,发现问题,找出差距,提出对策的基础上,对前厅服务质量持续改进。持续改进意味着每一天都使事情变得更好,意味着逐渐消除所提供的产品、服务中的错误与缺陷。这需要通过前厅部全体员工完成持续改进循环过程中的一系列活动。首先分析工作中存在着哪些不足,然后制订改进计划,再试用与测试各种改进创意,而后将各部分集成为标准的操作规程,一个循环周期结束。持续改进就是要求一个循环接着一个循环地展开。

为了达到总结提高、持续改进的目的可采取以下措施:首先,对前厅所有员工进行质量管理培训,不合格决不允许上岗;其次,每位员工都对自查和被查出的问题进行归类分析,并制订改进计划,部门也制订出相应的计划;再次,实施改进计划,并将改进结果以操作规程形式确定下来;最后,将持续改进内化为员工积极主动愿意做的事,即与员工的自身利益建立关联。这些工作做好后,就可以逐渐将大量的检查改为抽查。

三、前厅部主要机构服务质量要求

(一)预订服务质量要求

要求员工上岗时仪容端庄、仪表整洁,按要求着装,工作服必须整洁、挺括,保持饱满的工作精神和工作状态。

能接受宾客各种形式的订房要求,如电话预订、书信预订、电传预订、网络预订、面谈预订等;除了受理预订,还要做好修改预订、取消预订或婉拒预订等预订服务工作。

掌握客房周转情况,随时更新客房房态,合理高效而又巧妙地推销酒店客房,尽可能接受宾客的订房要求。

耐心对待每一位宾客,不厌其烦地向每一位订房宾客介绍酒店的客房,回答宾客的问题,争取将客房出租率维持在一个较高水准。

严格按照预订服务规程办事,填好订房表和各类业务报表,定时核对电脑信息,保证信息的实效性。并且能够对酒店的客房出租与预订工作提出合理科学的建议,坚持高效优质的服务。

保持预订处的环境整洁,各种预订用具的完好有效。

(二) 接待服务质量要求

接待服务人员上岗时,要求仪容端庄、仪表整洁,按要求着装,工作服必须整洁、挺括,保持饱满的工作精神和工作状态。

坚持站立服务,宾客朝前台走来时,应马上自然地微笑,礼貌接待每一位宾客。

掌握客房周转情况,了解客房预订情况,合理安排房间,保证排房无差错;如果房间数量允许,尽量根据宾客喜好分配房间。

婉言拒绝不符合规定者的开房要求,如无身份证等;特别留意常客,记住其姓名及喜好等。

准确迅速地办理好宾客的入住登记手续,避免让宾客等候太久,一般一位宾客住宿登记时间不应超过3分钟。

尽可能熟练掌握一门外语,并能运用外语接待外宾,正确处理本业务的工作事宜。

正确填报各类营业报表和业务报表,按时报送给上级相关部门。

保证工作区域的环境卫生,以及设施设备的运行高效。

(三) 问讯代办服务质量要求

人员上岗时,要求仪容端庄、仪表整洁,按要求着装,工作服要整洁、挺括,保持饱满的工作精神和工作状态。

耐心、热情地对待每一位宾客,回答宾客的每一个问题,做到百问不厌。

尽可能多的掌握各种信息和知识,如酒店规模、客房设施、酒店产品、市区交通、主要购物点、大型活动、主要景点等,能够准确地为宾客提供问讯服务。

准确、及时、优质、高效地办理宾客委托代办的事项,热情地帮助宾客解决问题。

管理好钥匙,保证钥匙的安全;分发好信件,保证高效、准确的服务。

维护工作区域的环境卫生,保证设施设备的完好高效。

(四) 迎宾服务质量要求

一般而言,酒店前厅部必须设置与酒店规模、档次相适应的迎宾岗位,包括门童和电梯接待员等。明确规定迎宾岗位的工作时间、工作地点。迎宾员必须按照规定,在工作期间不随意离岗。

迎宾员上岗前,要自我检查仪容仪表,必须按要求着装,工作服要整洁、挺括,保证在岗期间仪容端庄、仪表整洁。到工作岗位后,精神饱满、面带微笑、站姿端正、腰背挺直,时刻保持完好的工作状态。

门童(一般为男性)也叫大门迎宾员,一般站立在大门外的一侧,距门一步左右,站立时应保持两腿与肩同宽,两手自然垂直或交叠背在身后。电梯接待员(一般为女性)站立于大堂电梯旁规定的位置,站立时保持两腿并拢,呈立正姿势,双手交叠,自然垂放在身前。当然,前厅部根据需要也可以采用女性门童或男性电梯接待员,还可以使用老年门童或外国人做门童,以突出酒店特色。

迎宾员要一视同仁,使用礼貌用语,主动为宾客提供服务。门童应坚持做到:客到有人迎,客走有人送,按服务规程进行操作;电梯接待员做到:为上下电梯的宾客按铃牌,挡梯门,坚持规范化服务。

掌握酒店各项服务设施与服务项目的营业时间等业务情况,熟悉当天重要会议、宴会和文娱活动的安排情况,了解市内交通与重要旅游景点情况,以便准确回答宾客的问询和引导有关宾客出入。

在车辆往来频繁的情况下,迎宾员应该主动配合保安人员维持好酒店大门前的秩序,避免交通堵塞。

迎宾员除热情迎送宾客外,还担负着维护酒店秩序和保安保卫的责任。对醉汉、精神病患者和衣冠不整的人,要礼貌地谢绝其入内。对形迹可疑的人,要主动上前询问,并及时报告保安部。

随时保持岗位设施设备完好,维护周边环境整洁。

(五)电话总机服务质量要求

坚持使用热情、礼貌、温和的服务语言,具备熟练的接转动作;话务员接线要迅速,振铃或灯亮不超过3次,接转电话准确无误;接转每一个电话要求先问候宾客,然后主动用中英文报店名,语音甜美、语气柔和。

遇到忙音或无人接听(一般响5次),应及时向宾客解释答复,请宾客等候的时间每次不能超过30秒钟。电话设施故障要及时排除,自己无法排除的应该立即通知工程部,保证24小时线路畅通无阻。

熟悉本酒店的组织机构;熟悉酒店内主要负责人和各部门经理的姓名、声音;熟悉市内常用电话号码;熟悉有关问讯知识;熟记国际、国内主要城市的区号代码,准确计算长途话费。

叫醒服务要准时,回答问讯要准确,留言要及时处理。

宾客电话不能偷听,严守话务机密,严禁在机房会客。保证机房和话务设备的整洁,机器设备运行高效无误。

(六)商务服务质量要求

工作人员上岗时,要求仪容端庄、仪表整洁,按要求着装,工作服要整洁、挺括,保持饱满的工作精神和工作状态。

准确、高效、优质地为宾客办理好各种委托的事务;态度和蔼、热情周到地帮助宾客解决问题,尽可能提供细致周到的秘书服务。

认真执行保密制度,为宾客保守商务秘密,不得泄露宾客的电传、传真、打字、复印等文稿的内容,更不得让不相干的人转交。

认真遵守设备操作规程,正确、合理地使用设备,加强日常维护,定期进行检查,以保持设备的完好。

做好商务中心的卫生清理工作,保持室内清洁。

四、前厅服务质检管理

在酒店实践中,检查整改是前厅服务质量内部控制和评价的有效保障。前厅服务质量检查的方式多种多样,大体上可以归纳为:酒店统一检查;部门自查;外请专家进行技术诊断;每个管理者的每次有意或无意的"走动"等。

(一)前厅服务项目的质量检查

1. 阶段质检

前厅部主要服务项目包括电话总机服务、预订服务、大厅礼宾服务、入住接待、商务中心服务和前厅收银服务等。内部质量检查机构对这些项目的质量管理,主要从每一次服务过程的事前、事中、事后三个阶段进行。

事前阶段根据前厅服务质量管理标准,贯彻"教育为先,预防为主"的方针,做好有形产品和无形劳务两大方面的充分准备,以确保在宾客到来之前有备无患。

事中阶段根据酒店服务质量管理体系的要求,通过各级管理者的现场巡视管理和每一位前厅一线服务员严格执行服务规程,确保宾客满意程度的提高。

事后阶段根据酒店服务信息,即服务质量管理的结果,对照酒店服务质量标准,找出前厅服务质量差异及其产生的原因,及时、主动地与宾客沟通,提出有效的改进措施,避免过错的再次出现,确保前厅服务质量的良性循环。

2. 内容质检

每一个阶段的服务质量,均可以从服务的设施设备与用品、服务程序与标准、服务态度与能力及服务效果与评价四个方面进行质检管理。

(1)设施设备与用品。

这方面的质检管理主要包括,电脑、电话交换机、钥匙及信件架、客房钥匙、保险箱、信用卡刷卡机等所有前厅设备先进完好,无故障;保证充足的办公用品和各类表格文件的存量。

(2)服务程序与标准。

准确测定各岗位上服务员的工作效率,制定各服务项目的标准服务程序和工作定额,通过有针对性的系统培训,确保服务员掌握过硬的业务技能和丰富的业务知识,必须具备良好的语言交际和沟通能力,能够熟练地使用和操作有关接待服务的设备设施。

(3)服务态度与能力。

服务员具有良好的职业道德和职业素养,有为宾客提供优质服务、情感服务的主观愿望。着标准制服,注重仪容仪表的整洁大方、言谈举止的规范得体,时刻保持饱满的精神情绪和良好的工作状态。普通话标准,掌握一种以上外语,善于与宾客进行有效沟通;快速办理入住登记、开房、贵重物品保管等业务;按规程向宾客提供电话接转、客房预订、问询留言、行李服务、传真复印等服务;及时办理换房、加床、续租、结账等手续,懂得报表制作、钥匙(磁卡)发放等操作;严格在标准时限内完成前厅各项对客服务。

(4)服务效果与评价。

在事前、事中及事后阶段,前厅各岗位的对客服务均遵守酒店规定,能够在标准服务时限内完成各项服务;能够处处体现为宾客和酒店业务服务需要,除了满足宾客住店期间各种明确需求以外,同时还能满足宾客在各种情况下的潜在需求,宾客满意度高。

(二)前厅服务质检分析

1. 撰写前厅服务质量检查报告

在前厅服务质量的每一次检查之后,将检查现场发生的实际情况记录下来,不掺杂主观看法和评论。以酒店管理模式和前厅服务操作规程为依据和前提条件,对前厅服务员在接待服务规程中任何细小的违章言行、表情反应及细小的操作失误都做详细的记录。之后,摒弃个人好恶撰写报告,避免对检查到的问题夸大或缩小,也应避免对检查过的内容随意取舍。同时记录好检查的时间、地点、场合、人物、事情经过等。

【情景模拟】

××酒店服务质量检查委员会检查报告

检查时间:2018年×月×日 8:00—11:00

检查项目:前厅大堂接待

检查人员:×××、×××、×××、×××、×××(外聘)

报告整理:×××

整理日期:2018年×月×日

整理内容:

上午8时整,通过大堂副理向酒店车队以宾客的名义要出租车1辆。20分钟后,车辆到达前厅门口,车牌号×A50555。车辆内外整洁,符合营业标准,司机(工号8010)仪容仪表基本符合标准要求,但领带结扣明显低于衬衣领口,没有戴手套。待检查人员上车后,司机没有使用规范语言,而是问道:"到哪儿去?"车在街上小转一圈后开回酒店,停在大堂门口。前厅门童(工号6011)拉车门动作规范,"您好,欢迎您光临!"声调符合标准(前次检查出的问题已改正)。

8:11,检查人员到前台办理住店手续。

接待员(工号3015)仪表仪容、接待语言均符合标准。但现场的2名接待员(工号3512、2315)对酒店现行的房价说法不一。3512号说90美元,2315号介绍为95美元。检查组的×××使用了不易辨认的假身份证,接待员(工号2315)未能发现,为其办理了入住登记手续。

总台内一照明灯已坏,据接待员讲,已于前日报修,但至今未修。

总台内客用保险箱有明显的损坏痕迹(前次检查已经指出)。

8:13,入住手续办理完毕,行李员(工号3001)接过检查人员的手提物品,陪同上房间(603、605)。途中,行李员未与检查人员讲话,且在行走时与检查人员拉开很大的距离(4~5米)。入房时发现磁卡钥匙打不开603号房门(后经查为3512号接待员在制作编码时错将房间号603输录为503),行李员请所有检查人员暂时进入605号房后,迅速回到前台更正,6分钟后赶回楼层。入房后行李员的"房内介绍"等其他工作程序符合标准。

当然，服务质量检查是保证前厅服务质量内部管理与控制的有效形式，在执行过程中，在从严、从难、从实际出发的前提下，还有必要同时注意以下几个问题：

(1) 检查周期的控制。

通常，岗位/班组一级的检查应贯穿于每日的工作之中；部门一级的检查可每周进行2次左右；店一级的检查每月可进行1~2次。周期过长，会使服务质量的控制力度弱化；周期过短，又会因此妨碍酒店其他工作的正常进行，而检查本身也会流于形式。

(2) 检查人员的素质和权威性。

服务质量检查是一项既严肃又具有专业难度的工作。在选择服务质量检查人员和对其进行管理时，应该考虑这样几个条件和标准：具有良好的职业道德和人品；发现问题的专业能力要强；酒店总经理可以向服务质量检查机构做出一些授权，以维护其权威性。

(3) 前台和后台都应检查。

直接服务现场(前台)和间接服务现场(后台)都要被列为检查对象。侧重于直接服务现场的检查是必要的，但不能因此而忽视甚至放弃对间接服务现场的检查；否则，会妨碍前厅乃至酒店服务质量整体水平的提高。

2. 分析问题，制定对策

服务质量管理与控制的重要任务，就是根据现象，找出更深层次的原因，并举一反三、触类旁通、标本兼治地去解决问题。在检查程序完成以后，应根据检查结果，分析问题产生的原因，并找出相应的对策。

如上述案例中提到的检查人员发现"总台内客用保险箱有明显的损坏痕迹"的问题，对此进行分析时首先要提出：维修客用保险箱的报告是否已上报工程部？答案只有两个中的一个，即结果1：已报修；结果2：未报修。

在了解到其中任何一个答案后，分析工作并没有就此结束，因为还有一系列相关问题需要解决。造成"总台内客用保险箱有明显的损坏痕迹"问题的根源，可能是上述环节中的任何一个甚至几个，进行进一步的质检分析后，可能这家酒店"所有的保险箱问题"便一次性地解决了，而且这种解决，是建立在完善了规章制度和操作程序的基础上的，其质量是不可同日而语的。

再比如，对没有实施或忘记叫醒服务进行质检分析，导致事件的原因可能有三：

第一，没有把宾客的要求确实地传达给具体实施者。宾客提出的叫醒服务，有的是向总机提出的，有的是向总台提出的，有的是向楼面服务台提出的，或是向其他服务员提出的。对于这些已经出现的宾客要求，一定要集中到一个人员那里，如夜间经理或接听电话的服务员的负责人等，并制成表格，由夜间经理负责实施。

第二，实施者本身出了错，如忘记了，或者打瞌睡。叫醒服务的实施，是由话务员根据指示去进行的，对于这一工作，一定要加强其责任心的培养。

第三，如果有许多客房的宾客在同一时间需要人工叫醒，而这时，只有1名话务员来实施的话，要花很长时间。这样，叫醒的时间也就推迟了。因此，这时候必须安排2~3名话务员或楼面服务员同时提供叫醒服务。

可见，在从事前厅服务质量管理时，应考虑的几个程序是：研究问题—提出对策—确定程序—培训—执行—检查，发现问题—采取措施—培训—跟踪检查—落实情况。

对服务的质检分析是服务质量管理的重要一环,按照问题分析和对策思路,可以由此及彼、由表及里,极大地提高前厅服务质量管理的效率,亦是每一位酒店管理者应掌握的管理方法。

本章小结

本章主要针对酒店前厅服务质量问题进行分析,提出一些服务质量管理实务操作规程的意见和方法。前厅服务质量管理的原则和方法、服务质量要求等方面需要引起酒店的高度重视,它是酒店经营和管理水平的重要体现,而在实践中又为许多酒店所忽略。

【专业知识训练】

一、选择题

1. 以下属于前厅设施设备的是( )。
   A. 大堂电梯   B. 擦鞋机
   C. 电话总机设备   D. 客房状态显示架
2. 酒店无形产品指( )。
   A. 职业道德   B. 服务效率   C. 服务技能   D. 服务态度
3. 前厅服务质量的特点是( )。
   A. 关联性   B. 综合性   C. 依赖性   D. 主观性
4. 评价酒店服务质量的主要方法是( )。
   A. 监督   B. 检查   C. 调查   D. 反馈
5. 接待员为一位宾客办理住宿登记时间不应超过( )。
   A. 3分钟   B. 4分钟   C. 5分钟   D. 2分钟

二、判断题

1. 酒店服务质量,表现为宾客对酒店的服务活动的满足程度。(　　)
2. 前厅向宾客提供的服务通常由前厅的设施设备、劳务服务的使用价值共同组成。(　　)
3. 评价酒店服务质量的方法主要包括宾客评价和内外部检查机构评价。(　　)
4. 在前厅服务质量的每一次检查之后,将检查现场发生的实际情况记录下来,可以掺杂主观看法和评论。(　　)

三、简答题

1. 简述前厅服务质量管理的方法。
2. 前厅服务质量管理的程序是什么?

四、案例分析

A、B团的混淆

10月18日20:00,杭州一家四星级酒店大堂内,3个旅游团同时抵店,散客在总台排队登记。前台接待员小马和小吴有条不紊、忙而不乱地分别接待散客和团队。小吴是一名老员工,接待团队特别有经验。她向陪同核对了团号、人数、国籍、地接社、组团社、用房数、抵离店时间。陪同拿走房卡后,逐一分给20位客人。小吴则马上通知房务中心、总机客人入住情况,以便做夜床和开长途;通知行李房按陪同的分房名单送行李,随后迅速进行电脑录入。录毕,小吴再一次核对团队接待计划,发现计划书HNWZJ—0915A团号与陪同给小吴的订房单上团号不一致,陪同订房单上的团号为HNWZJ—0915B。小吴顿时产生疑问,怎么会这么巧合,陪同订房单上的内容除团号有A、B之别外,其余均一样?此时小吴凭经验感觉不对劲,她怀疑是否预订部把A错写为B。但与预订部核对后,发现旅行社传真上明白地写着HNWZJ—0915B。小吴马上打电话到陪同房,与陪同再次核对团号全称。此时陪同才告诉小吴刚入住的是B团,并告诉小吴是他自己搞错了,本来这个团订的是另一家市中心的四星级酒店。他在旅行社时,计调部把接这个团的计划先给他,把另一份计划给了另一个陪同。他当时粗心,未仔细看团号,认为自己拿的肯定是A团,就来到了本酒店。偏巧除团号外其他内容两团一样,所以搞错了。

此时小吴除了怪陪同搞错外,更怪自己接团时不仔细核对团号。她清楚地意识到,麻烦的事马上就要降临:A团将很快也到酒店,B团住了10间房后,已无法安排A团同时入住。如果让B团移团,显然不可行,因为客人玩了一天后很累,对酒店也相当满意。况且即使移团,房间要整理,也不现实。小吴想象客人一到大堂,因酒店工作失误而无房时的愤怒情形,顿时有点不知所措。

她知道解决此事的唯一办法就是让已入住的B团陪同与A团陪同联络,让A团陪同立即改变方向,带团去住另一家四星级酒店。但小吴不敢擅自做主。

(资料来源:酒店现代化.2006-02-18。)

问题:
1. 你认为酒店应该如何处理这件事情?
2. 通过这个案例,酒店今后应该如何改进服务质量?

【职业技能训练】

一、实训目的

通过对酒店投诉处理的实训,使学生了解处理投诉的基本知识,掌握接受和处理投诉的技巧和方法。

二、实训内容

投诉处理。

三、实训时间

2学时。

四、实训材料

客人要求房费全免

位于城市中心的某家四星级酒店,以接待商务客人为主。某天酒店出租率高达95%,618房间刚刚清理完就住进了一名欧洲女客人。但第二天中午该女客就向酒店总经理递交了一份长达三页的投诉报告,反映她入住后遇到的各种遭遇:进房间磁卡钥匙打不开房间;想给家人发一张明信片,服务夹里没有;要一张本城市的地图,客房服务员让她到服务中心去取；在淋浴时，发现淋浴喷头出水特别少，只能手持喷头用了30分钟勉强洗完，穿上浴衣，却发现浴衣没有更换，还留有他人的体味；晚上做Morning Call，前台接待生告诉她请拨总机；晚11:00要了一份三明治，等了38分钟才送到；晚上躺在床上看电视，想看的两个卫星频道都不清楚。客人越想越生气，越生气越睡不着觉，翻身起床对房间各个角落彻底检查了一遍，连卫生间有几根头发都数了数。更不能让客人容忍的是，第二天上午11点多钟她回到房间时，发现椅子的靠背上有一双男式的袜子。于是她向总经理投诉了，"这是我从未见过的四星级酒店。服务不好不说，还没有安全感。"她要求：① 店方为其免掉全部房费；② 向她做出解释，并说要诉诸新闻媒体和投诉给旅游质量管理部门。

如果你是总经理，在接到投诉报告后，应该怎么做？

接受和处理投诉的规范化过程：

（客人）投诉→（大堂经理）倾听（关切地倾听，保持平静，不做辩解性的反应，不与客人争执）→交流（注意与客人交流感情，对客人的不幸遭遇表示同情、理解和抱歉）→记录（记录客人的问题）→判断（依据描述，立刻判断出是酒店哪方面出错，立即向客人表示歉意）→措施（做出处理，尽量提供可选择且切实可行的方案，不做空洞保证）→转告（将有关信息通报或转告有关部门、有关人员）→纠正（督促有关部门及时采取纠正措施，并掌握进展情况）→反馈（与客人保持联系，了解客人对投诉处理结果的反应）→记录存档（记录处理经过、结果、客人满意度）→投诉报告（定期对投诉记录写出分析报告，供有关部门分析和管理层决策）

五、实训方法

分小组，小组组员分别扮演客人和前厅部服务人员，小组成员模拟如何处理投诉，然后各自谈谈感受。

六、评分标准

考核要点		分值	扣分	得分
个人仪容、仪表		10		
接受和处理投诉的步骤	倾听	5		
	交流	10		
	记录	5		
	判断	10		
	措施	20		
	转告	5		
	纠正	10		
	反馈	10		
	记录存档	5		
	投诉报告	10		
总计		100		

项目九　前厅人力资源管理

> **学习目标**
>
> ➢ 了解前厅人力资源管理的主要内容；
> ➢ 理解前厅员工的相关工作；
> ➢ 掌握前厅人员的管理方法和技巧。

任务一　前厅主要管理人员素质要求

前厅主要担负着服务管理的任务，它是餐饮管理体系中的重要组成部分。一个餐饮企业在有形服务上，要为顾客提供精良、美味的食品，舒适优美的环境，在无形的服务上则应做到微笑、细致、周到、热情、友好，反应迅速。服务工作看似简单，其实它包含着大量的知识、技巧以及烦琐的劳动。经营和效益主要靠前厅的服务去完成。因此前厅部工作人员必须具备良好的工作素质、仪容与礼貌。同时对于前厅部人员的培养也有很高的要求。

一、前厅经理的素质要求

前厅经理是前厅营业与管理的最高指挥，是前厅全体员工甚至是整个酒店的形象代表。其主要工作是通过对前厅经营的计划、组织、人员配备、指挥与控制，创造出前厅高效工作的气氛，从而保证酒店的经济效益。

（一）前厅经理的素质要求

1. 知识要求

（1）掌握酒店经营、销售知识，熟悉旅游经济、旅游地理、公共关系、经济合同等知识。

（2）掌握前厅各项业务标准化操作程序、客房知识、了解旅客心理和推销技巧。

（3）掌握酒店财务管理知识，懂得经营统计分析。

（4）熟悉涉外法律，了解国家重要旅游法规。

（5）具有一定的电脑管理知识。

（6）熟练运用一门外语阅读、翻译专业文献，并能流利准确地与外宾对话。

(7) 了解宗教常识和国内外民族习惯和礼仪要求,了解国际时事知识。

2. 能力要求

(1) 能够根据客源市场信息和历史资料预测用房情况、决定客房价格,果断接受订房协议。

(2) 能够合理安排前厅人员有条不紊地工作,能处理好与有关部门的横向联系。

(3) 善于在各种场合与各阶层人士打交道,并能够积极与外界建立业务联系。

(4) 能独立起草前厅工作报告和发展规划,能撰写与酒店管理相关的研究报告。

(5) 遇事冷静、感情成熟,有自我控制能力。

(6) 善于听取他人意见,能正确地评估他人的能力,能妥善处理客人的投诉。

3. 经验要求

一般要求前厅经理具有三年以上的前厅服务和管理经验。

(二) 前厅经理的岗位职责

(1) 主管前厅业务运转,协调前厅各部门的工作,负责制订前厅的各项业务指标和规划。

(2) 每天检查有关的报表,掌握客房预订销售情况,并负责安排前厅员工班次及工作量。

(3) 掌握每天旅客的抵离数量及类别;负责迎送、安排重要客人的住宿。

(4) 严格按照前厅各项工作程序,检查接待员、收银员、行李员等工作情况。

(5) 配合培训部对前厅员工进行业务培训,提高员工素质,并具体指导员工各项工作。

(6) 与财务部密切合作,确保住店客人入账、结账无误。

(7) 协调销售、公关、客房、餐饮以及工程维修部门,共同提高服务质量。

(8) 负责监督营业报表,并进行营业统计分析。

(9) 负责处理和反映跑账、漏账等特殊问题。

(10) 收集客人对客房、前厅以及其他部门的意见,处理客人投诉。

(11) 与安全部联系,确保住店客人安全,维持大堂的正常秩序。

(12) 组织和主持前厅部务会议和全体员工会议。

为了确保前厅经营的顺利进行,前厅还设值班经理。这样,前厅每时每刻都有经理主管,任何重要问题都能及时得到解决或反馈。值班经理具有前厅经理的职责与权力,前厅经理缺席时,可以代理主持前厅工作。

二、前厅主管的素质要求

在规模较大的酒店里,前厅的管理人员除前厅经理之外,还设有主管人员,如前厅业务主管以及下属的各位领班人员。前厅主管接受前厅经理领导,负责前厅营销的日常工作。

(一) 前厅主管的素质要求

(1) 熟知"服务"的多重结构,销售组合概念、商品广告艺术和效果、产品定价策略知识。

(2) 了解中外旅游市场的需求层次,主要客人工作,主要客人的国籍、单位和职业。

(3) 能够在前厅经理授权下,协调与各旅行社、酒店以及涉外企事业单位的工作关系,努力为酒店开辟客源新渠道。

(4) 能熟练撰写客源市场分析、酒店经营分析报告等业务文件,有较强的口头表达能力。

(5) 协调前厅各项工作关系和人际关系的能力。

(6) 监督、检查和指导前厅员工的各项业务工作的能力。

(7) 能妥善处理客人投诉和前厅客人闹事等情况,维持良好的客人关系与前厅秩序。

(二) 前厅主管的岗位职责

(1) 掌握前厅营业的基本情况,如客人到离人数、客房出租率、客房状况、订房情况等,发现问题及时向前厅经理汇报。

(2) 协调前厅与客房、餐饮以及工程维修部门的关系,共同搞好服务工作。

(3) 严格按照酒店规定对前厅询问、接待、行李、结账等环节的服务态度、服务方式、服务质量等方面进行督导。

(4) 了解员工的思想、学习、工作、生活情况,协助前厅经理做好员工的技术培训与业务考核工作。

任务二　前厅一线工作人员基本素质要求

一、前厅部人员的基本素养要求

在酒店各部门中,前厅部对员工素质要求是比较高的。前厅部的任务能否完成,主要取决于前厅员工的素质能否达到工作要求。前厅部员工素养的高低,是一家酒店经营成败的一个重要因素,前厅部一线工作人员的素养要求如下。

(一) 品行

前厅部员工首先必须品行端正、诚实且具有较高的修养水平。因前厅部的工作会涉及价格、金钱及酒店的营业机密,如果前厅部员工品行不正,就很容易利用酒店管理中的漏洞,为个人谋取私利。而如果员工修养不好,就很难提供高水平的能力。

(二) 服务意识

前厅部员工应具有良好的服务意识,随时为客人服务,并通过自己的细心观察,及时发现客人尚未提出的服务要求,并予以满足,以达到优质服务的水准。

(三) 基本素质

1. 良好的语言基础

前厅部人员应该有良好的语言基础。首先必须具有良好的汉语表达能力及理解能力,他们的普通话发音应准确,音质要好,语音应圆润动听;其次必须熟练地掌握两门以上的外语,并在听、说、读、写几个方面,特别是口语方面,都达到相当的水平;前厅部人员还应掌握一些常用的方言,如粤语、闽南话等,以便于更好地接待港、澳、台同胞。

2. 认真的工作态度

认真的工作态度主要包括认真负责、积极主动、热情耐心、细致周到、文明礼貌、态度积极、解决问题等方面。

3. 较广的知识面

前厅部员工必须对历史、地理、气候、本地风景名胜、交通、外国风俗、宗教等方面的知识有较全面的了解。

4. 微笑

微笑是礼貌的表现,前厅部员工的微笑服务,一方面能向客人展示出酒店对客人真诚的欢迎,另一方面也能使员工精力集中,精神饱满地为客人服务。

5. 站立服务

按酒店的规范,前厅部员工应具有连续八小时为客人提供站立服务的能力。

6. 幽默感

前厅部员工应具有幽默感,必要时应能够用幽默的语言活跃气氛,打破僵局。

7. 勤奋好学,事业心强

前厅部工作涉及的知识面广,对员工的素质要求高,这就要求每位前厅部员工勤奋好学,不断学习新知识,迎接工作的挑战。

8. 仪表仪容、礼貌礼节

前厅部员工要有得体的举止,因为其一言一行,都关系到客人对员工本身及酒店的印象。具体要求在下面详细讲解。

(四) 前厅部员工仪表仪容与礼貌礼节

1. 仪表仪容

服务员的仪表仪容不仅体现员工的个人素质,而且反映酒店员工的精神面貌,体现酒店的服务水准,是对客服务质量的组成部分之一。前厅部员工由于与客人接触机会最多,所以更应注意自己的仪表仪容,在从后台进入服务区域之前,应先检查仪容仪表。具体要求如下:

(1) 上岗必须穿酒店规定的制服以及鞋袜,男员工穿黑色袜子,女员工穿肉色丝袜。

(2) 服装必须熨烫平整,纽扣齐全,干净整洁,证章端正地佩戴在左胸处。皮鞋保持清洁光亮。

(3) 面容清洁,男服务员经常修面,不留胡须;女服务员化淡妆,不可浓妆艳抹。

(4) 发型美观大方,经常梳理,男服务员发脚侧不过耳,后不过领,女服务员长发需用黑色发结束起,不得加其他头饰。

(5) 头发要常洗、整齐,保持清洁,不得有头屑。提倡上班前抹少许头油。

(6) 不可戴戒指、项链、耳饰、洋镯、手链等饰物(结婚戒指除外)。

(7) 手部保持清洁,经常修剪指甲,女服务员不允许涂指甲油。

(8) 经常洗澡,身上无异味,并保持皮肤健康。

员工仪表仪容标准图解如图 9-1 所示。

图 9-1　员工仪表仪容标准图解

2. 礼貌礼节

(1) 称呼礼节。

称呼客人时应恰当使用称呼礼节,如"先生""太太""女士""小姐"等词语,并问候客人。

(2) 接待礼节。

① 客人抵达时,要热情、主动地问候客人。这是总台员工提供礼貌服务的第一步。例如:

　　How do you do? 您好。

　　Good morning. 早安。

　　Good afternoon. 午安。

　　Good evening. 晚安。

　　Long time no see, how are you? 多日不见,您好吗?

② 为客服务时,先主客后随员,先女宾后男宾。

③ 接待客人时,要全神贯注,不许用粗鲁和漠不关心的态度待客,要与客人保持目光接触,不能将眼光注视着计算机屏幕或别的目标,更不能与其他服务员闲聊。

④ 不要只和一位客人谈话太久,而忽略了其他需要你服务的客人。否则,会耽搁其

他客人的宝贵时间,同时会使他们感到受到歧视。

⑤ 平等待客,不得歧视客人。无论是外国人还是国内客人,是白人还是黑人,是港澳台同胞还是海外华人,都要一视同仁,不得有任何歧视。

⑥ 送别客人时,主动征求意见,并讲"再见""再次光临"。

(3) 应答礼节。

解答客人问题时必须站立,语气温和耐心,双目注视对方;对客人的问话听不清时,应说:"对不起,请您再说一遍。好吗?"处理问题时语气要婉转。如对客人的问题一时答不上来,应先致歉意再查询,当客人对回答表示感谢时,应说:"别客气,不必谢"。

(4) 保持接待环境安静。

员工在工作中要保持工作地点的安静,不可大声喧哗,聚众开玩笑,哼歌曲。应客人招呼时不要高声回答,如距离较远,可点头或打手势示意领会意思;如逢宾客开会、座谈、会见时须接听电话,应到客人身边轻声呼叫或请其出场,伸手指示电话所在处。

(5) 要与客人保持应有的距离,不可过分随意。

不得与客人开玩笑、打逗,不要表示过分亲热,严格掌握好分寸,不要随意打听客人的年龄、职务、工资等私事,也不要轻易地问宾客所带物品,如服装及金银饰品的价格、产地等,以免引起误会。

(6) 不要轻易接受客人赠送的礼物。如确实不收可能失礼时,应表示谢意,并按有关规定处理。

3. 言谈规范

(1) 与客人谈话时必须站立,与客人保持一步半距离(80厘米～1米左右)。

(2) 三人以上对话,应用相互都懂的语言。

(3) 不开过分的玩笑。

(4) 与客人谈话时要精神集中,留心客人吩咐,不得漫不经心,左顾右盼。

(5) 与客人谈话时要准确、简洁、清楚、表达明白。说话时要注意按轻重缓急,讲求顺序,不要喋喋不休。

(6) 与客人谈话的声音以两个人能够听清楚为限,稳、轻柔,速度适中。

(7) 谈话时目光应注视对方,表情自然,保持微笑

(8) 谈话时不能做出伸懒腰、打哈欠、玩东西等动作,不唾沫四溅。

(9) 谈话时不要涉及对方不愿谈及的内容和隐私。

(10) 回答客人问题时不得直说"不知道",应以积极的态度帮助客人,或婉转地回答问题。

(11) 如遇客人心情不佳,言语过激,也不要面露不悦的神色,要以"客人永远是对的"准则对待客人。

(12) 不要与同事在客人面前说家乡话,扎堆聊天。

(13) 不要与同事议论客人的短处或讥笑客人不慎的事情(如跌倒、打碎物件等)。应主动帮助客人。

(14) 不得偷听客人的谈话。如遇有事需找谈话中的客人时,应先说声"对不起"征得客人同意后再同客人谈话。

(15) 接听电话时,应先报清楚自己的店名和岗位,然后客气地询问对方"我能为您做些什么"。

(16) 离开面对的客人,一律讲"请稍候",回来后继续为客人服务时,要说:"对不起,让您久等"。不得一言不发就开始服务。

4. 举止规范

(1) 举止要端庄稳重,落落大方,表情自然诚恳,和蔼可亲。

(2) 精神振奋,情绪饱满。

(3) 前厅部员工以站立姿势服务。深夜班员工一点钟以后方可坐下,但若有客人前来,当即起立。

(4) 双手不得叉腰、插入衣裤或随意乱放,不得敲桌子或玩弄其他物品。

(5) 正确的站立姿势应是:肩平、头正、两眼平视前方、挺胸、收腹(双手与两肩同宽,自然垂直分开)。

(6) 在服务区域内,身体不得东倒西歪、前倾后靠,不得伸懒腰、驼背、耸肩。

(7) 坐姿要端正,腰部挺起,胸前挺,双肩平正放松,坐时应坐椅子的三分之二,不要坐在边沿上。手自然放在双膝上,双膝并拢。不能在椅子上前俯后仰,摇腿跷脚或跨在椅子、沙发的扶手上或架在茶几上。

(8) 行走要轻而稳,上体正直,抬头,眼平视,两臂自然地前后摆动,肩部放松。切忌晃肩摇头,上体左右摇摆。

(9) 员工的手势要求规范适度。在向客人指示方向时,要将手臂自然前伸(上身稍前倾,以示尊重),手指并拢掌心向上,指向目标。切忌用手指或笔杆指点。谈话时手势不宜过多,幅度不宜过大。另外,在使用手势时还要尊重各国不同的习惯。

(10) 在客人面前,任何时候不得有以下行为:打喷嚏、打哈欠、伸懒腰、挖耳鼻、剔牙、打饱嗝、挖眼屎、搓泥垢、修指甲、吸烟、吹口哨、哼歌曲等,这是极不礼貌的举止,必须杜绝。

(11) 在客人面前不得经常看手表。

(12) 为客人服务时,不得流露出厌烦、冷淡、愤怒、僵硬的表情,不得扭捏作态、吐舌、做怪相。

(13) 在服务、工作、打电话和与客人交谈时,如有客人走近,应立即示意,以表示已注意到他的到来。不得无所表示,等客人先开口。

(五) 能力

1. 自我控制能力

前厅部职员应具有较强的自我控制能力,能在较短的时间内使自己的情绪由差转好。能在未预料的事件发生时保持理智,有条不紊地处理问题。

2. 较强的人际关系能力

前厅部职员与同事、客人及上级,都应该搞好关系,互相理解,互相合作,以顺利地完成工作。

3. 应变能力

客人的性别、国籍、年龄、职业、教育程度等不同,会造成客人的需求的差异,这就要求员工具备应有的应变能力,才能有针对性地提供优质服务。

4. 推销能力

前厅部的首要任务是推销客房,只有前厅部员工的推销能力强,才能给酒店带来好的经济效益。

5. 记忆能力

前厅部职员应有较强的记忆能力,特别是对时间、人名、人的特征等,能够迅速、准确地记住,以提供令客人满意的服务。

6. 理解及表达能力

前厅部人员应有较强的正确理解的能力,能迅速、准确地理解他人的言行;同时还应该善于用准确、简单的方式表达自己的意图。

(六) 技能技巧

前厅部常用的技能技巧有:打字、速记、电传、电脑的操作、接打电话、常用的中英文信函的写作、有关业务表的填写、整理、存档等。熟练掌握这些技能技巧,是前厅部职员提供高效、优质服务的前提。总之,酒店对前厅部员工的素质要求极高。

二、前厅一线工作人员的主要职责

前厅服务员是酒店形象的代表,是酒店各部门中素质最高的员工。他们身兼酒店的推销员、公关员、调解员、信息资料员以及业务监督员数职。酒店前厅工作人员的职责决定着酒店的成功经营与否以及客人对酒店的良好印象。

(一) 迎宾岗位职责

(1) 疏导门前车辆,做好宾客迎送工作。

(2) 笑容,为客人打开车门,躬身向客人致意,并用右手挡住车门上沿,以免客人碰头。对孩子、老人或是行动不便的客人,要主动提供帮助,搀扶其下车。

(3) 客人装卸行李,并请客人清点、检查有无物品遗失。如果客人是离店,应在车辆开动后向客人挥手致意。注意在开关车门时不要夹住客人的衣裙及物件。

(4) 观察出入门厅人员的动向,注意做好防暴、防窃工作,并协助保卫人员做好宾客抵达与离开时的保卫工作。

(二) 接待员职责

(1) 细致热情地接受订房和团体开房。在开房时向客人详细介绍房间情况,讲清房价,避免引起误解。

(2) 做好开房登记和有关验证客人身份的工作。熟悉当天抵店的 VIP 客人身份、房号及抵离时间。

(3) 熟悉当天散客及旅行团的开房情况,掌握当天的房间状况。

(4) 办理加床和换房要向客人讲明情况,并要登记和说明,以便查询。

(5) 当班员工,要负责制作当日报表,反映房间情况,并搞好班组卫生。

(6) 严格遵守各项制度和服务程序。

（三）预订员职责

(1) 根据客人的要求，为其提供与其需求相应的客房。

(2) 全天 24 小时为客人提供预订服务，及时处理客人的订房要求。

(3) 及时记录和存储预订资料。

(4) 做好客人抵达前的准备工作。

（四）行李员职责

(1) 按规定位置站立，站姿要端正，并密切注意客人动态，准备随时为客人提供帮助。

(2) 时刻注意分房员的召唤，热情为客人带路，敏捷地为客人运送行李，并主动为客人介绍酒店的各项服务设施。

(3) 要注意确保客人行李的安全，并及时准确地帮助客人把行李送到指定的地点。

（五）行李寄存员职责

(1) 回答客人关于寄存的问询，向客人说明酒店有关寄存的规定。

(2) 寄存领取手续要清楚，登记要准确，力争不出差错，万一出错则应立即向有关领导汇报。

(3) 做好交接班工作，各项手续要清楚。

(4) 严格遵守有关制度及各项服务操作程序。

（六）收银员岗位职责

(1) 严格遵守各项财务制度和操作程序。准确地收点客人的现金或是支票。准确地填写发票。

(2) 做好交接班工作，钱物一定要交割清楚。

(3) 按规定及时结清客人或团体的各种费用。

（七）话务员岗位职责

(1) 负责接听一切外来电话，连接酒店各部门及客人的一切电话。

(2) 转达客人的投诉，通知有关部门采取补救措施。

(3) 负责为客人提供叫醒服务。

(4) 负责将客人的一切要求通过电话转达给有关部门或个人。

(5) 明确在接到紧急电话时应采取的措施和行动。

（八）问询员岗位职责

(1) 掌握本酒店的一切设施及酒店所在城市的其他大酒店、娱乐场所、游览胜地的一些情况。

(2) 管理好客房钥匙，做好保管和收发工作。

(3) 熟悉电脑查询操作。

(4) 帮助客人安排会客。将来访者的姓名等情况传达给客人,再根据客人的意见安排会面事宜。

(5) 负责办理客人委托的相关事宜。为客人办理订房、购买机票和车(船)票、办签证、取送物品、购物等各项事情。

(九) 票务员职责

(1) 满足客人的需要,及时为其购买机票、车(船)票。并做好购票及发票的登记工作,确保无误。

(2) 按规定收取购票手段费,并及时结清账目。

(3) 严格遵守有关制度和服务操作规定。

(十) 前台领班职责

(1) 协助前台主管好日常工作。检查、督促员工严格遵循各项服务程序和标准,为客人提供优质服务。

(2) 尽最大努力满足顾客需求,认真处理客人的投诉,遇到不能解决的问题要及时向上级汇报。

(3) 确保入住登记符合有关规定,做到详细、准确、清晰。每天定时检查,准确控制房间状态。遇到有换房、特殊安排房等情况要及时通知有关部门。

(4) 每天定期检查邮件、留言,确保其发送、存放、记录准确无误。

(5) 完成上级分派的其他工作。

任务三　前厅管理人员的管理方法和技巧

酒店前厅部管理人员应当有足够的能力应付各种情况,处理各种问题。作为前厅管理人员,以前作为行李员、前台接待员、收银员、预订员等的经历为其提供了良好的培训基础,使其能够更好地理解员工、使用前厅设备、掌握客房情况、理解预算的制约、发现现场销售机会等。

一、学会"时间管理"

管理人员每天都有很多事情要做,而时间是有限的。很多管理人员总是感觉时间不够用,有干不完的工作、处理不完的事情,从早忙到晚,还是觉得有很多该做的事没做,工作缺乏效率。这是不会管理时间的表现,缺乏时间管理的意识和艺术。

前厅部事务繁杂,管理人员要对每天要做的事情按照重要性和紧急程度进行梳理和排序,并对有限的时间进行适当的分配,这样才能争取工作的主动性,提高工作效率。

第一优先:先处理紧急而且重要的事情。

第二优先:不急,但很重要的事情。

第三优先:紧急,但不重要的事情。
第四优先:不急,又不重要的事情。

【情景模拟】

管理时间的诀窍

一天,讲师把一个空罐子放在桌上,接着他从桌子下面拿出一些鹅卵石,这些石头正好可以放到罐子里去。讲师把鹅卵石放到罐子之后,问道:"你们看,这罐子装满了吗?"

"是!"学生们一起回答。

"是吗?"讲师笑着说。他接着从桌子底下掏出一些碎石子,他把碎石子倒进罐子,摇了摇,又加进去一些,他问学生:"你们看,这罐子现在装满了吗?"

这一次学生回答得不敢太确定了:"可能没满。"

"很好!"讲师说完,又掏出一袋沙子。他倒进去后,又问学生:"现在你们说,这个罐子现在装满了吗?"

"没有。"这次学生们学乖了,他们很自信地回答。

"好极了!"讲师又拿出一大瓶水,他把水倒进罐子。

做完这些事,讲师严肃地问他的学生:"从刚才这些事情里,你们知道了什么重要道理?"

有个学生回答:"我们的工作无论多么紧张,日程排得多满,要是压缩一下,还能做更多的事。这件事是在阐述时间管理。"

讲师听了他的回答,点头微笑道:"答案是对的,但我要告诉你们的重要观念并不是这个。"讲师说着,稍微停顿了一下,他的目光扫视着全班同学。他说:"我想告诉你们的重要观念是,如果你刚开始不把鹅卵石放到罐子里,以后也许永远没有机会再把它放进去了。"

二、做好客情预测

这种预测会帮助前厅部以及其他部门确定其未来一定时期内的人力需求量。前厅部经理从预订主管那里获得有关抵达客人数、住宿期限和特殊要求等信息。在进行预测时,还要对于未经预订而抵店的散客人数进行估算,同时,要掌握预订而未到者(No show)在所有预订者中所占比例的大小。将上述数据与已经登记入住的酒店客人进行比较,前厅部经理就会预测未来几天内前台员工办理入住登记手续和离店手续的工作量。如果每天都做这种统计和预测工作,前厅部经理就可据此对前厅部员工做出相应的工作安排。

三、掌握必要的管理技巧

对员工进行管理的艺术,不仅在于掌握了多少管理学知识,还在于有多少管理经验。管理专家们研究了人力资源管理的复杂性,管理学教科书会详细解释管理学的基本概念和原理。这里介绍几个有助于形成自己独特的管理风格的概念。

形成自己的管理风格的第一步是看一看自己在酒店管理团队中的位置。作为前厅部经理,你被赋予一定的管理职责,同时,也被授予相应的管理权限。这些就是你参与管理、个人发展和在管理队伍中受到限制的领域。尽管这是对管理队伍一个简单化的总的看法,但它确实会帮助你理清思路。此时,你还需要反思一下你在该酒店中的职业发展目标,如向酒店总经理的目标迈进。你会明白酒店的哪些部门和岗位会给你表现才华、获取经验的机会。一旦你明确了你的"竞技场"和发展目标,你就可以决定如何带领部下努力工作,使酒店取得经营成功。

作为一名新的管理人员,无论你是只有20岁的小伙,还是已经年过半百的老头,第一个需要强调的概念就是员工激励。什么东西能使每一位员工表现最佳?这里强调的是"每一位"员工。不同的人需要用不同的因素去激励,较好的排班可能对上中班的前台接待员有激励作用,但对于一周两次来酒店上夜班的兼职夜核员可能没有什么作用;喜欢上中班(3:00—11:00)的年轻人由于中班更符合其生活方式,因而不会被调班去上早班的可能性所激励;在外面进修、学习,可以报销学费的政策,可能会激励一个刚从旅游学校毕业准备报考大学的员工,但对于接受高等教育没兴趣的员工便没有什么激励作用;对于前台接待员来说,能够调去做预订员的可能性对他可能会产生一定的激励作用,但对于一个新婚的话务员则可能没有多少激励作用,她可能更关心一个能够满足她的小家庭需要的合理的工作时间安排。有时,很难说清什么因素会激励某个人。发现如何激励你的每一个部下,是作为管理者所面临的一个挑战。它能够使你的员工处于最理想的状态去做好一项工作。毫无疑问,理解每位员工的需求和目标是管理者的一项艰巨的任务,但却是值得去完成的。

前厅部管理人员要努力达到的另一个目标是实现团队中员工个性的和谐性。经常出现的情况是,新上任的管理人员没时间去发现每一位员工与组织中其他员工的关系。前厅部员工都在想办法想让新上任的经理给自己安排好的职位,这是很正常的现象,也可以被视作工作的一部分。一旦新任经理经受了"考验",处理了几件事以后,情况才会稳定下来。员工想知道你的能耐有多大,你在压力下有什么反应;他们还想知道你是否会在上级管理人员面前替他们说好话。管理者不应被这种挑战所吓倒,勇敢地面对它,就会战胜挑战。

当你发现了员工中可能存在的个性冲突时,要客观地看待其优点和缺点。而且,你还要了解谁是员工中非正式组织的领导,你对员工所持的客观的看法可能与员工自己对他们的看法一致。他们对同伴们的缺点了如指掌。他们也知道要在3小时之内为全酒店的客人办理完结账手续并接待一个大型会议得依靠谁。

有些管理者并不认同这种现象。他们认为在前厅部发生的所有事,都应该由经理说了算。当然,权力是重要的,但如果你要维护权威,并使你的目标能够在员工中得到贯彻,就得重新思考你的策略。

给予员工足够的培训也会使前厅部管理人员的工作容易得多,如果能够做好培训的计划、执行和跟踪,员工在工作中出错的机会就会被减少到最低程度。每一项岗位说明书都只列出了员工的主要岗位职责,但是,"灰色地带"——如处理客人投诉、向客人展示酒店热情好客的形象、推销酒店其他部门的产品等——则不可能在岗位说明书中反映出来。在此,岗位培训技术加上用录像带、VCD光碟等手段,是很好的培训方法,可以有效地解决工作中的"灰色地带"问题。管理者要把培训不仅当作展示工作技能的时间,还应作为向员工传达经济指标、讲解接待服务工作的目的和酒店业及其从业人员的特性的机会。

员工总会有一些特殊的有关排班方面的要求以及其他一些与工作相关的请求,你应当尽量地予以迁就和满足。由于与同班组的某个员工相处困难而要求调班的员工,可能只需要你向他提出怎样与那位员工相处的建议;一位老员工可能会问你怎样才能在酒店取得事业上的进步和个人的发展,你可能不会立即答复她,但你可以向她表示你会考虑此事,员工也会明白,好事的出现也是需要时间的。倾听员工的需要,他们的请求可能会回答你的问题。

以上只是前厅部管理人员应该掌握的部分管理技能,要成为优秀的管理者,必须不断地探索,从管理实践中不断地总结经验和教训,提高管理水平。

四、管理人员深入一线

酒店服务是有形产品和无形服务的混合体,酒店服务质量评价的标准就是客人的"满意程度"。处于买方市场的酒店应把顾客需求作为营销工作的出发点,前厅代表酒店与宾客接触,满足客人对酒店服务的各种需求,接受客人的投诉,解决客人的疑难问题,是酒店的神经中枢。正是基于这些,前厅的地位和作用就尤显重要。前厅的管理者必须改变以往经理决策、员工执行、管理者又监督员工执行的一贯作风,要亲力亲为深入到一线,进行现场管理,在工作现场就地收集数据信息,了解客人需求,对工作任务和服务的知识点进行整合。

现场的走动管理可以深入到服务的各个环节,及时发现和改进存在的问题。例如,观察前台服务员的有声服务是否到位,细微服务是否恰到好处,有没有客人对服务迅捷性的投诉等等。通过自己的言传身教,就地培训,在现场定决策,纠正偏差,协调各方面关系,这样不仅缩短了工作里程和信息的传递反馈速度与质量,提高了工作效率,同时也展示了管理者高超的服务技能和优秀的管理素质,树立起勤奋尽职、体恤下属的良好形象,更可以及时和下属沟通思想,联络感情,实施现场激励并发现有用人才,为酒店人力资源的未来供给提供帮助。

【情景模拟】

五杯茶水的故事

某日上午,前厅经理例行 MBWA 走动管理,巡查至酒店大堂时发现有 2 位外国客人和 3 位国内客人在大堂沙发上休息,此时负责大堂区域服务的 Johnson 正站在大门口,"守望着"大堂内外。

经理上前询问 Johnson:"你能告诉我你身边沙发上的 5 位客人什么时候坐下休息的吗?"Johnson 没有明白经理问话的真正用意,却自豪地说:"我可关注到他们了,我还向他们问了好,大概是 5 分钟前到的。"于是经理继续询问:"他们恐怕是在等另外的客人,会休息一会儿的,可否给每位客人送上一杯茶呢?"虽是征询的意见,但实际上这话已经是向 Johnson 下达服务指令了,可没有想到是,Johnson 并没有立刻采取行动,而是辩解说:"我本想要送上茶水的,可发现有外国人,估计不喝或可能喝不惯,所以没去送茶。"经理说:"你觉得客人可能不喝,不过,我认为客人可能要喝,咱先问问客人好不好?"Johnson上前询问,3位国内客人表示要3杯红茶,2位外国客人则喜欢喝绿茶。Johnson在2分钟之内就为客人送上5杯茶,客人十分高兴。5分钟后,经理巡查返回,发现客人茶杯内仅余1/3,于是让johnson上前为客人续茶,10分钟后客人离开大堂,大部分茶杯内茶水已尽。事后,经理与Johnson坐下来回顾刚才的服务过程,并展开服务讨论。

双方最后取得一致的意见如下:

(1) 经设计的服务是一项规范,不可随意省略。当客人在大堂坐下时,应该上前询问是否需要提供茶水服务,这是服务要求,体现酒店热情好客。

(2) 要从客人需要角度出发思考问题。不要从自己的角度出发,如我猜测、我以为等等,而要主动询问客人。

(3) 优质服务的询问原则(Ask)不可偏废,包括良好的态度(Attitude)、娴熟的技巧(Skill)、丰富的知识(Knowledge)。

经理当时并没有点破此次服务的根本问题是Johnson对服务的认识和态度问题,因为我们深知,态度问题是最为敏感的问题,并总是与自尊紧密地联系在一起,只有当事人自己想通了,态度才会有根本的转变。

令经理高兴的是,次日,Johnson在大堂碰见经理时就十分抱歉地说昨天的服务是他的错,没有端正服务态度。经理告诉Johnson说:"我高兴的是今天的你服务意识已与众不同,我对你很有信心。"

五、学会授权

合理授权(Empower)是管理者必须掌握的一项技能,前厅部员工处于对客服务的第一线,特别是前台员工每天都要接触各种各样的客人,遇到各种各样的事情,需要及时、妥善地处理,否则,势必影响服务质量和服务效率,引起客人投诉。

在工作中常常会看到这样的情形:酒店的结账时间是中午12点,某位客人询问前台接待员自己是否可以延迟到下午2点以前,前台接待员的回答往往是这样:"根据我们酒店的规定,退房时间是中午12点以前,我要请示一下领导再给您答复。"又如客人说:"我是老顾客,能否给个优惠的折扣?"回答是:"对不起,我只能给您这个折扣权。"这些在一线服务中经常碰到的问题,前台的接待人员常常不能马上给客人满意的答复,必须事事层层汇报,再层层听取指示。这样推诿拖沓,使客人无法忍受,于是便产生了有关服务质量的投诉。因此,现代服务管理强调对基层服务员的授权,让他们在一定范围内有无须汇报、当场处理问题的权限(在美国的丽嘉酒店,一线服务员有2 000美元的处置权),以确保顾客的满意度,特别是高档酒店更应如此。充分恰当的授权能唤起员工的工作责任感、创造性和对顾客的真切关怀,员工这种自我负责,对客人尽心尽责的服务,可以成为酒店保持竞争优势的有效举措之一。

当然,对一线员工进行授权,还应把握好尺度,这样可以既确保前台员工在客人面前做出迅速、灵活和满意的反应,又能使他们在一定的管理制度和规范内操作和处理事项。

六、不当"狮子王",也不做"小绵羊"

(一) 不做森林中的"狮子王"

许多人心目中的管理者就像森林中的"狮子王"一样:狂野、骄傲,属于强硬、不具亲和力的一种有别于普通人的特殊人群,其实这种认识上的误区。即使有这样的管理者,也是不会成功的。

有一家酒店的前厅部员工小陈,刚开始因其干练果敢的性格被总经理看中,遂将其提升为前厅部经理,但她上任之后,非但态度生硬,不关心下属,还动辄待人以威吓、批评的口吻。最后只落得威信扫地,怨声载道。她的错误在于,她没有认识到管理者所应具的核心作用,如果不掌握好技巧,不能很好地团结、凝聚下属,那么谁肯为你卖命?

要不想成为人人怕的"狮子王",就要避免在情绪不稳定时处理公事,同时也不要吝啬于一句对员工简单的夸奖。

(二) 不当随和的"小绵羊"

有一家酒店的前厅主管,待人温和有加,严厉不足。她信奉有事好商量,和气生财。但结果却也不尽如人意。所有的下属都知道她脾气好,做错了事也没什么大不了,养成了懒散博怠的工作作风不说,也并不领她这份情,还觉得她软弱可欺。

其实只需杜绝一些错误的做法就不会被人当成"小绵羊":① 不为合理的要求道歉;② 成为别人的工具;③ 迁就他人的错误行为。

七、赢得尊重的技巧

无论是"狮子王"还是"小绵羊",都不可能在当今环境复杂的职场中站稳脚跟,干好本职工作并不能成为晋升为经理的资本,只有热情而无智勇,也不能显示作为经理的气质与风度。以下这些技巧会帮助你赢得同事的尊重。

(一) 正视问题

问题出现的时候正视它,回避问题只能使它变得难以对付。调查问题出现的原因、背景,让别人知道你正在为此付出努力。

(二) 深思熟虑

发表意见、做出决定之前,要全面、理性地思考,使你的决定、发言、做法更加明智、合理、有效。

(三) 保持自控

过于自负,容易遭到失败,自我控制常常会取得良好的效果。

(四) 心平气和地争论

不能心平气和的时候,你所反应出的攻击性会让人有防御姿态,真正的问题永远得不到解决。即使别人挑衅,你也不能激动,这样别人不成熟,而你的平静、理智会非常有利。

(五)直接地表达你的要求

有要求表明你对工作重视,直接地提出来,可显示你为人的光明磊落,而被动、畏惧,只会使问题得不到解决。

(六)适时沉默

运用无声的语言,支持的眼神,恰如其分的手势,可以帮助强调你的意思。

八、掌握委派工作的艺术

由于各种原因,管理人员在对下属员工委派工作时,常常会遇到员工的抵触,因此,应该讲究委派工作的艺术。

【情景模拟】

我是如何委派工作的

行李部工作忙闲不均,临时交办的事情很多,如何技巧地委派工作任务呢?

9月初,我们接待了一个百人日本大团,该团有144件又大又重的行李。出行李那天,接待旅行社要求早上6:30开始收集,7:30一定要装车开走。由于客人住的楼层比较分散,未必都会准时将行李放在门外,而且,其他团队与散客也都在这段时间出行李,任务很艰巨。

我了解到这个团分住6个楼层。为了尽快完成任务,每个楼层需安排一名行李员,行李收集后集中在货梯口,逐层用货梯装走。货梯需1人,下楼层后协助装上行李车需1人,另外,保证行李部正常工作需1人,一共9人。由于第二天早班只有4名行李员,因此,当天中班人员第二天上午必须全部来加班。有的行李员第二天休息,或早有安排或想睡觉,他们肯不肯一大早都来加班呢?

我先放出风声说今天中班行李员明早6:20要到岗加班,侧面了解了一下行李员的反应。心里有数之后,我在交接班会上布置任务,并有针对性地谈了应以酒店工作为重。会上多数员工表示愿意加班,但也有个别员工面露难色,说已约好办事情不能来。由于人手有限,缺一人都不行,我让愿意加班的员工先走,请不愿加班的员工留下来单独谈。这样既给了他们面子,免得在会上难堪,也避免了主管与员工在会上的直接冲突,大家都下不了台。

第二天安排工作时,我把表现好的员工分配在行李多的楼层,勉强来加班的员工分在行李少的楼层,并明确告诉他们必须完成任务的时间,不得拖延。时间上我留有一定的余地,以便有意外变动,还来得及弥补。另外我随时督导,促其按时按量地完成任务。

原来需要1小时的工作,半小时就完成了,旅行社的一位经理惊喜地说:"我们前一站的一家酒店,2小时出不来行李,想不到在你们这儿,这么快就出齐了。"

完成任务后,我对积极合作的员工进行公开表扬。对勉强来加班的员工私下表示感谢,感谢他们在主管工作困难的时候给予支持。这样就缓解了可能产生的上下级的紧张关系,有利于今后工作的开展。

评析 由上述案例可知,这位行李员很注意委派工作的方式方法,讲究委派工作的艺术性:

首先,他在正式布置工作前,先放出第二天要加班的风声,以便需要加班的员工有个心理准备。

其次,当他了解到个别员工加班有困难时,强调"应以酒店工作为重",暗示员工在这种情况下,个人利益应该服从集体利益。

第三,让愿意加班的员工先走,请不愿加班的员工留下来单独谈。正如这位主管所言:"这样既给了他们面子,免得在会上难堪,也避免了主管与员工在会上的直接冲突,大家都下不了台。"

第四,把表现好的员工分配在行李多的楼层,勉强来加班的员工分在行李少的楼层。这样做一方面可以照顾那些勉强来加班的员工的情绪,同时又可保证工作任务能够按时顺利完成。

第五,完成任务后,对积极合作的员工进行公开表扬;对勉强来加班的员工私下表示感谢,从而"缓解了可能产生的上下级的紧张关系,有利于今后工作的开展。"

九、学会与上司、下属的沟通技巧

(一) 与上司有效沟通的原则

(1) 确认你的信息是重要的,保证资料的完整性。
(2) 确保资料的准确性。
(3) 简洁。职位越高的人,责任越大,时间越少。
(4) 报喜也报忧。
(5) 向上司定期汇报工作,不要让上司信息闭塞。
(6) 陈述问题的同时,要提出解决方案。
(7) 选择最佳时机。与上司会面要选择对他/她方便的时间。
(8) 明确目的。明确与上司谈话究竟要达到什么目的,你希望上司采取什么样的行动。

(二) 与下属沟通的技巧

(1) 告诉他们,"我们"将做这件事,而不是"你们"做这件事。
(2) 让员工成为做决定时的一分子,让他们感觉到自己也有价值。
(3) 学会和每一位个性不同的员工相处。
(4) 做决定要公事化,而非个人化。
(5) 切记,员工做好事时,一定要告诉他们自己。
(6) 对待员工要真诚。
(7) 务必要支持始终。
(8) 告诉他们你要求他们照你的方法做的道理。

【情景模拟】

不找借口找方法

清华大学高级总裁班调查结果:在单位里最受欢迎的5种员工是① 自动自发的员工;② 找方法提升业绩的员工;③ 从不抱怨的员工;④ 执行力强的员工;⑤ 能提建设性意见的员工。

在单位里最不受欢迎的5种员工是:① 找借口的员工;② 损公肥私的员工;③ 斤斤计较的员工;④ 华而不实的员工;⑤ 受不得委屈的员工。

一流人才的核心素质是,当遇到问题和困难的时候,他们总是能够主动去找方法解决,而不是找借口回避责任,找理由为失败辩解。

哪一种员工在老总的心中最有分量呢?在职场中,哪种员工最能脱颖而出呢?

回答无一例外:积极找方法解决问题和困难的员工。

只有积极找方法,才能最好地出效益;只有积极找方法的人,才能弥补领导的不足,成为老总们的左膀右臂。

主动找方法的人永远是职场的明星,他们在单位创造着主要的效益,是今日单位最器重的员工,是明日单位的领导乃至领袖。

"只为成功找方法,不为失败找借口!"这是一流员工关于一流的宣言。

任务四　前厅员工招聘、培训与激励

一、前厅部员工的配备与招聘甄选

(一)前厅部配备员工的原则和方法

1. F/O编制定员的原则

(1)控制酒店工资费用(占总费用的55%～75%)。

高星级酒店在硬件达标的基础上,应想方设法为服务人员涨工资,通过种种措施提升酒店的"软实力",真正让消费者得到实惠,这才是高星级酒店的生存之本。

(2)保证酒店正常运转(员工负荷75%～85%)。

作为酒店经营管理者应该看到,提高员工的工作效率是控制人工成本的关键。很多酒店由于缺少完善的操作步骤和明确的岗位职责,使部门内出现了低效率区域。因此,酒店需要合理的定员定额,并根据需要实行科学的负荷工作量定员法以及合理的劳动力调配方法。酒店还可以根据劳动力市场的变化和淡旺季业务的需要,合理进行定员,安排班次和实行弹性工作制。

(3)保证酒店服务质量(以期可持续发展)。

① 员工满意从招聘开始。

选择员工既要拥有从事不同岗位所需的特殊天赋,其个性与价值观也必须与酒店自身的文化相符合。只有同时具备了这两方面,员工才会真正找到归属感。所以聘用一个人之前,要多花些心思和精力向他介绍酒店的文化,以及了解他对这里的真实感受。

② 尊重信任的相处之道。

每位员工的工作都会影响到其他同事的满意度、客人满意度以及酒店的最终运营情况。只有重视每位员工,员工才会把自己当作酒店的主人,也才会彼此尊重。

③ 肯定员工的个人价值。

作为管理者,要关注每位员工的工作;应当多花点时间去了解每位员工做了些什么特别的事情,他需要什么样的鼓励和肯定。注意收集自己员工的兴趣爱好,在奖励他或过生日时投其所好。这对于让员工保持积极心态是非常关键的。

④ 随时敞开的沟通之门。

了解员工的需要和工作状况的最好方式,就是走到每个员工的实际工作环境中,亲身体会他们的感受,一起讨论如何更好地改进。而员工们也可以自由地到总经理办公室来,提出他们的建议和想法。每位员工都被鼓励来寻找酒店运作中存在的弱点,并共同讨论解决。

(4) 提高工作效率(充分发挥员工的潜力)。

① 科学安排事务处理顺序。

一个管理者每天的事情很多,很难把每件事都处理完,这就需要分出轻重缓急。一般来说,事务可以大致分为"重要且紧急""重要但不紧急""不重要但紧急""不重要也不紧急"四类。处理的顺序一般应该是:首先处理重要且紧急的事务,接着处理不重要但紧急的事务,紧接着处理重要但不紧急的事务,最后处理不重要也不紧急的事务。需要特别注意的是,最重要的事情不一定十万火急,最紧急的事情也未必十分重要;如果只按紧急程度来处理事情,就势必会忽略事情的轻重。

② 合理授权。

管理者一般可以将"不重要但紧急"和"不重要也不紧急"这两类事务采取分权的办法交给能胜任的下属去做,集中精力考虑更重大的事情,解决更紧要的问题。

③ 不做完美主义者。

不做完美主义者并不是要我们"以次充好",实际上是要我们明白一个道理:"多费了90%的精力去争取那不到10%的收益是一件'得不偿失'的事情"。

④ 有计划拖延。

有计划的拖延,是科学地安排和分配工作时间与精力,而无计划拖拉,则是白白耗费时间与精力。在工作压力日益增大的今天,我们一定不要自己给自己施加过大的压力。今天给自己留一点精力的余地,明天才能让自己有饱满的精力胜任更大的"挑战"。

⑤ 创造和利用"整块"时间。

作为管理者,要善于为自己创造"整块"的时间,并利用好这来之不易的"整块"时间,也要懂得为员工提供"整块"时间去完成你交代的工作,以提高员工的工作效率和工作情绪。

⑥ 拒绝依赖性请示。

管理者应该拒绝毫无"思想"的请示者,让来请示的员工带着问题回去,想好解决办法、带上结果来汇报。当然,作为管理者要掌握分工和管理工作进度的方法和步骤,对员工的工作要做到分工、确认、进度监督(提醒)、任务完成时间的流程。

⑦ 适当使用工具。

适当使用一些辅助工具,能加快我们的工作进程。例如,使用计算机、通信设施可以方便我们检索资料或统计数据等,从而提高了工作效率。

⑧ 提高事务处理能力。

提高事务处理能力应该是提高工作效率的一个非常有价值的手段,因为它解决了"本源"的问题。然而,能力的提高是需要付出艰辛的努力,并且不是一朝一夕的,因此需要管理人员时刻都有主动改进的意识和行动。

2. 编制定员的程序和方法

(1) 根据酒店的经营类型和特色,确定 F/O 的组织机构和岗位设置。

(2) 预测岗位工作量(考虑酒店规模、平均出率、平均逗留时间等因素)。

(3) 确定岗位工作定额(时间定额、工作量定额)。

(4) 确定人员编制。

(二) 前厅部员工的招聘与甄选

1. 落实的方法

(1) 根据员工的素质、数量、工作岗位和临时性来决定人力需求。

(2) 考察在岗具备一定程度知识、技能的员工,以升迁的方式安排在最合适的岗位。

(3) 按照酒店内各职级的水平和要求,发掘和训练所需人才并设计恰当的培训程序。

2. 招聘与甄选程序

具体程序按照:工作分析—制订招聘计划—进行招聘与甄选—聘用—招聘结果评估。

(1) 工作分析。

工作分析是对一岗位工作内容和相关要求做全面、系统的描述。岗位职责和任职要求就是具体素材的体现。

(2) 制订招聘计划。

招聘计划通常由酒店人力资源部在制定了招聘和甄选政策以及知悉各岗位工作人员的要求、需招聘的人员数量等情况下加以设计。招聘计划一般包括以下内容:

① 招聘的岗位和人数。

② 招聘的途径。

员工招聘的途径有:广告招聘、互联网络、相关院校、专业机构、同行推荐、竞争对手、内部选拔。

③ 招聘的准则。

④ 招聘的时间。

⑤ 招聘的地点。

(3) 制作并发布招聘广告。

3. 甄选员工

这一环节需要经过获取申请人信息—评价申请/筛选—面谈—面试评估—聘用的流程。

二、前厅部员工的培训

(一) 培训的意义和原则

1. 培训的意义

(1) 能够提高员工的个人素质。

培训是员工获得发展的重要途径,通过培训,可以使员工增强服务意识,提高各方面水平,获得专业知识,掌握服务技能和技巧,从而使员工的个人素质得到全面提高。

(2) 提高服务质量,减少出错率。

酒店员工,尤其是新员工,在工作中经常出错,这就是缺少培训的表现。没人告诉员工该怎么做、服务质量的标准是什么、遇到一些特殊情况应该怎样处理,因而"错误"百出,客人投诉不断。

(3) 提高工作效率。

培训中所进授或示范的工作方法和要领,都是经过多次的实践总结出来的,通过培训,掌握服务的技能技巧和科学的工作程序,不但能够提高服务质量,还可以节省时间和体力,提高工作效率,起到事半功倍的作用。

(4) 降低营业成本。

员工掌握正确的工作方法,能够减少用品的浪费,降低物件磨损,从而降低营业费用和成本支出。

(5) 提供安全保障。

培训可以提高员工的安全意识,掌握正确的操作方法,从而减少各种工伤等安全事故。

(6) 减少管理人员的工作量。

如果员工素质低下,工作中将不断出错,管理人员将被迫"四处灭火",永无宁日。通过培训,将使员工素质得以提高,使前厅部的工作有条不紊地进行,从而可以大大减少管理人员的工作量,也使管理者的管理工作变得轻松、愉快。

(7) 改善人际关系。

通过培训,使员工和管理层之间能够相互了解,建立起良好的人际关系。

(8) 使酒店管理工作走向正规化。

一家酒店设不设培训部,或一个部门是否组织培训工,在很大程度上反映了该酒店或部门的管理工作是否正规。通过培训,可以使前厅部的工作走向正规化、规范化,也可以增强前厅部员工的服务质量意识。

值得说明的是,培训的作用是潜移默化的,它对员工和酒店的影响是长期的,可谓"润物细无声",那种鼠目寸光、急功近利,要求培训取得立竿见影的效果的思想是不对的,也是不现实的。对此,前厅部管理人员应该有个清醒的认识。

2. 培训的原则

(1) 长期性。

酒店业员工的流动性比较大,再加上酒店业也是在不断发展的,客人对酒店的要求也越来越高,科学技术在酒店的应用也层出不穷,因此,对员工的培训不是一朝一夕的事,必须长期坚持。

(2) 系统性。

培训工作的系统性表现在以下几个方面:

① 培训组织的系统性。对员工的培训,不仅是人事培训部的事,也是各个部门的重要工作。系统思想就是根据酒店的管理目标,把酒店的统一培训和部门自行培训结合起来,形成一个相互联系、相互促进的网络。部门培训与酒店人事培训部培训的内容和侧重点有所不同,前厅部应该加强与酒店培训部的沟通、合作与协调。

② 培训参加者的全员性。即前厅部员工,下至行李员,上至前厅部经理都必须参加培训,避免出现服务员经过培训而部门经理却是个"门外汉",结果造成"外行管理内行"的混乱局面。

③ 培训内容的系统性。前厅部每次活动应该是酒店及部门长、中、短期整体培训计划的一个组成部分,培训的内容应该与前一次及下次培训的内容相互连接,避免培训工作的盲目性、随意性,以及培训内容上的相互冲突和不必要的重复。因此,前厅部管理人员应该建立培训档案,做好培训记录。

(3) 层次性。

虽然前厅部所有员工都必须参加培训,但由于岗位不同、级别不同、工作内容和要求不同,因此,培训工作要分层次进行。比如,服务员培训,督导人员培训,经理培训等,以便取得良好的培训效果。

(4) 实效性。

培训工作是提高员工素质和服务质量的重要保障,酒店为此需要投入可观的人力、物力、财力,因此,培训工作不能走形式,必须注重培训效果,前厅管理者必须认真组织,严格训练,严格考核。对于考核不合格的员工,不允许上岗,不达要求决不放行。培训的内容要针对前厅部服务和管理中存在的问题和薄弱环节加上确定,达到缺啥补啥的目的。

(5) 科学性。

要按照制定的岗位责任书的内容,利用科学的方法、手段进行培训,不能图省事,采取"师傅带徒弟"的简单、陈旧的方式。

(二) 培训的方式和要求

1. 培训的方式

(1) 按员工在岗情况。

根据酒店新老员工的分配状况,可将培训细分为酒店新员工的上岗前的培训、老员工的在职培训、专业管理人员的脱产培训和部分员工的转岗/晋升培训。

(2) 按培训形式。

根据酒店的需要和安排,前厅部的培训工作可与其他部门的培训工作放在一起集中培训,也可以由前厅部门单独进行培训。

(3) 按培训内容。

根据内容,可将培训分为一般性的培训、专业技能培训和不同岗位间的交叉培训。

2. 培训的要求

对于一次完整的酒店(前厅部)培训工作,需要安排专门负责实施培训的工作人员,确定一个明确的培训时间、培训场地或场所,并根据实际需要安排好具体的培训内容。

(三) 培训的计划与实施

1. 培训需求分析

前厅部管理人员应加强对员工的管理及其对客服务流程的控制,评价前厅部员工和组织的绩效水平,明确实际工作结果与预期工作目标的差距,对产生问题、差距的原因进行具体分析,由此确定是否通过培训或其他方法来解决问题。

管理人员还可根据客人投诉、员工建议、问卷调查、暗访、技能测试、工作活动分析等方法,了解客人不断变化的需求和酒店服务中存在的问题,确定有针对性的培训需求。

在实施培训过程中,酒店需经过培训的准备——培训的实施——培训的评估等相关步骤的工作环节。

2. 培训计划的制订与实施过程

(1) 确定培训计划与目标。

通过对培训需求的调查分析,确定酒店和部门培训的总体目标。例如,可通过年度培训计划的总结及分析新的培训需求,确立需要通过培训而达到的新目标,成为本年度或下一年度的重点培训项目。

(2) 确定培训计划类型。

培训计划是将需要完成的培训任务进行时间上和空间上的分解,以便具体落实到不同的部门和个人。培训计划若按时间分类,可分为长期、年度和短期三种类型。

(3) 设计培训计划内容。

具体内容应该包括:

① 培训项目的名称——培训主题。

② 培训的目的——努力方向。

③ 培训的条件及要求——参加培训的人员及参加培训活动的纪律、服装、装备等要求。

④ 培训的方式——学习形式。

⑤ 培训的时间——起始日期及具体课程的时间安排。

⑥ 培训地点——培训场地。

⑦ 培训设备——为培训所配置的教具。

⑧ 培训者——实施培训的人员。

⑨ 考评方式——培训结果的考核方法。

(4) 选择培训形式和方法。

培训形式和方法是为培训内容服务的,是为培训对象完成培训计划实施、达到培训效果提供的途径。

具体的培训方法有:讲授法、操作示范法、视听法、研讨法、案例教学法和角色扮演法等。

(5) 实施培训与控制。

培训效果的好坏取决于管理人员是否根据培训计划、培训要求和培训方式对培训的具体实施过程进行了有效的控制。

在实施培训过程中,要检查培训者的学习态度、表现和出勤情况,以此为依据对员工进行培训时的考核。

在正式开始培训前,应向参加培训的员工说明培训的必要性和对员工个人发展的益处,提高他们参加培训的积极性和主动性。

(6) 考核和评估培训效果。

应包括反映层评估、学习层评估、行为层评估和结果层评估。

三、前厅部员工的考评与激励

(一) 员工激励的相关概念

员工的激励是促使员工为了个人利益和需要,充分发挥自身的能力和潜力,最终实现酒店的经营目标的一种动力。

1. 激励的意义

(1) 有利于酒店吸引和留住人才。

(2) 有利于充分发掘员工的潜力。

2. 激励的理论

(1) 双元素论(激励—保障理论):酒店提供保障元素只能消除员工的不满情绪,激励元素可以提高员工的工作效率。

(2) 目标激励理论:在员工的工作范围内,工作目标越高,员工工作越努力,工作表现也越佳。

(3) 公平理论:员工不仅注重自身待遇的绝对值,还关注与同等条件的其他个体比较的相对值。

(4) 期望值理论:人们采取某项行动的动力或激励力取决于其对行动结果的价值评价和预期实现目标可能性的估计(激励力=效价×期望值)。

3. 激励的原则

(1) 目标、需要、能力三结合原则。

酒店的目标(良好的业绩)必须与员工个人的目标(报酬)相结合;员工个人目标(具体报酬项目)必须与员工群体目标(公平分配)相结合;员工需要的满足程度必须与酒店的经济能力和员工的工作能力相结合;员工的工作能力必须与酒店的工作需要或要求相结合。

(2) 物质激励与精神激励相结合原则。

物质需要是人类最基本的需要,但层次较低,物质激励的作用不如精神激励的作用持久、深入、广泛。因此,随着经济水平和员工素质的提高,酒店管理者应把激励工作的重心转移到能够满足员工较高层次需要的精神激励上去。

一味地强调物质刺激会导致拜金主义,一味地强调精神又会导致唯意志论或精神万能论,事实证明两者都是片面的,有害无益的。

(3) 正强化与负强化相结合原则。

正强化和负强化都是必要而有效的,不仅作用于当事人,而且会间接地影响他人。树立正确的榜样和反面的典型,扶正祛邪,对形成良好的氛围,施加无形的压力,有着积极的作用。但负强化有一定的消极作用,容易让员工产生挫折心理,应该少用。管理者应坚持以正强化为主、负强化为辅的原则。

(4) 内在激励与外在激励相结合原则。

内在激励侧重于行为前的需要和动机的引导或牵引以及行为过程中的指导和支持,而外在激励则侧重于行为结果(报酬)的兑现,以及外部环境的治理。相比之下,内在激励比外在激励所产生的工作动力更持久,它可以使员工在工作(而非工作环境)中充满兴趣和乐趣,激发起光荣感、自豪感、成就感,发挥其个人最大潜能。因此,在运用激励手段的过程中,酒店管理人员应坚持以内在激励为主,外在激励为辅的原则,使员工外有压力,内有动力。

(5) 情感与理性相结合原则。

酒店员工绝大多数是通情达理的。因而,酒店管理人员在激励他们时,应晓之以理,动之以情,坚持理性管理和情感管理相结合、奖罚严明与奖罚适度相结合的原则。

(二) 员工激励的方法和技巧

1. 激励的方法

(1) 培训激励:提供系统培训,激励员工最有效的办法之一就是培训。

(2) 认可激励:客人、管理人员及同事的表扬都是强大的推动力。

(3) 沟通激励:使员工感受到更大的归属感和价值感。

(4) 情感激励:包括信任、关心、理解员工;与员工多沟通,营造朋友与家人的感觉。

(5) 工作激励:赋予工作挑战性,合理授权;工作认可,让员工有成就感。

(6) 物质激励:包括薪水、奖金、实物、奖励旅游等,体现出公平公正的激励方法。

(7) 环境激励:即创造酒店良好的"硬环境"和"软环境"。

(8) 晋升:提供晋升的机会,使员工个人事业有所发展。

(9) 福利与保障:遵守劳动法,给员工以福利保障;包括"三金"的缴纳、带薪假期、工作餐、工作服、加班补助等福利。

2. 激励的技巧

(1) 指挥型的员工:这类员工喜欢命令别人去做事情,应充分发挥其领导才能。

(2) 关系型员工:这类员工的目标是打通酒店人际关系网,应发挥其社交能力,善于在营销方面做出成绩来。

(3) 智力型员工:这类员工擅长思考,分析能力强且有自己的想法。应加强发挥其主观能动性,鼓励其有创新意识,为酒店时常注入新的"血液"。

(4) 工兵型员工:这类员工的主要特征是埋头苦干,做事谨慎细致。应利用其吃苦耐劳的特点适当加以鼓励,发挥其实干精神。

（三）员工激励计划、形式、结果和作用

1. 激励计划

员工应该得到酒店管理人员对他们工作的肯定和感谢。激励计划是对在工作中有突出表现的员工进行表彰的最有效的方法之一。

酒店前厅部的激励计划通常是以提高出租率、客房营业收入、平均房价和客人满意度为中心的。

2. 激励计划的主要形式

（1）颁发表扬信及表扬证书。
（2）公示照片。
（3）召开表彰会。
（4）赠送纪念礼品。
（5）举办联谊活动。

3. 激励计划的结果和作用

（1）表扬并奖励有突出表现的员工。
（2）体现出对客人满意度的重视。
（3）促使员工提高工作效率和工作质量。
（4）激励员工提建议并参与部门提高营业收入和改进服务的工作。

任务五　前厅员工的工作评估

一、员工工作评估的作用

员工的工作评估是酒店和部门按照一定的程序和方法，依照管理者预先确定的内容和标准，对员工德、能、勤、绩进行的考察和评价。其评估作用具体体现在：

（1）是合理使用员工的依据，能够激励员工更好地工作。
（2）有助于发现员工工作中存在的问题，并加以改进。
（3）可对部门管理工作进行检查。
（4）有助于改善员工与管理人员的关系。

二、评估的依据和内容

（一）评估的依据

（1）针对员工的长期工作表现进行评估。
（2）针对酒店客人对该员工的工作考评进行评估。

（二）评估的内容

前台以客人服务感受为中心，提升整体质量为思想，拟定以下方面作为评估内容。

1. 差错

该内容反映前台员工工作的能力和水平。

差错根据程度轻重分为严重差错和一般差错。

严重差错诸如前台操作失误造成客人无法入住、服务态度恶劣与客人产生冲突、蓄意挪用票款、屡次受到客人的投诉举报等。这些差错的结果会直接关系到该前台员工的工作业绩，甚至造成下岗或开除的严重后果。

一般差错诸如前台接待服务不够规范、在某些预定操作上不够规范等。这些差错经过评估之后的纠正可以加以完善。

2. 反馈

该内容主要反映前台服务质量。

针对酒店入住客人的反馈信息可以适时了解前台工作人员的服务质量，从而更加合理的制订培训计划、加强酒店服务质量的管理工作。

三、评估的程序和方法

（一）评估的方法

员工考评是依据各岗位的"岗位职责"和"工作说明书"的要求进行的，是对员工履行岗位职责的情况评估，分为：① 层级职位类别、② 评价方法、③ 评价内容、④ 评价周期四方面（见表9-1）。

表9-1 酒店各级层员工评估规定

层级、职位类别	评价方法	评价内容	评价周期
经营层	述职评价	基于战略目标实施的关键业绩指标评价	一年
中基层管理者	述职或评价表	基于关键指标落淀的工具目标完成评价	月度、季度评价年度总评价
业务人员	评价表	基于工作计划完成情况的工作职责评价	月度或季度评价年度总评价
操作类员工	基于操作流程或绩效标准的行为评价	评价表	月度

（二）评估的实施

1. 制订评估计划

酒店应根据该企业对员工的要求制定相应的考评计划内容。一般包括服务态度、行为规范、服务规范、设施设备保养和班组培训等内容。

2. 设计评估表格

表9-2为前台员工工作表现评估表

表 9-2 前台员工工作表现评估表

1	服务态度		员工是否能始终保持微笑服务;工作是否有工作主动性;是否经常迟到、请假、病假		
	A		员工能始终保持微笑服务,工作主动,无病假、事假、迟到	5分	
	B		员工基本能保持微笑服务,工作主动,在本月有少于三天的缺勤,无迟到	4分	
	C		员工微笑服务,工作主动性表现平平,偶有四天以上缺勤,偶有迟到	3分	
	D		员工各项表现甚差,经常缺勤、迟到	2分	
2	行为规范		是否始终保持标准仪容、仪表		
	A		始终保持高标准仪容仪表	5分	
	B		基本保持标准仪容仪表	4分	
	C		仪容仪表表现平平	3分	
	D		仪容仪表甚差	2分	
3	服务规范		是否处事精确不易出错,工作是否有条不紊,容易使人接受		
	A		能处事精确不易出错,工作有条不紊,容易使人接受	5分	
	B		基本处事精确不易出错,工作有条不紊,基本使人接受	4分	
	C		服务规范各项表现平平	3分	
	D		服务规范各项甚差	2分	
4	设施设备保养		工作范围内各种设施设备保养良好		
	A		设施设备保养非常好	5分	
	B		设施设备基本能做到保养	4分	
	C		设施设备保养一般,需经常督促	3分	
	D		设施设备保养甚差	2分	
5	班组培训		班组培训始终保持高出勤高标准		
	A		班组培训始终保持高出勤,高标准	5分	
	B		基本能保持高出勤,高标准	4分	
	C		班组培训表现平平	3分	
	D		班组培训表现甚差	2分	

3. 实施评估

酒店参照评估表格,对员工进行评估的实施。

本章小结

酒店前厅部一般包括接待处、预订处、问讯处、总机、礼宾部(包括行李房)、收银处(有些酒店属于财务部)等部门,被称为酒店的"中枢神经"。从客人进店入住到离店结账,通常最先和最后接触的都是前厅部的员工。在酒店管理中酒店前厅人力资源管理的水平直接关系到酒店服务质量的高低和酒店形象的好坏,因此,几乎所有的酒店都很重视前厅员工的选拔、聘用和激励。

【专业知识训练】

一、选择题

1. 酒店对于前厅部新招聘员工的入职培训一般由( )部门负责完成。
   A. 前厅部　　　　B. 办公室　　　　C. 人力资源部　　　D. 劳务公司
2. 针对新员工的跟踪培训属于( )。
   A. 岗前培训　　　B. 入职培训　　　C. 上岗后培训　　　D. 发展培训
3. 安排优秀员工休假旅游属( )。
   A. 沟通激励　　　B. 认可激励　　　C. 情感激励　　　　D. 培训激励
4. 前厅部对员工进行绩效评估,其内容包括( )。
   A. 仪容仪表　　　B. 工作业绩　　　C. 工作态度　　　　D. 基本素质
   E. 掌握外语水平
5. 以下属于培训需求分析方法的有( )。
   A. 暗访　　　　　B. 员工分析　　　C. 工作活动分析　　D. 客人投诉
   E. 问卷调查

二、判断题

1. 员工考评的依据是"岗位职责"和"工作说明书"。　　　　　　　　(　)
2. 实施考评的基础是考核面谈。　　　　　　　　　　　　　　　　(　)
3. 激励可分为正激励和负激励两类。　　　　　　　　　　　　　　(　)
4. 培训也是激励的方法之一。　　　　　　　　　　　　　　　　　(　)
5. 外部招聘有助于提高酒店在职员工的积极性。　　　　　　　　　(　)

三、简答题

1. 什么是"工作分析"?
2. 如何制订培训计划?

【职业技能训练】

一、实训目的

学会前厅部基本礼仪。

二、实训内容

前厅部员工仪表仪容与礼貌礼节。

三、实训时间

1学时。

四、实训材料

"美中不足"

一天,黄先生与两位好友小聚,来到某知名酒店。接待他们的是一位五官清秀的服务员,接待服务工作做得很好,可是她面无血色,显得无精打采。黄先生一看到她就觉得心情欠佳,仔细留意才发现,这位服务员没有化工作淡妆,在餐厅昏黄的灯光下显得病态十足。上菜时,黄先生又突然看到传菜员涂的指甲油缺了一块,他的第一个反应就是"不知是不是掉我的菜里了"。但为了不惊扰其他客人用餐,黄先生没有将他的怀疑说出来。用餐结束后,黄先生唤柜台内服务员结账,而服务员却一直对着反光玻璃墙面修饰自己的妆容,丝毫没注意到客人的需要。自此以后,黄先生再也没有去过这家酒店。

五、实训方法

班级分组后,每组实训前厅部常用礼仪。

六、评分标准

考核要点	分值	扣分	得分
个人仪表	10	不符合仪容仪表标准	头发、面部、鞋袜、首饰、班服等的礼仪要求
仪态之站姿	10	1. 面无表情,神情呆滞 2. 目光斜视 3. 脚后跟没有并拢 4. 双肩不平 5. 驼背 6. 挺腹 7. 低头 8. 弯腰 9. 一腿站立、一腿抖动 10. 双手下意识做小动作 11. 纸板或书本掉落 12. 肌肉紧张、不自然	身体与地面垂直,重心放在两个前脚掌。头正、颈直、两眼平视前方,嘴微闭、挺胸、收腹,两臂自然下垂,手指并拢、自然微曲,中指压裤缝,两腿挺直,膝盖相碰,脚跟并拢,两脚张开呈45度或60度夹角,从整体上给人精神饱满的感觉
仪态之坐姿	10	1. 抖腿 2. 鞋跟晃动 3. 靠背 4. 前俯后仰 5. 脚搭在椅子、沙发、茶几上 6. 脚尖相对 7. 脚伸得太远 8. 坐下或起立时动作过于迅猛或用双手撑着腿站起	挺直上身,头部端正,目视前方,或面向交谈对象,一般情况下,不要靠椅背,只有在无人时,才可以靠椅背。双腿并拢,男士可以略微张开。上身与大腿、大腿与小腿,应为直角。通常不坐满椅子,只占据椅子的2/3
仪态之走姿	10	1. 内八字、外八字形 2. 前倾性走姿,头部先伸出去而腰臀部在后 3. 弯腰驼背,身体松垮,摇头晃脑,无精打采 4. 步幅过大 5. 步速过快 6. 膝盖弯曲 7. 行走线路不成直线 8. 晃肩或髋部左右摆动	走时目光平视,身子立直,头正颈直,面朝前方,挺胸收腹。两臂自然下垂,前后自然摆动,前摆向里折约35度,后摆向后约45度。身体平稳,使全身看起来像一条直线。起步要前倾,重心在前,落在前移的那只脚掌上。当前腿落地后腿离地时,膝盖一定要伸直,踏下时再稍微松弛
仪态之蹲姿	10	不要离人过近 不要方位失当 不要随意滥用	高低式、交叉式、半蹲式、半跪式

附录一　前厅部主要岗位的岗位职责

一、前厅部经理

1. 管理层级关系

直接上级:分管副总。

直接下级:前厅部副经理、前厅部内勤。

2. 基本职责

前厅部经理是前厅部的最高管理者,其基本职责是主持部门工作,提高部门工作效率;负责策划、组织、指导、控制和预算;协调与其他部门的关系;调配前厅部各岗位的工作,提供优质服务,确保最大限度地提高客房出租率和平均房价。

3. 工作内容

(1) 参加酒店有关会议。

由总经理主持的每天晨会;每周一次的工作指令会;每月一次的房务系统工作总结会;每月一次的服务质量分析会;每月一次的销售工作协调会。

(2) 主持前厅部有关会议。

每日晨会;每周一次前厅部经理会议;每周一次由主管参加的部门工作指令会;每季度一次(向全体员工)工作报告会;有关的临时性会议。

(3) 每日工作检查。

① 查看下列报表。

每日经理报表;今后 30 天有关客房预订的电脑报表;当日预计进店客情报表;重要客人一览表;当日进店团队及会议客情报表;部门当日工作日记;每日营业分析对照表;礼宾车辆使用情况统计表;团队及会议客人用餐安排表;机场、车站接待情况统计表;质检或工作情况通报。

② 巡查。

了解各岗位交接班、班前会及员工到岗情况;检查各岗位当班员工的仪表仪容、服务姿态等,发现问题及时纠正;检查当日预计进店重要宾客、常客及有特殊要求客人的钥匙、房卡、礼卡、欢迎信、登记单、名单等准备情况,发现问题及时处理;检查店内重要活动及大型接待中有关用房、派车、电话叫醒服务、行李搬运、用餐等落实情况,并做好随时应急调整;客人进出店高峰时间,深入各点现场督导,并检查前台岗位当班人手安排情况;参与重要宾客抵离酒店时的接待工作;随时听取客人的意见,处理客人的投诉;抽查由前厅部发出的各项通知、变更记录是否准确以保证酒店正常运行;搞好与客房、工程、餐饮、财务等部门的协调、沟通工作,根据客房出租情况,向开房、预订、团队联络发出指令,灵活处理客人升级住房、延迟离店、推迟结账时间等问题。

4. 任职资格要求

具有大专以上学历或同等文化程度；受过旅游酒店管理课程培训，掌握酒店经营、销售、公关知识；能熟练运用一门外语阅读专业文献并能流利地与客人交谈；具有5年以上前厅工作经历或2年以上的主管经验；具有较强的决策能力和组织协调能力，能妥善处理人际关系。

5. 工作时间安排

通常：9:00—17:30。

二、前厅部副经理

1. 管理层级关系

直接上级：前厅部经理。

直接下级：前厅部主管、前厅部内勤。

2. 基本职责

协助前厅部经理管理前厅部的各项日常工作；当前厅部经理不在时，代行其职，保证前厅部各环节的正常运行。

3. 工作内容

(1) 参加由酒店和前厅部经理召集的有关会议。

每周一次的前厅部经理会议；每周一次的部门工作指令会；每月一次的房务系统协调会；每月一次的部门工作总结会；每月一次的培训工作总结会。

(2) 主持前厅部有关会议。

每日下午的有关接待次日重要客人、常客的准备工作会议；前厅部培训工作计划会议；有关的临时性会议；总机、团队联络、商务中心每周工作例会。

(3) 每日工作检查。

① 查看下列报表。

每日经理报表；今后30天有关客房预订的电脑报表；预计当日进店客情报表；重点客人一览表；预计当日进店团队及会议客人报表；部门当日工作日记；每日营业分析对照表；礼宾车辆使用情况统计表；团队及会议客人用餐安排表；机场、车站接待情况统计表。由质检及有关部门签发的服务和工作情况通报。

② 巡查（同前厅部经理之"巡查"）。

(4) 完成上级领导交办的其他工作。

4. 任职资格要求

具有大专以上学历或同等文化程度；受过旅游酒店管理课程培训；能熟练运用一门外语阅读专业并能流利地与客人交谈；具有2年以上主管经验和5年以上前厅工作经历。

5. 工作时间安排

通常：9:00—17:30。

三、前厅部内勤

1. 管理层级关系

直接上级:对前厅部经理和副经理负责。

2. 基本职责

协助前厅部经理、副经理处理具体的事务性工作。

3. 工作内容

按标准接听电话,重要的事情随时做好记录,并及时报告经理;参加由部门经理主持的各类会议,并做记录;签收并分发部门所有文件、通知,经经理审阅后按序归档;及时落实经理布置的有关申请购买和维修设备事宜,填写采购申请单;每周一整理出上周内涉及本部门的宾客意见及由质检部门反馈的各类情况通报;每周办理部门内各岗位对客服务用品及物资领用手续;每月按岗位统计、整理所有考核记录,填写考核情况通知单;建立并定期整理部门所有员工家庭地址、身份证号、出生年月日、衣服鞋袜尺寸规格、联系电话等个人档案资料,并妥善保存;每月底根据员工个人档案,预报次月过生日员工名单;定期收集、整理、统计员工合理化建议,经部门经理审阅后交工会;定期更换部门主管以上管理人员签到表;打印各类文件;协助组织、策划部门内各项活动,并做好各项费用的预算工作;完成上级交办的其他任务。

4. 任职资格要求

具有高中以上文化程度;具有2年以上前厅工作经历;工作责任心强,细致耐心,办事果断利落。

5. 工作时间安排

通常:9:00—17:30。

四、大堂副理

1. 管理层级关系

直接上级:前厅部经理。

直接下级:前厅主管。

2. 基本职责

协助前厅部经理指导并检查前台、预订、总机和礼宾等部门的工作。

3. 工作内容

迎送重要宾客;妥善处理宾客投诉,解决宾客的疑难问题,提出改进意见,并向总经理汇报;慰问住店期间生病的宾客,并提供特别服务;与前台运转部门保持密切联系,随时向它们反馈宾客的要求和意见,并检查落实情况;协同有关部门安排残疾人住店事宜,并提供特别服务;处理宾客提出的超出酒店服务范围的特殊事项;处理宾客损坏酒店财物、房间设施和污染公共区域或卫生环境的赔款事宜;处理宾客在房间、公共区域遗失、遗留物品的查寻和认领事宜;处理宾客遗失酒店房间钥匙赔款事宜;处理因宾客自身的原因,要求打开行李箱锁或酒店贵重物品保险箱及相关的赔款事宜;负责酒店遇到紧急或突发事件(停水、停电、停煤气)后对宾客的安抚和善后工作;配合有关方面处理住店宾客因病死亡、醉酒死亡的善后事宜；完成上级交办的其他任务。

4. 任职资格要求

具有酒店管理专业大专学历或同等文化程度；熟悉酒店运转体系和各项工作程序，掌握公共关系学和服务心理学的基本知识；从事酒店工作5年以上，有2年前台运转部门（特别是前厅部）基层管理工作经历；有较好的外语口语、书面表达能力；具有强烈的责任感和责任心，作风正派，办事稳重，热情大方；有较强的应变能力、组织能力、判断能力和处理人际关系的能力。

5. 工作时间安排

通常：7:00—15:00；15:00—23:00；23:00—次日7:00。

五、礼宾部主管

1. 管理层级关系

直接上级：前厅部经理。

直接下级：礼宾部领班。

2. 基本职责

向前厅部经理负责，以身作则，带领班组员工认真执行酒店各项规章制度，确保礼宾服务工作正常运作。

3. 工作内容

（1）参加部门有关会议。

参加由部门经理主持召开的每周例会和每日展会，并负责将会议内容传达到班组员工。

（2）主持交班会议。

了解有关酒店活动的最新信息和VIP信息，并检查落实。

（3）每日工作检查。

检查员工出勤、签到本上的登记，当班人员的仪表仪容、礼貌服务情况，发现问题及时纠正；检查交接班跟踪事项的落实情况；检查夜班行李员的工作记录及计划卫生情况；检查值台人员对当班员工的考核记录；检查当日重要客人及大型接待活动有关行李进出店的人员安排及落实情况；检查行李寄存、物品转交、留言信件递送等工作记录，确保清楚、无遗漏；检查行李员工作任务卡、值台订车确认卡的填写情况；检查次日订车记录及接人牌、行李牌的制作情况，确保客人用车的落实；检查客用公共告示栏排字情况，确保无差错；检查行李保管员行李寄存情况及对客服务用品保养情况。

（4）客人进出店高峰时，参与现场督导。

（5）完成上级交办的其他任务。

4. 任职资格要求

具有中专以上学历或同等文化程度；熟悉酒店各项服务设施、服务项目及其所在位置，以及服务时间；了解市区及周边区域城市的主要景点及交通常识；具有一定的外语能力，能与客人进行简单对话；具有4年以上礼宾服务工作经历，2年以上行李领班工作经历。

5. 工作时间安排

通常：8：00—16：00。

六、客房预订主管

1. 管理层级关系

直接上级：前厅部经理。

直接下级：预订组领班。

2. 基本职责

向前厅部经理负责，以身作则，带领预订组全体员工认真贯彻执行酒店的方针政策，确保预订工作顺利进行。

3. 工作内容

(1) 参加部门有关会议。

每日晨会，预报次日 VIP 客情；每周例会，并负责向班组人员传达，及时落实有关事项；每日"次日客情准备会"，重点落实重要客人和常客的各种代办事项。

(2) 每日工作检查。

检查每日营业分析表；检查一周客情预订表；检查 VIP 客人房间控制与安排情况；查看近期房间状况，了解预订情况；检查公司合同输入情况，编制合同目录；查看订单留存夹，了解客情及客人档案；检查员工仪表仪容及工作情况，及时督导，解决困难；查看预订员的订房情况记录；检查客史档案的整理、输入情况；检查取消订房及前一天订房但未到店客人报告，并做相应的客情分析；检查客人订车、订票等代办事项的落实情况，审核并签发各种客情预订通知单；查看交接班日志，对交班事项进行督促、落实。

(3) 具体受理各种订房业务。

(4) 处理客人订房过程中的各种疑难问题。

(5) 完成上级交办的其他任务。

4. 任职资格要求

具有旅游院校酒店管理大专学历或同等文化程度；熟悉预订、销售和接待方面的知识及操作程序；具有一定的外语水平，能阅读专业资料，撰写传真、文稿等，能流畅地进行会话；从事预订工作 3 年以上；工作细心，责任心强，有经营、销售管理意识。

5. 工作时间安排

通常：9：00—17：30。

七、总台主管

1. 管理层级关系

直接上级：前厅部经理。

直接下级：总台领班。

2. 基本职责

协助前厅部经理检查和控制前厅的工作程序，全面负责前厅的接待和问讯等日常工作督员工为客人提供高效优质的服务。

3. 工作内容

(1) 参加部门有关会议。

由部门经理主持的每周一部门例会;由部门经理主持的每日晨会。

(2) 主持有关会议。

每日下午有关接待次日到店的重点宾客、常客及团队的准备工作客情通报会;本岗位的培训课;开房组全体员工每周例会。

(3) 日常检查。

班前会召开情况以及交班内容落实情况并签名;员工的仪表仪容、本岗位环境卫生和设施设备情况并签名;员工对当日客情及酒店举办的活动熟悉情况并签名;接待当日抵店的重点宾客和酒店常客的准备工作情况并签名;当日散客、团队及会议客人的排房是否符合规定及特殊要求是否落实,各类变更通知、水果篮通知单是否准确、及时发出;当日抵店客人中提前支付定金或交付支票的落实情况;当日抵店的团队信息,确保信息及时发出;当日提示报告中提示内容落实情况并签名;当日抵店客人的留言转交情况;抽查在店客人登记单的填写质量及账单输入是否符合标准并签名;昨日房租价变更单是否符合要求和酒店的房务政策并签名;待修房、差异房的处理情况并签名;总台与商务中心工作内容的交接情况;(协查)通报的落实情况;房管组的户籍资料传网情况;所有离店客人钥匙回收情况,发现丢失,及时登记处理。

(4) 其他常规工作。

编制员工一周班表;协助结账组完成每月一次长包房固定账目结算工作。

(5) 完成上级交办的其他任务。

4. 任职资格要求

具有大专以上学历或同等文化程度;熟悉并掌握酒店销售政策;较好地掌握两门外语;具有3年以上总台工作经历;办事稳重、踏实,有强烈的质量管理及服务销售意识。

5. 工作时间安排

通常:9:00—17:30。

八、商务中心主管

1. 管理层级关系

直接上级:前厅部经理。

直接下级:商务中心员工。

2. 基本职责

向前厅部经理负责,督促、安排、指导员工工作,保证工作正常进行。

3. 工作内容

(1) 参加部门有关会议。

每周工作指令会;每日晨会。

(2) 每日工作检查。

设备运行状况,发现故障及时联系维修;早晚班工作交接情况,跟踪落实有关事项;陈列的商务书籍及卫生状况;各类出租设备的出租记录及收费是否符合规定。

(3) 审核并统计岗位有效工时记录。

(4) 岗位督导并重点参与对客服务。

(5) 完成上级交办的其他任务。

4．任职资格要求

具有中专学历或同等文化程度；具有一定的外语水平；从事商务中心工作3年以上并有2年以上领班经验。

5．工作时间安排

通常：9：00—17：30。

九、总机主管

1．管理层级关系

直接上级：前厅部经理。

直接下级：总机领班。

2．基本职责

全面控制酒店电话的接线工作。保证准确、迅速地转接所有电话，协调总机班与其他部门的沟通、联系，处理客人的投诉，适时培训话务员。

3．工作内容

(1) 参加由前厅部经理主持的有关会议。

一周工作指令会；每日展会。

(2) 主持本岗位的有关会议。

交接班会议，传达酒店最新活动信息及重点宾客信息；每日领班例会，协调本岗位工作安排；本岗位计划进行的培训课。

(3) 检查员工仪表仪容、礼貌服务，检查完成任务情况。

店内重要活动、重要客情更改情况；各种叫醒记录、考核记分情况。

(4) 人手不足时代替话务员工作。

(5) 完成上级交办的其他任务。

4．任职资格要求

具有中专学历或同等文化程度；接受过旅游服务和电信行业的专业培训，口齿清楚，音质优美，说话柔和动听；具有一定的外语水平，懂两门或两门以上外语；具有从事总机工作3年以上并从事领班工作1年以上的工作经历；通晓酒店各营业区域、服务设施、服务项目及营业时间；掌握总机所有设备的操作程序。

5．工作时间安排

通常：9：00—17：30。

十、礼宾员

1．管理层级关系

直接上级：礼宾领班。

2. 基本职责

为宾客提供迎来送往、开拉车门等服务。

3. 工作内容

班前自我检查仪表仪容，做到服装整洁、挺括，名牌端正，皮鞋锃亮，头发整齐清洁，长短适宜，手套完好、清洁；开班前会，接受当班工作指令，了解当日客情；阅读"交接班手册"；备好对客服务用品；整齐排队到工作岗位接岗，站岗时注意力集中；为进出店客人拉车门；为进出酒店大厅的客人拉玻璃门；疏通道路，记好排队等候客人的出租车号码；按顺序安排好客人乘坐出租车；维持酒店大厅入口的清洁；衣冠不整或食用饮品的客人进出大厅，礼貌地加以劝阻；遇有雨雪天气为宾客存放雨具；完成上级交办的其他任务。

4. 任职资格要求

具有高中学历或同等文化程度；掌握初级英语水平；工作责任心强，待客礼貌热情，仪表端正。

5. 工作时间安排

通常：7:00—15:00；15:00—23:00。

十一、行李员

1. 管理层级关系

直接上级：礼宾部领班。

2. 基本职责

帮助来往客人提行李，为客人递送传真、邮件及其他物品，向客人介绍酒店，展示客房设施。

3. 工作内容

参加班前会，接受当班工作指令，了解当日客情和重点客人情况，接受仪表仪容检查；阅读"交接班手册"；备好对客服务用品；为团队客人提供行李进出店运送服务；为零散客人提供行李进出店运送服务；为零散客人提供行李寄存服务；为换房客人提供行李运送服务；办理公共告示栏信息更新；为客人提供留言、信件、快件、报纸递送服务；为客人外出代办服务（购物、购票、修理等）；外出寄信、取报纸；酒店公共区域寻人服务。

4. 任职资格要求

具有高中学历或同等文化程度；具备英语初级水平；服务意识、责任感强，反应敏捷，身体健康，适应体力工作。

5. 工作时间安排

通常：7:00—15:00；15:00—23:00；23:00—次日7:00。

十二、预订员

1. 管理层级关系

直接上级：预定领班。

2. 基本职责

积极推销酒店产品，介绍酒店设备设施，受理各种预订，提供快捷、热情的服务，最大限度地创造最佳效益。

3. 工作内容

阅读"交接班手册",处理未尽事宜;做营业分析表和客房出租分析表;检查前一天晚班受理的次日订房,检查次日抵店的 VIP 客人的订房及出 VIP 客人通知单,整理过期订房单,核对取消报告、No Show 报告、客史档案报告,跟踪有关事项;将电脑中前一天未发出的传真发出,将过期的传真删除,根据电脑报告填写房间状况一览表;按照预订员工作职责进行预订、查单;检查待办文件盒中是否有遗漏事项;打扫工作区域卫生;整理当日离店客人登记单;完成上级交办的其他任务。

4. 任职资格要求

具有中专学历或同等文化程度;熟悉酒店销售政策;具有一定英语水平,会话流利,能撰写传真、书信、文稿;从事酒店前台工作 1 年以上;待人热情、礼貌,表达能力强。

5. 工作时间安排

通常:9:00—17:30。

十三、总台接待员

1. 管理层级关系

直接上级:总台领班。

2. 基本职责

为住店客人办理登记入住,提供问讯,保管钥匙,分发邮件等。

3. 工作内容

(1) 早班。

参加班前会,阅读"交接班手册",熟悉酒店的最新情况,了解并落实上一班移交的事项;检查所需的文具和表格是否备齐;准备团队钥匙和团队客人资料夹,并将分房表发给有关点;根据当日抵店客情报表,统计出预计出租的不同种类房间数,分配到店客人用房;办理零散客人和团队接待登记手续;核查差异房报告,确保房间状况准确;按照岗位职责中规定的各项要求开展其他工作;打扫环境卫生;将未尽事宜经领班同意移交给下一班;完成上级交办的其他任务。

(2) 中班。

参加班前会,阅读"交接班手册",熟悉酒店内的最新情况,了解上一班移交事项并予以落实;办理零散客人和团队客人的接待登记手续;办理当日 DUE OUT 客人信息的更改;根据客人订车记录,将预计次日离店客人的离店时间输入电脑,核对客房状况,确保房间状况无差错;按照岗位职责规定的各项要求开展其他工作;打扫环境卫生;将未尽事宜经领班同意后移交下一班;完成上级交办的其他任务。

(3) 夜班。

参加班前会,阅读"交接班手册",熟悉酒店内的最新情况,了解并落实上一班移交事项;了解夜间可售房情况;接待夜间或凌晨进店的客人;妥善保管好夜间进出店客人的客房钥匙;将订房来到店客人的订房资料归类整理,看其订票单、订车单等有无过期,若无特殊情况,整理后交班处理;给次日到店的团队排房并制作钥匙信封;检查传真机夜间进报情况,及时登记并通知行李员将收到的传真分发到有关客人房间;配合财务夜审,保证电脑系统夜间正常运转;打扫环境卫生;按照岗位职责规定的各项要求开展其他工作;将未尽事宜经领班同意后移交给下一班;完成上级交办的其他任务。

4. 任职资格要求

具有中专以上文化程度;熟悉酒店的推销政策;具有一定的英语水平,会话流利,并能用第二外语进行简单交谈;有较强的应变能力和销售意识,适应"三班倒"工作制;能熟练操作电脑。

5. 工作时间安排

通常:7:00—15:00;15:00—23:00;23:00—次日7:00。

十四、商务中心文员

1. 管理层级关系

直接上级:商务中心领班。

2. 基本职责

随时为客人提供传真、电话、电传、电报、复印、文件制作、代办翻译等商务服务。

3. 工作内容

阅读"交接班手册"并签名;检查电脑、资料、磁盘等设备和物品状况是否正常;在电脑终端检查电话费的营收情况;做一次规定卫生;听取每天晨会内容的通报,签阅有关重要会议记录;受理快件时,及时通知快件公司来取并做记录;统计营业收入,平账;将交班内容写在"交接班手册"上并传给下一班;完成上级交办的其他任务。

4. 任职资格要求

具有中专或高中毕业文化程度;具有初级英语水平;经本岗位专业培训半年以上,掌握各种设备使用方法。

5. 工作时间安排

通常:9:00—17:30。

十五、总机话务员

1. 管理层级关系

直接上级:总机领班。

2. 基本职责

为住店、店外宾客及时、准确地转接电话,为住店客人提供叫醒等服务。

3. 工作内容

参加班前会;阅读"交接班手册",整理抵离店客人信息资料,留意并熟悉重点宾客的姓名、房号以及天气预报、当日在店大型活动等情况;按话务员的岗位职责要求,及时向店内外的所有客人提供查询、留言及电话转接服务;早班根据上级分工,具体落实客人的叫醒要求,同时注意与叫醒报告核对;晚班下班前整理所有的次日叫醒记录,并及时输入电脑;夜班协助领班检查电话线路有无异常,发现问题及时汇报;保持工作区域及台面的卫生整洁;经领班同意后将未尽事宜参交给下一班;完成上级交办的其他任务。

4. 任职资格要求

具有中专或高中毕业以上文化程度；口齿清楚，说话柔和动听；具有一定的英语水平，会用第二外语进行简单会话；了解酒店各营业区域、服务设施设备、服务项目及营业时间；工作认真、仔细、周到。

5. 工作时间安排

通常：7:00—15:00；15:00—23:00；23:00—次日7:00。

需要说明的是：各岗位的工作时间、班次安排，应当根据各酒店的实际情况而定。按惯例，各岗位必须提前到岗，进行交接班。根据酒店的规模、档次、客源结构等决定服务范围及工作时间。

附录二 前厅部常用术语介绍

第一部分

1. 前厅岗位专业术语介绍

房务部：Rooms Division
前厅部：Front Office
客房部：Housekeeping
大堂经理：Assistant Manager
宾客关系主任：Guest Relation Officer
前台：Front Desk
接待处：Reception/Check-in
收银处：Cashier/Check-out
领班：Captain
主管：Supervisor
班次负责人：Shift Leader
商务中心：Business Center
客房服务代表：Guest Service Agent（接待和收银合并之后的前台人员的称呼），简称 GSA
电话总机：Switch Board
接线员：Operator
预定处：Room Reservation
礼宾服务处：Concierge
大厅服务处：Bell Service
金钥匙：Golden Key
行政楼层：Executive Floor
行政酒廊：Executive Lounge
行李生：Bellman
迎宾员：Doorman
夜审：End of Day/Night auditor

2. 前厅服务项目专业术语介绍

入住：Check-in

退房：Check-out

外币兑换：Foreign Currency Exchange

问询：Information

接送机服务：Pick-up Service

叫醒服务：Wake-up Call

请勿打扰服务：DND (Do not Disturb)

失物招领：Lost and Found

国内直拨和国际直拨电话：DDD and IDD (Domestic Direct Dial and International Direct Dial)

对方付费电话：Collect Call

3. 前厅常用物品术语介绍

住宿登记单：Registration Card

欢迎卡：Welcome Card

订房凭证：Voucher

交接本：Log Book

信封：Envelope

房卡钥匙：Room Key

安全保管箱：Safe Deposit Box

第二部分

1. 客房统计和出售率统计术语介绍

预离房：Expected Departure

预抵房：Expected Arrival

实际抵店：Actual Arrival

实际离店：Actual Departure

续住：Extension

白天用房：Day Use

提前离店：Early Departure

提前入住：Early Check-in

门市客：Walk-in

预定未到：No Show

预定取消：Cancellation

在店客人：Stay Over

住店客人：In House

营业日报(Daily Operations Report)：一份报告，一般由夜审制作，它总结24小时内酒店的财务活动，洞察与前厅部相关的收入、应收款、营业统计，以及现金交易。它又被称为经理的报告。

预测(Forecasting):预告活动和业务趋势的过程;房务部门制作的预测通常有可销售房预测和出租率预测。

出租率(Occupancy Ratios):一种衡量酒店客房销售业绩的尺度;标准的住房比例包括日平均房价,每间可销售房收入,每位客人平均价格,多人居住统计数和出租房百分比。

每日平均房价(Average Daily Rate):用客房净收入除以售出房数量产生的一种出租比例。

每位客人平均房价(Average Rate Per Guest):用客房净收入除以客人人数产生的一个出租比例。

多人居住百分比(Multiple Occupancy Ratio):一种用于预测餐饮收入、说明布草洗涤需求和分析日营业收入的比率。这些数据的自于多人居住百分比,或者由确定每间售出平均住客人数产生,也称为双人居住比例。

每间可销售房收入(Revenue Per Available Room):一种注重每间可销售房营收的收入管理尺度。

房价变化报告(Room Rate Variance Report):列出未以门市价售出的房间的报告。

2. 房价术语介绍

门市价(Rack Rate):是由前厅部管理层制定的标准价格,列在房价表上,告诉总台接待员酒店各个客房的销售价格。

门槛价(Hurdle Rate):在营收管理中,它是某一日期可接受的最低房价。

促销价(Promotion Rate):这种价格给予那些属于有吸引力的团体中的个人,以激励他们惠顾。在特殊的淡季期间,也会把这种价格给予任何一位客人,以提高出租率。

公司或商务价或协议价(Contract Rate):这种价格给那些经常为酒店或其连锁集团提供客源的公司。

团队价(Group Rate):这种价格给团队、会议和使用酒店的大型会议。

奖励价(Encouragement Rate):为了争取潜在业务,这种价格给予那些有业往来的机构客人,如旅行社和航空公司的客人。还常常会为激励将来韵业务,而向领队、会议策划人、旅游安排人以及其他能给酒店增加客房销售的人员提供这类价格。

家庭房价(Family-Plan Rate):为携带儿童的家庭保留的房价。

小包价(Mini Package Rate):一间客房与其他活动如早餐、高尔夫球、网球或停车结合在一起的价格。

赠送价或免费(Complementary):给特殊客人和/或重要工业巨头的房价。赠送价通常指客人住店期间免收房费,但客人用餐、打电话等其他消费需要付款。

服务费(Surcharge):通常为15%左右。

Upgrade:将高价格种类的房间按低价格的出售。

3. 各类计价方法术语介绍

欧式计价(European Plan, EP):这种计价只计房租,不包括餐费,为世界上多数酒店所采用。

美式计价(American Plan, AP):这种计价方式的特点是,客房价格不仅包括房租,还包括一日三餐的费用,多为度假型酒店或团体(会议)客人使用。

修正美式计价(Modified American Plan,MAP):此种价格包括房租和早餐费用,还包括一顿午餐或晚餐(二者可以任选其一),这种计价方式比较适合普通旅游客人。

欧陆式计价(Continental Plan,CP):客房价格中包括房租和欧陆式早餐(Continental Breakfast),欧陆式早餐比较简单,一般提供冷冻果冻、烤面包(配黄油、果酱)、咖啡或茶;

百慕大式计价(Bermuda Plan,BP):客房价格中包括房租和美式早餐(American Breakfast)。美式早餐除包括欧陆式早餐的内容以外,通常还提供煎(煮)鸡蛋、火腿、香肠、咸肉、牛奶、水果等;

4. 客房状况术语介绍

Room Status:房间状态

Clean:干净

Dirty:脏

Out of Order:严重坏房

Out of Server:轻微坏房

Front Office Status:前台状态

Vacant:空的

Occupied:占用的;有人住

Reservation Status:预定状态

Arrivals:抵达

Arrived:已到店

Stay Over:在店

Due Out:预离

Departed:已离店

Not Reserved:纯空房;没有预订

Reserved:有预订的(将来某天)

5. 各类房态缩写术语介绍

VC(Vacarrit Clean):干净的空房,即OK房,可直接出售,安排客人入住

VD(Vacant Dirty):脏的空房

OC(Occupied Clean):干净的住房或干净的占用房

OD(Occupied Dirty):未打扫干净的住房

Discrepant Room:矛盾房

Sleep Out:外宿房

Skipper:未结账即离房;逃账房

Light Luggage Room:只带有少量行李的客房

No Luggage Room:无行李房

Out of Order:严重坏房

Out of Server:轻微坏房

6. 房间类型术语介绍

(1) 床具种类：

单人床(Twin-size Bed)

双人床(Double-size Bed)：包括大号双人床(Queen-size Bed)和特大号双人床(King-size Bed)

隐蔽床(Murphy Bed)

婴儿床(Baby Bed)

加床(Extra Bed)Rollaway Bed

(2) 客房类型：

单人间(Single Room)

标准间(Standard Room)：放置两张单人床，我国酒店的大多数客房属于这种类型

大床间(Double Room)：该房间放置一张双人床，一般适合夫妻或商务客人使用；新婚夫妇使用时，称"蜜月客房"

三人间(Triple Room)：一般是房内放置三张单人床，供三位宾客同时入住，属经济房间。目前在中高档酒店中此类房间极少，多以在双人间加一张折叠床的方式来满足三人同住一间客房的要求

套房(Suite Room)

普通套间(Junior Suite)

豪华套间(Deluxe Suite)

立体套间(Duplex Suite)

总体套间(Presidential Suite)

(3) 特殊客房：

残疾人客房(Handling Room)

内景房(Inside Room)

角房(Corner Room)

连通(Connecting Room)

相邻房(Adjoining Room)

参考文献

[1] 毛江海. 前厅服务与管理[M]. 南京:东南大学出版社,2016.
[2] 孙茜. 酒店前厅客房服务与管理[M]. 北京:旅游教育出版社,2017.
[3] 孟庆杰. 前厅与客房管理[M]. 北京:旅游教育出版社,2016.
[4] 何丽芳. 酒店服务与管理案例分析[M]. 广州:广东经济出版社,2015.
[5] 孟庆杰,唐飞. 前厅客房服务与管理[M]. 大连:东北财经大学出版社,2017.
[6] 高巍. 酒店前厅客房服务与管理[M]. 重庆:西南师范大学出版社,2014.
[7] 陈乃法,吴梅. 酒店前厅客房服务与管理[M]. 北京:高等教育出版社,2013.
[8] 刘伟. 前台与客房管理[M]. 北京:高等教育出版社,2012.
[9] 范运铭. 旅游服务质量标准[M]. 成都:四川人民出版社,2016.
[10] 徐文苑,贺湘辉. 酒店前厅管理实务[M]. 广州:广东经济出版社,2018.
[11] 邹益民,周亚庆. 酒店管理——理论、方法与案例[M]. 北京:高等教育出版社,2014.
[12] 吴惠,黄勋敬. 现代酒店人力资源管理与开发[M]. 广东:广东旅游出版社,2015.
[13] 朱承强. 现代酒店管理[M]. 北京:高等教育出版社,2015.
[14] 张波. 酒店人力资源管理[M]. 大连:大连理工大学出版社,2016.
[15] 李雯. 酒店前厅与客房业务管理[M]. 大连:大连理工大学出版社,2015.
[16] 宋雷. 前厅运行与管理[M]. 北京:中国商业出版社,2015.
[17] 李晓东. 旅游酒店前厅客房服务与管理[M]. 郑州:郑州大学出版,2016.
[18] 郑宏博,付启敏. 前厅服务与管理[M]. 北京:中国金融出版社,2016.
[19] 王赫男. 酒店前厅部经营与管理[M]. 青岛:青岛出版社,2017.
[20] 吴军卫,张建业. 酒店前厅管理[M]. 北京:旅游教育出版社,2016.
[21] 周雪,马柯. 酒店前厅客房服务与管理[M]. 大连:大连理工大学出版社,2015.
[22] 陈乃法,吴梅. 酒店前厅客房服务与管理[M]. 北京:高等教育出版社,2012.
[23] 姜文宏,刘颖. 前厅客房服务技能综合实训[M]. 北京:高等教育出版社,2014.
[24] 余炳炎,朱承强. 酒店前厅与客房管理[M]. 天津:南开大学出版社,2012.